暴力と紛争の“集団心理”

いがみ合う世界への社会心理学からのアプローチ

縄田健悟
Nawata Kengo

ちとせプレス

はじめに

本書は集団の暴力と紛争に潜む〝集団心理〟に迫っていくことを目的とした本である。

私は、戦争や紛争を生じさせる〝集団心理〟がずっと不思議だった。

私はあまり暴力的な人間ではない。小さい頃から友達と殴り合いの喧嘩なんてしたこともないし、昔も今も他人を怒鳴りつけたりすることもない。とくに集団という観点でも、不良集団は危ないし怖いのでできるだけ避けてきたし、監督・先輩が体罰やシゴキを行うような集団スポーツの部活にも入ったこともない。大学でもハラスメントを行う先生や先輩、同僚教員に運良くもあたることなくすごしてきた。

このように「暴力」も「暴力的な集団」も、どちらかというと自分に縁のない、近寄り難いものであった。心理学者は自分にないものを研究テーマに選ぶなどとよく言われるのだが、その典型例かもしれない。

だからともいえるのかもしれないが、世の中が集団での暴力にあふれていることが、実感としてピンとこない。それは正直に言えば今もである。書籍やテレビ、インターネットなどのメディアで目にするような、

わざわざ志願して戦争に向かい武器を手にとろうとすることも、
命を捨てて国を守ろうとすることも、
人を痛めつけることに喜ぶサディスティックな心性も、
軍人として偉くなりたい気持ちも、
すぐキレる喧嘩っ早い不良に憧れる気持ちも、

全部、不思議な現象であり、私はその理由をずっと知りたいと思っていた。いったいなぜ人は、自分に関わらなくとも、さらには自分に損害や危険性があってなお、集団の中で、集団のために紛争や暴力に携わろうとするのだろうか。

意外なことに思われるかもしれないし、私も学生時代に意外に思ったのだが、そもそも〝集団心理〟という言葉も、厳密には学術用語ではない。少なくとも広く研究者が使う言葉ではない。私が研究テーマを決めようと、大学四年生のときに論文検索サイトで「集団心理」と入力したときのことを今も覚えている。自分が知りたい内容の論文がうまく引っかかってこない。英語ではなんて言うんだっけこれ？　対応するワードがない？　どうやら学術用語じゃないようだ。あれ、じゃあ、自分が知りたい、暴力や紛争を生み出すあの〝集団心理〟にアプローチするにはどうしたらいいのだろう。

このような素朴な疑問から、私は集団と暴力に関する〝集団心理〟の研究に取り掛かった。私は、社会心理学を専門としており、本書でも社会心理学の視点と研究知見を中心に議論を進めていく。社会心理学における紛争や暴力に関する集団研究の知見を学び、また自身でデータを収集し分析し、論文を執筆するなかで、私が最初に知りたかった暴力や紛争を引き起こす〝集団心理〟の姿が少しずつ見えてきた。

一見、非日常的であり、私にはピンとこなかった暴力と紛争の〝集団心理〟は、じつは日常的な集団での心理現象と地続きであることがわかり、そこからある程度統一的に理解できそうである。本書では鍵となる概念として「集団モード」という概念を中心におき、知見の整理と議論を行った。

また、本書は暴力と紛争に関する社会心理学の実証研究の知見の紹介が中心となるが、それだけではなく、現実社会の問題の理解と解決への架け橋となることも狙っている。本書では、社会心理学における集団間関係や集団での攻撃性や暴力性に関する実証研究を中心に、それと関連する社会学、政治学、経営学などの研究、さらには犯罪や非行に関するノンフィクションの内容を、私の理解した範囲でできるだけ関連づけながら議論を進めるようにした。

本書の執筆に関して、ちとせプレスの櫻井さんから最初にお声がけいただいたのは、もう六年ほども前であり、いつの間にか大変長い時間がすぎてしまった。時間は六年近くもかかってしまったのだが、じっくりと集団間紛争と集団暴力の研究の整理ができ、理論的に醸成することができた。これだけ原稿が遅れてしまっても、見捨てずにお待ちいただいた櫻井さんには、あらためて感謝を申し上げたい。また、出版に至るこれまでの研究活動では、多くの先生方、先輩・後輩に研究仲間、そしてもちろん家族にも、公私ともに多くの方に支えられて、なんとか本書を上梓することができた。これまで私を支えてくださったすべてのみなさまに心よりの感謝とお礼を申し上げたい。

本書は、学術的知見に基づく紛争や暴力を引き起こす〝集団心理〟に関する本である。疑問を抱いた大学生の時点から、大学院生時代を経て、大学教員として研究を行っている現在まで調べてきた一つの集大成として、一冊の書籍にまとめてお届けできることをとても嬉しく思う。

縄田 健悟

目次

第Ⅱ部　外集団への認知と集団間相互作用過程

第8章　報復が引き起こす紛争の激化

第Ⅲ部　暴力と紛争の解消を目指して

序章

暴力と紛争の〝集団心理〟

社会心理学の視点から

人間の本性としての集団性

この本では暴力と紛争を生み出す人間の本性としての〝集団心理〟に迫りたい。もちろん人間もヒトという生物であり、他の生物と地続きの共通点を多くもっているものの、人間には他の生物にはない多くの特徴をもっている。では、人間が人間であるその本質に関わる、他の生物と異なる特徴にはどのようなものがあるだろうか。もちろんさまざまな答えがある。言葉を話せること、直立二足歩行をすること、文化をもつこと、道具を使うこと、などなど。これらはどれも正解だといえるのだが、この本では、人間を理解するうえで「集団」が大きな鍵を握っているという視点から考えていきたい。

人は大昔から集団という〝群れ〟で暮らしてきた。ここでいう大昔とは、狩猟採集社会と呼ばれる、サバンナやジャングルの中で、動物を狩り、食べられる植物を採集しながら、数十人から百人程度のムラで暮らしていた時代を指している。現代の人々は何らかの文明社会で暮らす人が大半であるが、今もなおアマゾンやアフリカの奥地で産業化以前の部族的生活を営んでいる社会がこれに近いだろう。かつての人類はすべてこうしたムラ社会で生活していたのだが、高度に産業化を迎えた現代の文明社会でも、形は変われども〝群れ〟で暮らしているという状況は変わっていない。生まれてから成長するなかで、たとえば幼稚園で「〇〇組」に所属し、小学校、中学校、高校では「〇年〇組」に所属し、「〇〇大学」の学生となり、卒業後は「〇〇株式会社」の社員となる。もちろんそれ以外にも、部活動や趣味サークル、地域の子ども会や町内会に入ることもあるだろう。日本で典型的な〝普通〟の人生を少し考えてみるだけでも、人間がいかに日々多くの集団に所属しながら生活しているのかがわかるだろう。ロビンソン・クルーソーのように遭難して無人島ででも暮らさない限り、完全に社会から隔絶して生きることはできない。我々は集団に所属しながら生を営んでいる。集団で生活する生き物は人間以外にも存在するが、集団生活は人間社会の大きな特徴の一つといえるだろう。好むにせよ、好まざるにせよ、私たち人間は集団で暮らす生き物なのだといえる。

　こういった集団で生活を送るという人間の特徴は、そこで生きる人間の心と行動と密接に結びついたものである。まだ農耕さえも行わない狩猟採集生活にあったはるか昔から、人間が厳しい環境を生き延びるために、集団として協力することは有効な戦略であった。人間は大きな牙や早い逃げ足といった身体的な武器も持たず、非常に非力である。人間はお互いに助け合う集団を形成することで、厳しい環境を生き延びるという戦略を採用してきた。食糧をみなで共有して分け合うことで、個人として食糧がとれた日、とれない日にかかわらず、安定して栄養を得ることができた。また、他者とコミュニケーションをとるなかで、協力的な人と非協力的な人に関する情報を共有し、お互いに裏切ったりしない協力的な人とだけ相互に助け合う集団を形成していった。その結果、人間がとくに高度にもつ社会性やコミュニケーション能力、さらには協力し合う能力を身につけることは、その当人が生き延びるうえで大きな利益をもたらし、結果として人類の生存環境は、人間集団の中で相互に助け合うなかでの共存共栄という形となった。そして、こうした集団生活へと適合する形で人間の心理傾向も根づいてきた。社会性や集団性のみならず、人間は判断、推論、思考言語など高度な認知活動を行う高い知性をもつが、この知性の高さ自体が集団生活への適応の結果ではないかとも指摘されている。[★1]集団生活は人間に大きな利益をもたらした。それが現在の高度な文明化と人類の繁栄へと結びついているのだといえるだろう。

集団生活が暴力と紛争をもたらした

一方で、本書では、集団がもつ〝影〟の側面に焦点をあてていきたい。集団生活を営むという人間の特徴には、光の側面だけではなく、影の側面がある。戦争や虐殺などは典型的な影の側面である。他にも、差別、いじめ、集団非行、テロリズム、暴動といったように、集団があるからこそ生じる暴力というものが存在する。この本では、このような人間集団の暴力に関して、おもに社会心理学を中心とした学術的知見に基づいて、説明と議論を行っていく。

とはいえ、じつは人間集団の攻撃性の社会心理学研究は、必ずしも多くない。心理学の研究において、個人を中心にした攻撃性に関する研究は数多くある。また、集団の心理学研究も数多くある。しかし、この両者の複合である「集団の攻撃性」に関する研究はじつは限定的である。たとえば、日本の心理学における攻撃研究の本では、集団に関する章が設けられることはほとんどない。また、集団に関する社会心理学の書籍で、集団間関係とその対立的関係性としての集団間紛争に一章が割かれることは多いものの、やはり集団での暴力や攻撃そのものを対象とした章が設けられることはほぼないだろう。しかし、人間の暴力性は「集団」という側面と不可避に結びついたものである。この本では、そうした攻撃研究でも集団研究でも、その間隙に落ちてしまい、あまり中心的に整理されて議論されることが少なかった集団暴力と集団間紛争へとアプローチを行っていく。そして、これまでに蓄積された社会心理学を中心とした研究知見に基づいて、暴力の〝集団心理〟の理解を深めていくことを目的としている。

暴力嫌いの人間

まず議論の出発点としたいのは、人間は暴力を基本的に嫌うという点である。「自分は暴力を好きではないし、ほとんど振るわない。みなも同じだと思う」と考えている人も多いだろう。これは実際にそのとおりであり、たしかに人間は暴力を嫌う。とくに、自分自身が暴力を手がけるのを強く嫌う。暴力嫌いの心理を実験で確認したクッシュマンらの研究を紹介しよう。★2 この実験では、実験参加者に模擬的に暴力を振るってもらい、その際の人間の生理的反応と心理的反応を測定した。この模擬的な暴力とは、「赤ん坊の人形の両足をつかみ、思い切りテーブルに叩きつける」「ゴム製であるが、本物の手のように見える他者の手を殴りつける」「ゴムのナイフを他者の首元に突きつける」といったものであった。つまり、実際には誰も傷つけてはいないが、身体行為としては他者へと暴力を振るう真似事をしてもらった。この模擬的暴力を行う際に、実験参加者の体には生理的な反応を測定するセンサーが取り付けられていた。実験の結果、これらの模擬的な暴力を行った人は、たんに他人がこれらの行動をしているのを見ただけの人と比較して、生理的な反応が強く見られた。すなわち、たとえ真似事であっても、人は自分が他人に暴力を加えることに強い嫌悪感を覚えることが示されたといえる。この嫌悪感は、他人に危害を加えそうになると、人間の頭の中で警報のように鳴り響き、暴力を回避させる機能があるといえる。

暴力を「手にかける」ことへの拒否感に関しては、神経哲学者グリーンの研究も示唆に富む。[★3]グリーンは、五人の命を救うために一人を犠牲にすることが許されるか否かを検討する思考実験として有名なトロッコ課題を題材に、神経科学的・心理学的な実験を数多く行っている。ある研究では、歩道橋課題と呼ばれる、五人の命を救うために、歩道橋から一人を線路上に突き落としてストッパー役として犠牲になってもらう場面を考えてもらった。このとき「みずからの手で一人を突き落として五人を救う」という行為には強い拒否感が生じ、自分がそれを行うと答えた人は少なかった。またその際の神経活動としても否定的感情と関わる脳部位が賦活することが示された。同様に「長い棒で歩道橋の下から突き落とす」という場合でもやはり拒否感は強く、そのように行うと答えた人は少なかった。一方で、同じく一人を犠牲にするやり方が「レバーを倒して線路を切り替える」「床に穴が開くスイッチを押して地面に落とす」という場合には、こうした拒否感は心理レベル、神経レベルともに弱くなり、一人を犠牲にして五名を救う行為を行うといった人数ベースの功利的判断がなされていた。この判断の違いを生み出したのは一人を犠牲にする際に突き落とすことをみずからが「手がける」という部分である。つまり、より多くの人を救うためだという理由があっても、いざ自分が他人を突き落として「手がける」ことを考えると、強い拒否感を覚えてできなくなることが示唆される結果である。これもまた、ここまでの話と同じく、他人に暴力を「手がける」ことを嫌う人間の心理が反映されたものだといえるだろう。

暴力が推奨される戦争場面でさえ、じつは人間は攻撃しようとしないことも指摘されてきた。軍事心理学者グロスマンは『戦争における「人殺し」の心理学』という本の中で、戦争時にいかに兵士が敵に攻撃をしようとしないかを述べている。[★4] 戦場の最前線の兵士でさえ人に向けて発砲するのは、ごく一五パーセントだという。また、実際に戦争で人を殺した人は、戦場から離れてもなお、人を殺してしまったという大きな苦悩を抱え続ける。ベトナム戦争やイラク・アフガニスタン戦争から帰還した兵士には、ＰＴＳＤやうつ、不安などの精神障害を負う人が多く存在し、毎年何百人もの自殺者が出るとも指摘されている。[★5]「あなたは戦争が好きですか、人を殺すと楽しいですか」と聞かれて、イエスと答える人もほとんどいないだろう。

さて、人間が暴力を「嫌う」とここまで書いたが、これはたんなる「好み」の問題ではない。暴力忌避とは、道徳に関する「善悪」の問題である。人は自分が「ピーマンを食べる」のが嫌いでも、「人間はピーマンを食べるべきではない」とは思わない。しかし、暴力に関しては、人間は振るう「べきではない」と認識される。この意味で、暴力は道徳的な「悪」として、すべきではないことであり、もしも暴力を振るわなくてはならない場面になれば、心も体も強く拒否感を示す。

人間は暴力をたんなる好みの問題ではなく、道徳的に許されないものだと考えていることは、道徳の心理学研究から指摘されていることでもある。社会心理学者ハイトが提唱した道徳基盤理論（moral foundations theory）によると、人間の道徳性は五つの要素から成り立っているとされる。[★6] そのうち、最も基本的な原理の一つが「ケア／危害回避」である。これは「他人に危害を加えてはならない」という道徳である。つまり、他人に身体的危害をもたらす暴力に対する忌避的心理反応は人間の根源的な善悪の価値そのものだといえる。ハイトによると、道徳判断の特徴は、合理的・功利的な理由抜きに判断されるという点である。つまり、道徳判断では「○○だからダメだ」という理由や根拠を示すのが難しい。言い換えると、直観的・感情的に「だめだからだめだ」と判断されるものが道徳判断だともいえる。暴力を嫌う道徳的な価値判断は、たんなる好みや功利性としてではなく、ある意味で人間の根源的な価値判断として、人間に根づいたものだといえるだろう。

暴力と紛争を引き起こす〝集団心理〟

以上のように、人間は基本的には暴力を嫌う。しかし、みな、暴力も戦争も心から嫌いなもので、できれば避けたいという道徳原理をもっているにもかかわらず、人間の社会には多くの争いごとが生じ、暴力的な出来事にあふれているのもまた周知の事実だろう。みながこうした暴力を避けたいという道徳心に素直に従っていれば、暴力は生じないはずである。

いったいいなぜなのだろうか。

本書では、その理由の一つとして、ここでもやはり「集団」が鍵を握っていると考えていきたい。いわば「暴力誘発装置」として集団が機能しうるという視点から暴力と紛争を紐解いていく。

世の中の多くの暴力は集団によって行われる。暴力性が高いものほどそうである。戦争や民族紛争は、国や民族という大規模な集団を単位とした集団同士の争いごとである。多くのテロリズムも、かつては左翼・右翼といった政治的イデオロギーに基づく過激派集団が引き起こしてきたものであり、またオウム真理教や欧米圏でのイスラム過激主義などの宗教的過激派集団が引き起こしてきた。少年非行も、非行集団や暴走族といった集団で徒党を組んで行われることが特徴である。学校や職場のいじめに関しても、いうまでもなく、多人数という集団で一人の被害者へと身体的・心理的な危害を加えることだ。このように、多くの暴力行為は「集団」という枠があることによって生じているものである。言い換えると、暴力を誘発する社会的装置として集団が機能しているといえる。

こういった暴力を生み出す集団の心理学は、「集団心理」もしくは「群集心理（群衆心理）」と一般に呼ばれている。一般にイメージされる「集団心理」「群集心理」はル・ボンが『群衆心理』[★7]という書籍で提示したものが近いだろう。ル・ボンは、群集がひとかたまり（mass）となることで、暴動などの無秩序な反社会的行動が行われると説いた。この書籍は一九世紀末に出版された本であり、一〇〇年以上も前に提唱されたものである。本書はその後の社会心理学の実証研究の進展を踏まえて、暴力を生み出す〝集団心理〟の姿を見ていく。

「はじめに」でも書いたとおり、「集団心理」や「群集心理」は、心理学における学術的な用語ではない。学術論文検索サイトGoogle Scholarで「集団心理」と「社会心理学」というキーワードが含まれる論文を検索したところ、たった九七件しかヒットしなかった（「集団心理学」「集団心理療法」を除いた）。そのうち、実際に社会心理学者が集団の心理を扱った論文は半数以下である。

では、なぜ〝集団心理〟は学術研究場面ではあまり使われないのか。おそらく〝集団心理〟という言葉は、学術研究場面の中で用いるには大雑把で曖昧な言葉遣いとなってしまい、具体的な場面で発生している集団現象を理解するうえで適切ではないことが多いからだろう。社会心理学では、より具体的な現象に即した集団に関する心理概念が用いられ、検証・検討がなされてきた。「精神力」や「活力」あたりの言葉でも同様であり、広く世間では使われているが、やはり曖昧で心理学者が研究場面では使用しない。

一方で、こうした世間一般で広くイメージされるような反社会的な〝集団心理〟そのものを適切に理解することは必要である。曖昧で大雑把でつかみどころがないからといって、もしくは学術用語として使われないからといって、それは「存在しないもの」ではない。本書では、こうした暴力と紛争を生み出すいわゆる〝集団心理〟の全体像を、社会心理学の個別テーマとして研究されてきた実証研究の知見をもとに、体系的な整理と理解を行っていく。

鍵を握る「集団モード」

人間の〝集団心理〟は、いわゆる個人が抱く日常の心理状態とは異なるものである。人間はさまざまな要因によって、比喩的な言い方をすると、一種の心理的なモードの切り替えが起こる。心理状態が集団に関するモードへとスイッチが切り替わった状態を「集団モード」と本書では呼びたい。

こうした「スイッチが入ってモードが切り替わる」という比喩的な考え方は人間の心理傾向を表すのに的確なものである。何かに没頭して、「スイッチが入ったかのように」という表現を使うこともある。この「スイッチ」をもとにした比喩は私のオリジナルのものではない。社会心理学者チャルディーニの書いた『影響力の武器』[★8]の中で、「カチッ・サー効果」と名づけられているものも同じものである。チャルディーニは、各種の状況的手がかりが人間の心のスイッチを入れて、自動的に行動を引き起こすということを、スイッチを入れると再生されるテープレコーダーになぞらえた。これは本書で説明する〝集団心理〟を説明するうえでも重要な視点である。さまざまな状況の手がかりによってスイッチが押されて、集団モードという心理状態へと切り替えられるのである。

集団モードには次の二つの側面があると考えられる。ⓐコミット型とⓑ戦略型である。二つの側面の詳細な概念と、各章との対応関係を図示したものが、図0-1である。

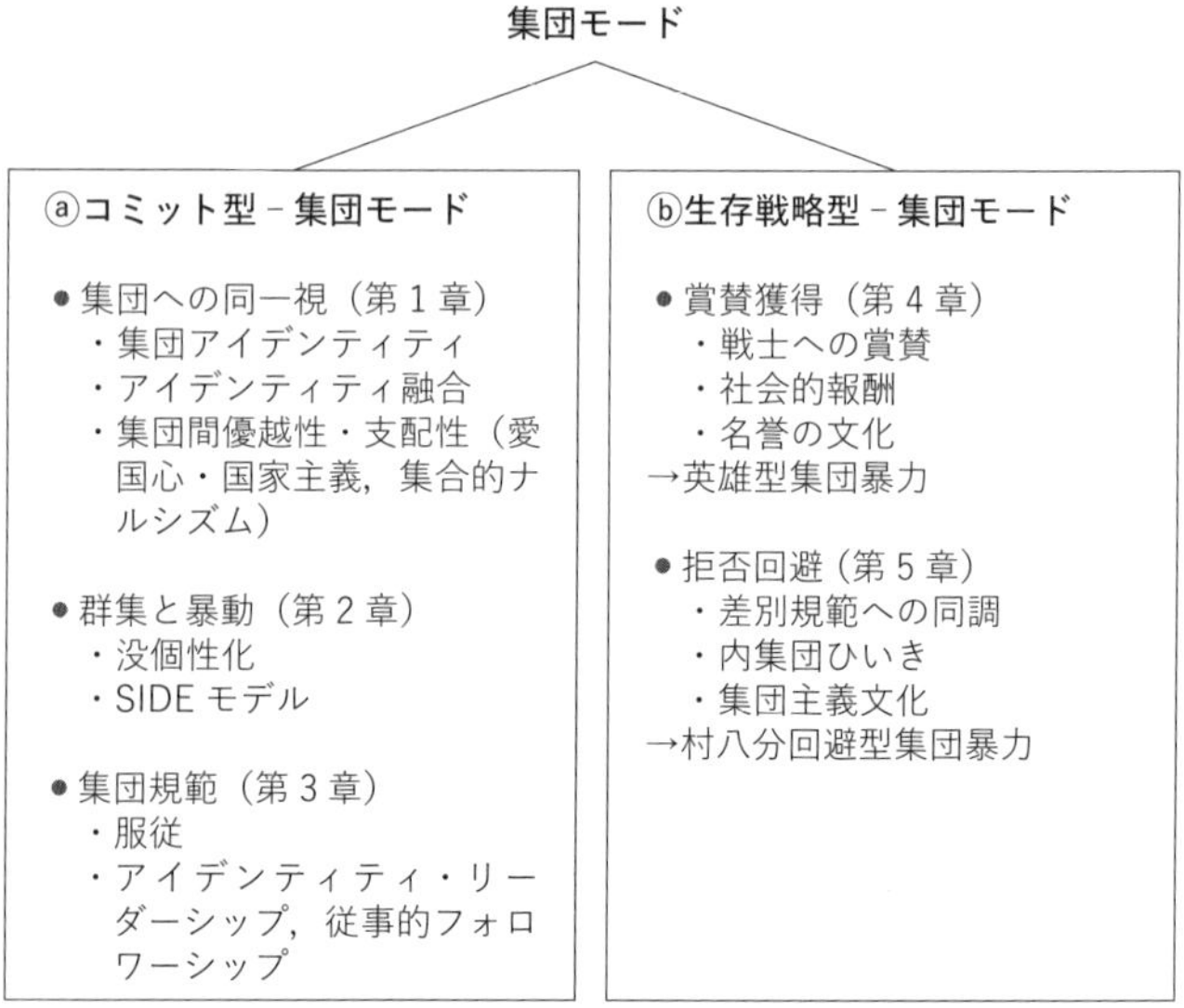

集団モード

ⓐコミット型－集団モード

- 集団への同一視（第1章）
  - ・集団アイデンティティ
  - ・アイデンティティ融合
  - ・集団間優越性・支配性（愛国心・国家主義，集合的ナルシズム）
- 群集と暴動（第2章）
  - ・没個性化
  - ・SIDE モデル
- 集団規範（第3章）
  - ・服従
  - ・アイデンティティ・リーダーシップ，従事的フォロワーシップ

ⓑ生存戦略型－集団モード

- 賞賛獲得（第4章）
  - ・戦士への賞賛
  - ・社会的報酬
  - ・名誉の文化

→英雄型集団暴力

- 拒否回避（第5章）
  - ・差別規範への同調
  - ・内集団ひいき
  - ・集団主義文化

→村八分回避型集団暴力

図 0-1　暴力と紛争を引き起こす2側面の集団モード

ⓐコミット型－集団モード

まず、コミット型－集団モードは、集団の一員としてみずからを捉え、集団中心に物事を考えるようになり、時には集団のために自己犠牲を行うタイプの集団モードである。「滅私奉公」型の集団モードだともいえる。社会的アイデンティティ・アプローチとして研究されている社会的アイデンティティないし内集団同一視が高まった心理状態が、本書で呼ぶコミット型－集団モードとほぼ重なるものである。社会的アイデンティティ・アプローチは、集団間紛争のみならず、群集行動や暴動、[★9] 集合行為と社会運動、[★10] 組織行動やリーダーシップ、[★11] 政治的党派性[★12] などさまざまな場面での〝集団心理〟に関して適用されている。また、道徳心理学者ハイトが「ミツバチスイッチ」（hive switch）と呼んでいるものともかなり近い。[★13] この集団モードのスイッ

チが入ったときには、自集団中心主義となり、「我々対奴ら」という視点から物事を解釈しがちになり、自分と異なる集団の人々を攻撃・排除するようになってしまいがちだ。日本を偏愛するがゆえに在日外国人への暴言を述べるヘイトスピーチなどは典型的だろう。また、太平洋戦争末期に特攻隊員が家族や国家・故郷を守るために命をかけて自爆攻撃を行う際の心理状態もコミット型－集団モードのスイッチが入った状態だといえる。詳細は後述するが、このコミット型－集団モードと関係の深い社会心理学の用語としては、「内集団同一視」「社会的アイデンティティ」「アイデンティティ融合」「集団間感情」「没個性化と匿名性」「服従」といったものが挙げられる。おもに第1章から第3章で中心的に検討していく。

ⓑ生存戦略型－集団モード

もう一つが集団の中で自分の見られ方や立ち位置を調整しようとする集団モードである。これを本書では、生存戦略型－集団モードと呼ぶ。集団の中には多くの他者がおり、その中での人間関係やパワーバランスを考慮したうえで、自分が集団の中でどう振る舞えばよいかを決めている。たとえば、「厳しい上司がいる場ではおとなしくする」「仲間外れにされたくないがために出席したくない飲み会に参加する」「時にはわざと後輩を人前で叱りつけて、集団の中での自分の優位性を見せつける」などといったものが挙げられる。人は他者からどう見られるかに常に関心をもち続け、その集団という場に適切な行動をとろうとするのである。

こういった集団内での立ち居振る舞いは集団暴力においても同様に影響をもたらす。自分の強さを見せつけるために弱者を傷めつける非行集団のリーダー格、非国民の誹りを避けようとして嫌々ながらも戦争に参加するといったものが典型だろう。ここでの社会心理学の用語としては、「評判」「自己呈示」「印象管理」「賞賛獲得と拒否回避」「多元的無知」といったものが挙げられる。さらに、後の章でくわしく述べるが、生存戦略型－集団モードには、プラスの評価を積極的に得ようとする「賞賛獲得」と、マイナスの評価を回避しようとする「拒否回避」の二つの側面に分けられる。それぞれおもに第4章と第5章で中心的に検討していく。

したがって、本書で扱う二つの集団モードが集団暴力を引き起こすプロセス、さらにその先行要因を含めて整理した、集団暴力の統合的理論モデルを図示すると、図0－2のようなものとなる。ⓐコミット型－集団モードと生存戦略型－集団モードの二側面が相互に影響を与え合いながら集団暴力を発生させる。そして、集団間紛争状況などの社会・集団要因がこういった二側面の集団モードを強める先行要因として機能する。別の言い方をすると、こういった先行要因を明らかにすることが、暴力を強める集団モードが生じる原因を理解し、ひいては集団暴力の低減と紛争解決へと結びつけるために重要となってくる。

なお、ここでは、コミット型と生存戦略型の二つの集団モードを紹介したが、これらはお互いに完全に背反のものではない。この二つの集団モードは片方が優勢となることもあれば、同時に両方ともが強くなることも考えられる。また、どちらの集団モードなのか区別できないこともあるだろう。たとえば、集団の「ノリ」に従っていじめをしている場面を考えてみよう。いじめを行うという集団全体の方向性に無心で「コミット」している点で、前者の「コミット型－集団モード」へと入った状態だと見ることができる。その一方で、その背後にある潜在的な心理プロセスとしては、いじめに加担しないと自分がいじめられるかもしれないというような、集団の中で自分が生き延びていくため

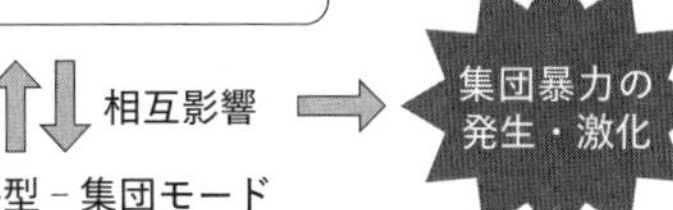

図 0-2　コミット型－集団モードと生存戦略型－集団モードが集団暴力を生じさせるプロセス

の「生存戦略」であることもあるだろう。この場合には「生存戦略型－集団モード」だともいえる。このように二側面は同時に併存しうるし、弁別自体がしがたいものも多いだろう。

いずれにしても、集団モードのスイッチがオンになることで、人間はその動機づけと行動が変化する。そのときに、集団は暴力誘発装置となることさえあるのである。本書では、この二種類の集団モードという視点を中心に、愛国心と戦争、匿名性とネット炎上、ジェノサイド、集団いじめといった集団で生じる暴力や争いごとの〝集団心理〟を読み解いていこう。

ただし、単純な「集団＝悪玉」論ではない

以上のような書き方をすると、集団が暴力を生み出す「悪玉」のようなイメージを思い浮かべるかもしれない。先に挙げた「群集心理」のイメージはそれに近いだろうし、また第2章の没個性化の議論でもそうした議論を援用している。しかし、注意すべき点として、本書で主張していることは、単純な「集団＝悪玉」論ではないという点もここで強調しておきたい。

集団モードは、あくまでも「集団的な心理状態」を指しており、それ自体は反社会的な性質をもつわけではなく、むしろ向社会的な良い面をもつことも多い。集団メンバー同士が助け合い、チームワークを発揮するためには、集団モードはむしろ協力を促進する作用をもっている。集団があるからこそ、所属欲求は満たされ、幸福に暮らすことができるという面もある。集団をたんなる悪玉として見なすのは適切ではない。

では、なぜ本書が、「集団モードが紛争や暴力の鍵となる」「暴力誘発装置としての集団」といった記述をしているかというと、本書が扱っている現象は集団間紛争・集団暴力というもともと攻撃的な価値観が支配的な状況設定であるものが多いからである。こうした紛争や暴力が溢れる場面では、たしかに集団モードが暴力や紛争を強めるブースターのように機能するのだといえる。

したがって、本書では集団モードはたしかに集団暴力・集団間紛争を読み解く鍵ではあるものの、集団モードが常にどんな場合でも集団が暴力や紛争を引き起こすわけではないのだという点は、頭に入れて読み進めていただきたい。むしろその集団が暴力や紛争を強める方向に機能するかどうかは、じつはどのような規範や価値観が集団に存在しているかといった集団がもつ性質次第である。この点も本書の中で、詳細に説明していく。

本書の構成

本書は大きく三つのパートからなる。

第Ⅰ部：内集団過程と集団モード

第Ⅰ部がここまで説明してきた二つの集団モードに関する説明である。ここでは内集団の話を中心に議論を行っていく。とくに第1章から第3章では、コミット型－集団モードの観点から、第1章では内集団同一視と愛国心、第2章では群集と暴動、第3章では集団規範を中心に議論していく。続く、第4章、第5章では生存戦略型－集団モードに関して説明を行う。とくに第4章では、英雄型集団暴力の原因となるプラスの評価を積極的に獲得しようとする賞賛獲得の側面を議論する。第5章では、村八分回避型集団暴力につながるような拒否回避の側面を議論していく。

第Ⅱ部：外集団への認知と集団間相互作用過程

以上の第Ⅰ部では内集団の中での集団モードを議論するが、第Ⅱ部から外集団との関係性へと議論を進めていく。もちろん外集団との関係性も内集団側から見ていく以上、二つの集団モードは中核的な要素となる。第6章では、偏見やステレオタイプ、認知バイアスの研究から、外集団がどのように見えるのかに関する社会心理学の知見を整理する。第7章では、とくに集団間紛争のような攻撃的側面を引き起こす外集団認知として脅威と非人間化を扱っていく。第8章では、内集団と外集団とが相互作用していくなかで紛争を激化させていく際の最重要要因として報復を扱っていく。

第Ⅲ部：暴力と紛争の解消を目指して

最後にどのように集団暴力と集団間紛争を低減・解消していくことが可能なのかを議論していく。最終章となる第9章として、集団間アプローチと集団内アプローチの二つの側面から紛争解決への道筋を議論していく。

社会心理学の視点――状況が人間の行動を規定する

本章の最後に、この本の全体を通した社会心理学の「状況論者」としてのスタンスに関して、明示的に記しておきたい。

「あなたは悪いことをしますか」と尋ねられれば、ほとんどの人はノーと答えるだろう。しかし、社会心理学の視点からは「その人がおかれた状況次第だ」というのが返答となるだろう。本書は社会心理学の視点から、「その人がおかれた状況」がきわめて重要な役割を担うことを指摘していく。とくに「集団」という状況要因が暴力誘発装置として機能する場面の心理と行動をさまざまに見ていく。

社会心理学の研究が繰り返し示してきたことの一つは、個人の性格や好みがそのまま実際の心理や行動と対応しているとは限らないということである。これは当然のことである。性格として長時間労働を好んでいる（心理）から、夜遅くまで残業している（行動）わけではない。もっと別の理由として、「繁忙期で仕事の量が多い」「一八時より先に帰るなという、会社や上司からの圧力がある」といった状況要因がその人が残業をしている理由だと見なす方が適切だろう。人間はありのまま、思ったままに振る舞えるわけではない。また、もちろん状況に服従して嫌々やっている場合だけではない。自分のこれまでの仕事の集大成となるような大きなプロジェクトのまとめ直前に、仕事に燃えて残業しているというケースではどうだろうか。これもやはり個人の性格や好みだけでは理解できない。普段はサボりがちな性格の人でさえも、自分や会社にとって重要性が高い仕事を与えられたという状況要因が、高いモチベーションという心理、ならびに残業という行動を引き起こしているといえるだろう。

このように人間の行動は状況依存であることが非常に多い。それにもかかわらず、人間は他者の行動を見たときに、それが「その人の性格や好み」に基づくものだと誤解しがちだ。これは社会心理学で、基本的帰属のエラーと呼ばれる。たとえば、信号無視をして赤信号を渡った車があったとしよう。人はこういった場面を見たときに、この車の運転手が信号無視をした理由を、その運転手の性格にあると考えがちだ。「彼はせっかちな性格だったのだろう」「無謀な運転が好きなんだ」といったような形でその人のもつ内面が原因だと考えがちである。

しかし、実際にはその運転手がおかれた状況が原因だということも考えられる。たとえば、その運転手の親が危篤で一秒でも早く病院に向かわないと死に目に間に合わないという状況かもしれない。ここで重要なのは、このような「この人は何かそうせざるをえない状況的な理由があるのではないか」という考え自体を、人間はなかなか思い浮かばないという点である。その運転手は普段は信号を守るようなルールを重視する性格であるかもしれないのに、そうした可能性を考慮することができず、ただ信号無視をしたという行動をそのまま直接的にその人の性格や能力へと当てはめて考えてしまいがちだ。特別な行動を行った人を見たときに、その原因はその人がもともともっている特別な性格や能力にあると考え、一方で「何か特別な事情があるのだろう」と状況的な原因を想像するのは難しい。繰り返し述べているように、現実には、おかれた状況や環境次第で、その人の心理と行動は大きく変わる。そのことにもっと思いを至らせることが必要なのである。

そして、それは本書が対象とする紛争や暴力でも同じである。状況次第で人は暴力だって振るうこともあるだろう。たとえば第3章のミルグラムの実験では、もともと攻撃的ではない、ごく普通の実験参加者であっても、心理学の実験だという名目のもとでは、実験者の指示に従って強い電気ショックを自分と同じ実験参加者に対して与えるようになっていった。このような状況がもつ影響力の大きさに関しては、「腐ったリンゴ」の比喩を援用した「腐った〝樽〟がリンゴを腐らせる」という言葉が理解しやすいだろう。[★14]腐った状況におかれれば、そこにいる人も変わりうる。状況が「集団モード」のスイッチをオンにすることで、実験者からの要請に従って致死的な強さの電気ショックを加える実験参加者や、さらには隣人を大量虐殺するフツ族、昨日までの友人を撲殺する集団暴行事件の少年たちを生み出すことさえあるのだ。

虐殺や暴行では想像しにくいかもしれないが、先にも挙げた例である「信号無視」ならどうだろう。「赤信号みんなで渡れば怖くない」という表現がある。実際に日本の横断歩道でビデオ観察を行った研究によると、すでに止まっている歩行者がいる場合には、信号無視で渡る人は減り、先に信号無視して渡る人がいる場合には、それに釣られる形で信号を無視して渡る人が増えた。[★15]ちょっとした社会的迷惑行為であれば、本人も意識しないくらい容易にまわりの人につられてしまう。このような〝集団心理〟は、本書で後に述べていくように、虐殺や暴行と地続きにつながっている。

あなた自身の物語

先ほど最後と書きながらも、さらにもう一歩踏み込んでダメ押しをしたい。状況次第で誰もがその暴力の当事者となりうると書いた。この「誰もが」には読者自身も含まれている。もちろん本書に書かれている研究結果は、読者であるあなた以外の人のデータをもとに得られた知見である。しかし、本書は、読者である「あなた自身」を描いている話だということまで踏まえたうえでぜひ読んでいただきたい。

人はどうやら心理学で得られた実験結果と、目の前の人間の振る舞いは別物だと考えがちのようだ。ニスベットらの研究では、ラタネらが行った緊急時援助行動の実験結果を回答者に見せた。[★16] これは「他の人が多くいる場面では人助けに向かう人は少ない」ことを示す社会心理学の有名な研究であり、まさに状況要因が人間に与える影響の大きさを示す研究知見である。その次に、ごく普通の人物が出てくるビデオを見せて、そのビデオに出てくる人が倒れた人を助けに向かう確率はどうかと回答者に尋ねると、依然として高い確率を答えた。研究結果を見せなかった人々と比べて統計的に意味のある違いはなかったという。この結果は、電気ショックへの耐性を調べた別の実験結果を学生に見せた場合でも、同様に目の前のビデオの人の行動予測に影響を与えなかった。つまり、心理学の学術的な実験結果が、目の前のビデオに映った普通の大学生にあてはまるのではなく、あくまでも研究結果というどこかよその世界で得られた抽象的な数値とグラフの世界としてしか理解されていないようだ。大学教員として心理学の研究結果を紹介する授業をいつも学生に行っている筆者としては、残念な研究結果である。

人間はとくに自分自身を例外として考えがちだ。たとえば、マスメディアが人間にもたらす影響はそれなりに大きいものであるが、自分自身に対してはさほど影響は大きくないと認識しがちである。これはマスメディア研究で、第三者効果と呼ばれている。[★17] メディアが及ぼす影響自体は大きいことを認めたうえで、しかしその影響力に関しては自分自身を例外として認識してしまう。「たしかにマスメディアの影響は大きい。誰も彼も広告につられて買い物をしているし、ニュースで言っていたことをそのまま自分で思いついた意見のように吹聴している。だけど、そういう他の人とは違って、自分はだまされないよ」、そういったことを自分が考えていないか、ぜひ少し振り返ってみていただきたい。災害緊急時の心理と行動に関しても、自分だけは死なないと思いがちだとも指摘されている。[★18] もちろん事故や災害はランダムに訪れ、自分だけが絶対死なないなどとは言い切れない。さらに書くと、「自分だけは例外だと誰もが思っている」というこの言い方でさえ、この「誰もが」に読者の方々は、自分をきちんと入れられただろうか。「たしかに、みんな自分は例外だと思っているよね、自分は違うけど」と、ここでさえ自分を例外化しなかっただろうか。

本書で紹介する研究のほとんどは、紛争や暴力といった反社会的なものが中心である。自分にあてはまるなどと思いたくないものが大半だろう。しかし、今から述べていくように、状況や環境から大きな影響を受けて、あなたも私もさまざまに考え、行動している。あなたが今、暴力を振るわずにすんでいるのは、ほんの少し運が良かっただけかもしれない。そして、ほんの少し状況さえ変われば、あの信じられないような暴力的な人々は、あなた自身の姿だったかもしれない。学術研究として冷静で俯瞰的な視点から理解するとともに、ぜひ自分自身がそこにおかれたときに自分は例外だと本当に言えるのか、自分自身をその立場に置き換えながらお読みいただきたい。

本書に描かれる暴力的な人々は、あなた自身の話である。

用語の整理

本書で繰り返し出てくる専門用語を整理しておきたい。

まず、集団間関係に関する用語である。本書で「集団間」という言葉は繰り返し出てくるが、「集団の境界をまたいで一方の集団から他方の集団に」という意味である。図0－3に「私」の視点を中

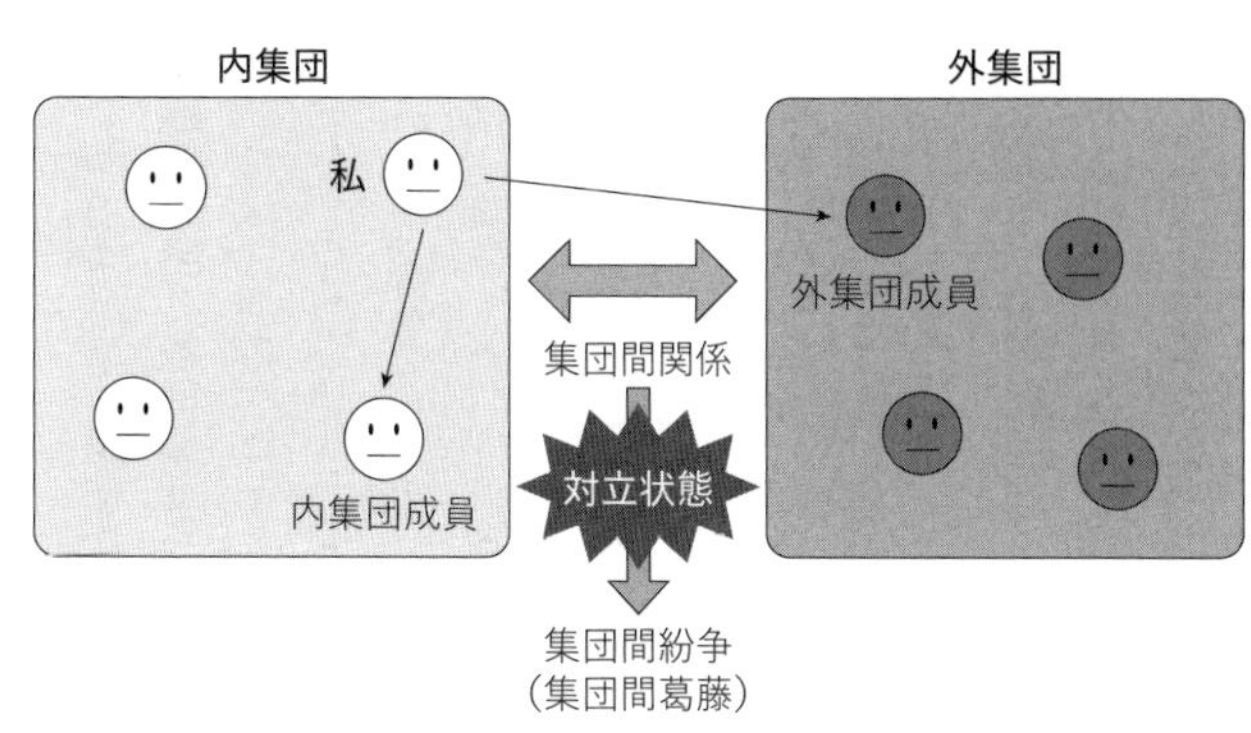

図 0-3　集団間紛争に関する用語の整理

心とした二つの集団とその成員に関して図示した。私が所属する集団が内集団（ingroup）であり、私が所属していない他方の集団が外集団（outgroup）である。私から見たときに同じ内集団に所属する成員（メンバー）は内集団成員（ingroup member）であり、自分とは異なる外集団に所属する成員が外集団成員（outgroup member）である。こうした内集団と外集団からなる二つの集団の関係性が「集団間関係」（intergroup relation）である。この集団間関係が敵対的な対立状態に陥ったときに集団間紛争（集団間葛藤：intergroup conflict）となる。本書が集団間関係を主軸に据えているように、集団間関係はすぐに集団間紛争となりやすい。

こうした集団間関係はさまざまな次元で存在する。

・国家であれば、日本－中国、日本－アメリカ
・宗教であれば、キリスト教－イスラム教、カトリック－プロテスタント
・人種であれば、白人－黒人、白人－アジア系
・組織内の部局間であれば、営業部－研究開発部、横浜店－千葉店

・政治イデオロギーであれば、保守－リベラル

といったように、集団次元のとり方次第で、さまざまなものが存在する。それぞれ、国家や民族から、組織内の話と多種多様なものであるが、その集団間関係に潜んでいる暴力と紛争を生み出す〝集団心理〟には共通のプロセスが存在しており、これを紐解くことが本書の主たる目的である。

また、「争いごと」に関する用語を説明する。まず、人間関係における争いごとは英語でconflictであり、「紛争」「葛藤」「対立」と訳されるか、カタカナのまま「コンフリクト」と呼ばれる。本書では「紛争」という言葉を中心的に用いながらも、文脈や参照元の文献の記述に応じて使い分けるが、基本的にいずれも「争いごと」を指している。上述のとおり、集団間関係が争い合う状態が「集団間紛争」である。また、「葛藤」という言葉に関しては、社会心理学では訳語として使われることも多く、とくに一対一のconflictは「対人葛藤」が定訳である。しかし、日常語では個人内の葛藤（内定をもらったA社とB社のどちらに就職するか悩む、など）を指すことが多いため、日常語との乖離が大きい用語である。参照元の文献での用法を生かしながらも、「葛藤」は本書ではできる限り使用していない。

そして、紛争状況では相手に危害を加えることとして、攻撃や暴力が行われる。心理学では「攻撃」（aggression）とは、「危害を受けることを望まない相手に対して行われる意図的な危害全般」を指す。攻撃の定義におけるポイントは二つある。一点目に相手が危害を受けることを容認していれば、それは攻撃ではない。ボクシングや格闘技の試合ではあくまでもスポーツという枠組みの中で、選手はお互いに殴り合っているため、これは攻撃ではない。二点目のポイントが、意図的であるという点

で、たとえば、歯医者が患者の歯を削って痛み＝危害を加えるのは、治療を目的としており、危害を加えようとする意図があるわけではないので攻撃ではない。攻撃には、身体的な攻撃のみならず、心理的な攻撃も含まれる。悪口を言う、無視をするなどは攻撃に含まれる。攻撃の中でも、積極的に身体的な危害を加える行動のみを、本書では暴力（violence）と呼ぶ。そのため、本書で攻撃と呼ぶものは、他者に身体的・心理的な危害を加えるもの全般を指していて、暴力はとくに程度が強い身体的攻撃を指している。

以上、もし読んでいて混乱することがあれば、ここに戻ってきて、再度用語を確認していただきたい。

第Ⅰ部

内集団過程と集団モード

第1章

集団への愛は暴力を生み出すか？

愛国心と暴力

人は自分の所属する集団を愛することがある。国に対しては愛国心、会社に対しては愛社精神などと呼ばれるものだ。人間は普遍的な欲求の一つとして、所属欲求（need to belong）をもっている。「人は一人では生きていけない」というのは物理的な意味のみならず、心理的な意味でもそのとおりだ。そのため、所属集団に対して何かしらの愛着をもつことは、人間にとって自然な感情の一つである。逆に、自分の会社が嫌いだ、自分の大学が嫌いだ、自分の部活が嫌いだ、自分の属する集団すべてが嫌いだといった人は、むしろ心理的・社会的に不健康な状態だともいえる。大なり小なり、人はみずからの所属集団に愛着を感じながら生きている。

では、こういった集団への〝愛〟は暴力を生み出すのだろうか。現代社会でとくに考えるべきは、国家という集団に対する愛である「愛国心」と暴力の関係性だ。近年はヘイトスピーチが大きな社会問題となっているが、在日外国人の排斥を声高に叫ぶ国粋主義者（ナショナリスト）を見ると、自国に非常に強い〝愛〟を感じているように見える。言い換えると、愛国心は外国や外国人への暴力を生み出すようにも見えるだろう。愛国心は、たびたび政治や教育において議論の的となってきた。現在も学校行事の際には国歌斉唱・国旗掲揚が行われ、また小学校で二〇一八年度から、中学校では二〇一九年度から「愛国心」の涵養をその一部に含む「道徳」が教科化された。その一方で、愛国心が偏狭なナショナリズムと排外主義へとつながるおそれがあると、たびたびの批判がなされてきた。愛国心教育に関しては、政治的立場によって賛否両論である。

また、日本のみならず、「アメリカ・ファースト」という自国第一主義という偏狭な愛国心を掲げたアメリカのトランプ前大統領が、イスラム諸国やメキシコなど外国からの移民に排外的な主張を繰り返してきたことはご存じのとおりだろう。その反動もあり、二〇二〇年には白人警官が取り押さえの中で黒人を殺害したことに端を発して、黒人差別への抗議の機運が一気に高まり、ＢＬＭ（Black Lives Matter：黒人の命も大切だ）という社会運動が活発化した。また、トランプ前大統領は、中国の武漢市で最初に見つかり、そこから世界に拡散した新型コロナウイルス（COVID-19）を、あえて発見地名を名指しする「中国ウイルス」だと呼び、中国を繰り返し非難した。こうした社会風潮の中で、中国人さらにはアジア人への差別発言やヘイトクライム（憎悪犯罪）も顕在化した。このように、アメリカ社会でも、白人中心の〝愛国〟は、さまざまな他人種への対立を生み出したともいえる。

さて、愛国「心」といわれるからには、当然、心理学の研究対象である。ここではイデオロギー論争となる政治的・歴史的な議論はいったん棚上げにして、国に対する「愛」とは、いったいどのような心理状態なのかを心理学の研究から見ていこう。そして、実際のところ、愛国心は暴力を生み出しているのかを検証していこう。

本書のスタンスである実証主義の立場からすると、この章で答えるべき問いはこうなる。

Q：国を愛する人ほど、外国や外国人への攻撃性や差別心が強いのか？

これは国という国家レベルの集団を対象とした書き方であるが、各レベルの集団に一般化した書き方をすると、「内集団への愛が強いほど、外集団への暴力が強まるのか？」とも言い換えられる。この問いに先に答えるならば、

A：単純にはNO。しかし、条件つきでYES。

である。とくにこの「条件つき」の部分を少し丁寧に議論したい。

愛国心の基盤となる心理は、自分の所属集団（ここでは国）に対するメンバーシップと愛着である。そこでまず、愛国心も含めた「集団への所属心理」に関する心理学理論から見ていこう。

所属心としての集団アイデンティティ

集団に所属する心理に関して、社会心理学では、集団アイデンティティ（group identity）や社会的アイデンティティ（social identity）という概念で研究がなされてきた。内集団同一視（ingroup identification）などとも呼ばれる。集団アイデンティティとは、自己概念の一部に所属集団を取り入れ、内集団の一員としての自分を強く意識している心理状態である。いわば、「私は日本人だ」「俺は早稲

田大学生だ」「私はトヨタの社員だ」と思う程度が、集団アイデンティティの強さである。

序章で「コミット型－集団モード」と呼んでいるものは、この集団アイデンティティが顕在化した状態の一つである。「コミット型－集団モード」のスイッチがオンになった集団モード状態が、集団アイデンティティが顕在化した状態だといえる。その背景理論である社会的アイデンティティ理論においては、アイデンティティは「個人的アイデンティティ」から「社会的アイデンティティ（集団アイデンティティ）」までを双極とする連続的なグラデーションがあり、状況次第でアイデンティティの状態が変わるとされる。[★1] 本書でコミット型－集団モードと呼ぶ心理状態とは、アイデンティティが「集団アイデンティティ」側の極に至った状態だといえる。

「コミット型－集団モード」のスイッチがオンになり、集団アイデンティティを強める状況要因としては、外集団からの危害や脅威が典型的なものだ。たとえば、二〇〇一年の九・一一同時多発テロ事件の後は、アメリカ国旗の星条旗がアメリカ国内のいたるところで掲げられ、アメリカは反アルカイダで一つにまとまった。九・一一テロ後、アメリカ人のじつに八二パーセントが家や車に国旗を掲げたという。[★2] 愛国心の強い人ほど、より国旗を掲げていた。[★3] これはアルカイダという外集団からの脅威が、アメリカという内集団へのアイデンティティを強めたといえる。外集団からの脅威は、集団アイデンティティを強める最重要要因の一つである。

紛争・競争状況でなくとも、外集団との集団間比較状況は集団間関係が顕在化した状態であり、集団アイデンティティは強まりやすい。たとえば、外国に行ったり、外国人と交流したりするとみずからが日本人であることが意識化されることが多いだろう。もちろん、これは国という集団に限らず、学校やサークルでも同様である。たとえば、早稲田大学生は普段大学の中で授業を受けるうえではさほど早稲田大学生であることを意識しないだろうが、東京六大学野球リーグや就職活動のような他大学との競争場面では、早稲田大学生としての自分を強く意識し、早稲田大学生としての集団アイデンティティが強まる。

また、個人差として見たときに、もともと日本に関する「集団モード」のスイッチが入りっぱなしの状態の人がいる。日本の文化や伝統が好きで、いつも日本のことを気にかけ、自分が日本人であることを強く意識している人があてはまる。逆に、日本に対する「集団モード」のスイッチがほとんど入らず、自分の国が日本でもどこでもかまわないという個人も存在する。同じ日本という内集団を見たときでも、一人ひとり、集団モードのスイッチの入り方が異なっている。

集団アイデンティティはそれ自体で外集団への暴力を強めたりはしない

さて、ここで本章の最初の問いに戻ろう。内集団への集団アイデンティティを強くもつ人は、外集団への攻撃が強いのだろうか。じつは、これまでの実証研究を概観すると、必ずしも集団アイデンティティが強い人ほど、外集団に否定的な態度をもっていたり、攻撃行動が強かったりするとは限らないことがわかっている。

いくつか実証研究を紹介しよう。東アフリカの三〇の民族集団を対象に行った調査では、内集団への肯定的な態度をもつことと、外集団への態度には関連が見られなかった。[★4] また、別の調査では、四つの南アフリカの民族を対象に、内集団アイデンティティと外集団への態度との関連を検討したが、一貫した関連は見られなかった。[★5] 他にも多くの社会心理学、政治心理学領域の研究が、内集団アイデンティティが強いほど、外集団への否定的態度が強いという関連性が一貫して見られるわけではないことを指摘してきた★6。

つまり、「日本人としての集団モード」の状態にある人が、外国や外国人一般に対して攻撃的であるとは限らないということである。国粋主義者は暴力的に見えるという一般的な印象とは異なる結果に思えるかもしれない。これは次のような例から考えるとわかりやすいだろう。日本を愛し、日本の古い時代の神社仏閣巡りが好きな人が、外国人に攻撃的な心理傾向があるだろうか。日本のために滅私奉公で働く国家公務員や政治家が、外国への戦争を支持する傾向があるだろうか。そう考えると、日本を愛する気持ちが攻撃に結びつくのは、単純な愛国心だけでは説明がつかないだろう。

さて、本章の問い「国（内集団）を愛する人ほど、外国や外国人（外集団）への攻撃性や差別心が強いのか?」という問いへの答えは、「単純にはNO。しかし、条件つきでYES」だと先に述べた。この答えの前半「単純にはNO」がここまでの説明部分である。ここからは後半「しかし、条件つきでYES」の部分を説明していきたい。つまり、一般的には集団アイデンティティが強くとも、そのまま直接的に外集団に対する攻撃性が高まるわけではない。しかし、特定の条件のもとでは集団アイデンティティの強さが攻撃性に結びつくのである。

国粋主義者のヘイトスピーチや外国人排斥が典型的なように、事実として「愛国者の攻撃性」は存在する。それを説明するためには、「愛国心」という集団アイデンティティだけを考えるのではなく、集団アイデンティティが暴力を生み出すプラスアルファの要素を加味して考えなければならない。本書では、集団へのアイデンティティが外集団への暴力を引き起こす条件として、次の二つの条件を指摘したい。このどちらかが満たされている場合に、集団アイデンティティは外集団への暴力を引き起こす傾向がある（図1－1）。

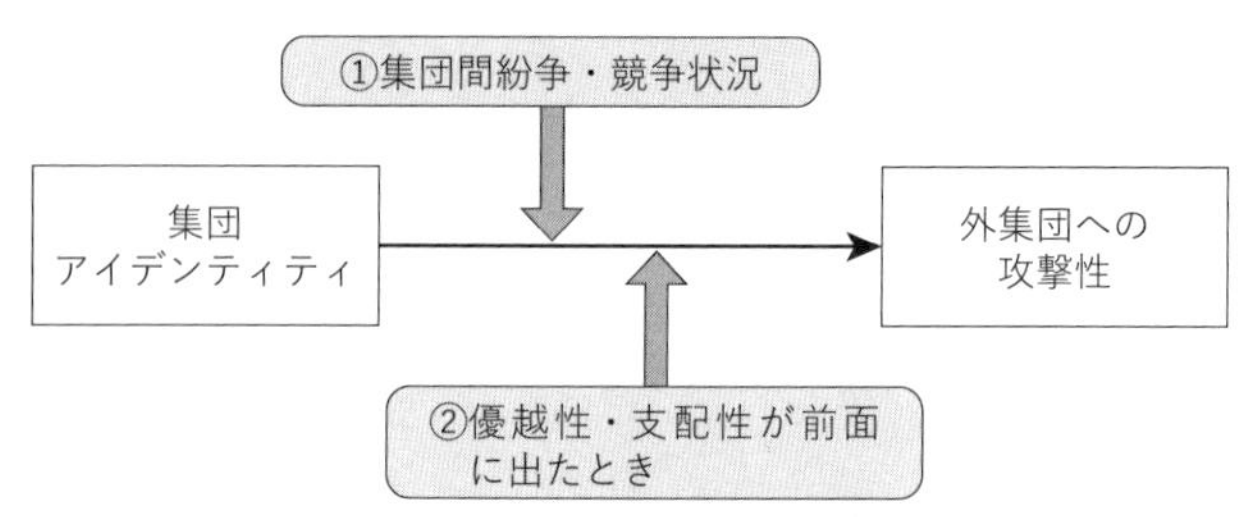

図 1-1　集団アイデンティティが外集団への攻撃性を生み出す２つの条件

［条件一］　集団間紛争・競争状況のとき
［条件二］　集団アイデンティティの下位側面のうち、優越性・支配性が前面に出たとき

［条件一］　集団間紛争・競争状況のとき

一つ目が、外集団との関係が紛争・競争状況にある場合である。集団間紛争・競争状況下では、集団アイデンティティの強い人ほど、外集団に攻撃する傾向が高い。集団アイデンティティの強い人というのは、心理的に自分と集団とを同一視している。つまり、コミット型－集団モードの状態に入った人は「私＝私の集団（内集団）＝私の集団メンバー（内集団成員）」として認識する。このとき、「私＝集団」をより強いものにしようと、また外集団から自分たちを守ろうと、紛争・競争に積極的に従事するのである。

多くの調査結果が、集団間関係が紛争・競争的な状況の下では集団アイデンティティと外集団への攻撃性の正の関連を示している。たとえば、九・一一テロ後のアメリカでの調査では、アメリカへの集団アイデンティティが強い人ほど、テロリストを許さず、報復を望んでいた。[★7] また、ロシア人の民族間対立場面において、ロシアへの集団アイデンティティの強い人は、内集団の目標のために戦い、外集団の目標に反対する意志が高かった[★8]。

集団間紛争・競争状況下で、集団アイデンティティが攻撃性を強めるのはいったいなぜなのか。それは、日本人としての集団アイデンティティが強い人が、どこの国の外国人を嫌いなのかを考えると理解しやすいだろう。彼らが敵意の対象としているのは、中国や韓国、北朝鮮といった政治的・歴史的な対立関係が指摘されることの多い国の国民であることが思い浮かぶだろう。

逆に、愛国心の強い日本人であっても、対立関係があまりないような国民に対しては、攻撃的には振る舞わない。たとえば、世界一知名度の低い国ともいわれる「サントメ・プリンシペ」という国がある。さて、愛国心の強い日本人が、サントメ・プリンシペ人に敵意を向けているだろうか。おそらくそんなことはないだろう。つまり日本の愛国者が中国や韓国に攻撃的に振る舞うことがあるのは、少なくとも主観的には中国や韓国は日本と競争・対立関係にあると認識されているからであり、日本をよりよい立場にするためには、ないし日本を脅威や競争から守るためには、それらの国を攻撃することさえいとわないという心理の現れだといえる。

逆にいうと、紛争・競争状況下ではなく、中立的・友好的な集団間関係の下では、集団アイデンティティは外集団への攻撃性を引き出さないともいえる。前項で、集団アイデンティティと攻撃行動との関連が見られなかったという実証研究を紹介した。じつは、この研究のいずれもが、外集団との関係が中立的ないしポジティブな場面を対象とした研究であった。つまり、集団アイデンティティが外集団攻撃を引き起こさないのは、外集団との関係が中立的ないしポジティブなものだったからだといえる。

集団間感情理論から見た紛争状況下の集団間攻撃性

紛争状況下での、愛国心に基づく外国への攻撃を説明する理論が集団間感情理論[★9]（intergroup emotions theory）である。紛争状況では、外集団成員からの攻撃により、内集団成員は傷つけられる。たとえば、日本国内で外国人テロリストが日本人一〇名をテロにより殺害した場面を考えてみよう。日本人アイデンティティの強い人ほど、この犯人に対して、強い怒りを覚える。なぜならば、日本人としての集団モードの心理状態となった人は、「私＝私の集団＝私の集団メンバー」だと認識しているためである。いわば、日本人への攻撃はもはや〝他人事〟ではない。まるで自分自身が傷つけられたかのように、怒り、そしてそのテロリスト集団さらにはその出身国民一般に対する軍事攻撃を支持することが見られるだろう。

集団間感情理論は、こういった紛争状況下での怒りと攻撃の心理過程を理解するうえで、有用なモデルである（図１－２）。集団間感情理論では、①内集団のアイデンティティをもつことで、内集団や内集団成員に起きた出来事をまるで自分自身の身に起きた出来事のように認識する、②出来事への評価によって、感情的反応や行動が現れるというものである。つまり、内集団アイデンティティの強い人は、内集団に起きた出来事を自分自身の問題として捉えやすいために、紛争や競争を代表とした否定的な出来事に対しては、否定的な反応をもちやすいのである。

とくに個人間犯罪が、集団レベルの紛争として認識されていく過程を理解するために、来日外国人犯罪に対する日本人の感情的反応という例をもとに、集団間感情理論に基づく心理過程を順に見ていこう[★10]（図１－２右側）。ある来日××人の「〇〇容疑者」が日本人の「△△さん」を殺害し、金銭目的の強盗殺人を犯したというニュースをテレビで見たとしよう。このとき、日本人アイディティティが

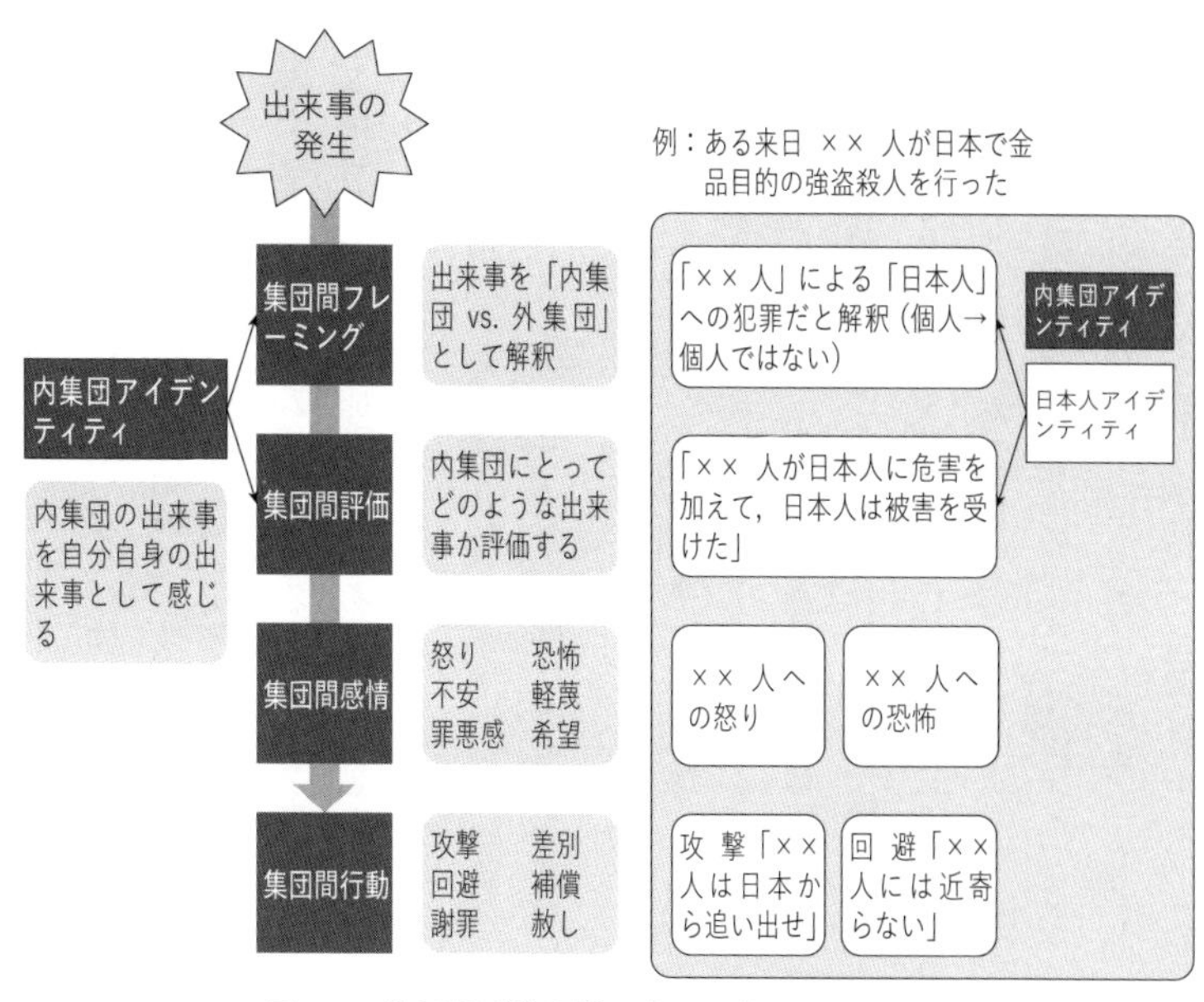
出来事の
発生
例：ある来日 ×× 人が日本で金
品目的の強盗殺人を行った
集団間フレ
ーミング
出来事を「内集
団 vs. 外集団」
として解釈
「×× 人」による「日本人」
への犯罪だと解釈（個人→
個人ではない）
内集団アイデ
ンティティ
内集団アイデン
ティティ
日本人アイデ
ンティティ
集団間評価
内集団にとって
どのような出来
事か評価する
「×× 人が日本人に危害を
加えて，日本人は被害を受
けた」
内集団の出来事
を自分自身の出
来事として感じ
る
集団間感情
怒り　恐怖
不安　軽蔑
罪悪感　希望
×× 人へ
の怒り
×× 人へ
の恐怖
集団間行動
攻撃　差別
回避　補償
謝罪　赦し
攻 撃「××
人は日本か
ら追い出せ」
回 避「××
人には近寄
らない」

図 1-2　集団間感情理論における集団間感情過程

強い人は、どのように反応するだろうか。日本人アイデンティティが強い人は、集団間関係の枠組みでこのニュース報道を評価しがちだ。これは、「○○容疑者」個人が「△△さん」個人を殺した事件とは認識せず、「××人」が「日本人」を殺したという外集団から内集団への危害事象という枠組みから認識し、評価を行う。内集団アイデンティティが強い人は、自分と内集団を重なるものとして認識するため、同じ日本人への危害をあたかも自分自身が被害者となったかのように感じるのである。日本人の痛みは俺の、私の痛みとなる。その結果、日本人アイデンティティが強い人ほど、こういった来日××人犯罪に怒りや恐怖を覚え、それに対する反応として、「××人は日本から追い出せ」といった排外的な攻撃行動や、「××人は怖いから近寄らないようにしよう」といった回避的な行動をとるようになる。

内集団成員への危害は、とくに強い怒り感情を引き起こす。アメリカ人を対象に行われた実験では、イラクにおいて国際テロ組織・アルカイダが拷問を加えたという架空の新聞記事を読んだ際に、どの程度怒りを感じたかが尋ねられた。[★11] このとき、回答者はこの拷問の被害者がスリランカ兵士であるときよりもアメリカ人兵士であるときに、より強い怒り感情を報告していた。つまり、テロリストによる拷問という同じ加害事象であっても、その被害者が内集団成員であるときに、より強い怒りを感じるのだといえる。

集団間感情は、どのようなフレーミング（枠組み）で認識するかによってその強さが変わってくる。今紹介したアメリカ人兵士への拷問への怒りの研究においても、イラク戦争というアメリカの対テロ戦争の最中であるという点で、「アメリカ対アルカイダ」という集団間フレーミングとして解釈されやすい場面であった。「内集団対外集団」という認知的な枠組みで世界を見ることが、集団間感情を喚起するうえでは中核的要因となる。たとえばレイらの研究[★12]では、みずからをアメリカ人として意識化させたときには、みずからを学生として意識化させたときに比べて、イスラム教徒に対する怒りが高く、尊敬が低いことが示された。これは、学生としてみずからを認知しているときに比べて、アメリカ人として自分を認知しているときには、「アメリカ人対イスラム教徒」という認知的枠組みが顕現化されるためである。また、ダモントらの研究[★13]では、九・一一テロ攻撃に対してアメリカ人が抱く恐怖を尋ねる際に、「この研究では西洋とアラブの反応を比較する」と教示した場合に、「ヨーロッパとアメリカを比較する」と教示した場合よりも、より強い恐怖感情を報告した。これも同様に、前者の教示を与えられた場合に「西洋対アラブ」という認知的枠組みがより顕現化したためである。

このように、集団間関係を認識するフレーミング（枠組み）次第で、「集団モード」のスイッチの入り方が変わり、結果として怒りや恐怖といった否定的な感情をもつ強さも変化する。

とくに集団間怒り感情は攻撃行動と結びついた感情である。怒りはそもそも一般的に攻撃行動を強める感情である[14]。そして、それは集団間関係においても同様に成り立ち、集団間怒り感情は軍事政策への支持や移民排斥といった形で集団間攻撃性を強める。たとえば、九・一一テロ攻撃後のアメリカの中東への軍事攻撃への支持[15]、日中関係における日本から中国への軍事攻撃への支持[16]、セルビア、ボスニア、アルバニアでの民族間関係における軍事攻撃への支持[17]、アメリカ白人におけるメキシコ移民制限の政策支持[18]がそれぞれ集団間怒り感情との正の関連が指摘されている。

感情の中では、先述の怒り（anger）、そして、侮蔑（contempt）と嫌悪（disgust）がとくに集団間暴力と関連することが示され、その三感情の頭文字から暴力のＡＮＣＯＤＩ説と呼ばれている。マツモトらの研究[19]では、語彙完成課題によって感情的プライミングを行い、これらの三感情を潜在的に高めると、敵対的な外集団に対する攻撃的な認知や敵対的な意思決定が強まることを示している。さらに同じくマツモトらは[20]、さまざまな暴力イベントないし非暴力イベントを起こした組織・集団のリーダーが、そのイベントの前に行ったスピーチのテキストやビデオを解析した。暴力イベントには、一九三九年のナチスのポーランド侵攻、一九六六年の中国の文化大革命、二〇〇三年のアメリカによるイラク侵攻などが含まれており、一方で非暴力イベントには、一九三二年のガンジーの不服従運動、二〇〇八年の北京五輪に向けて行われたチベット抵抗運動などが含まれていた。テキストやビデオから感情的な言葉を分析したところ、暴力イベントに至ったリーダーの言葉では、暴力イベントが近づくほど、怒り、侮蔑、嫌悪の三感情に関する言葉がとくに多く使われていることがわかった。一方で、幸福、恐怖、悲しみ、驚きの言葉は変化が少なかった。反対に、非暴力イベントの場合には、イベントが近づくほど怒り、侮蔑、嫌悪の感情に関する言葉はむしろ少なくなっていた。また、表情解析からも暴力イベントの前のスピーチでは三感情に対応する表情を多く示していた。このように、集団間感情の中でも、怒り、侮蔑、嫌悪の三感情は暴力を引き起こす中核的な要因だといえる。

集団のための自己犠牲的攻撃——アイデンティティ融合

このように紛争状況下では、集団アイデンティティの強さが外集団への攻撃性を生み出す。この集団アイデンティティの強さが生み出す究極的な攻撃行動として、命を捨てて国を守ろうとする行動に関する、近年の研究で得られた興味深い知見を紹介したい。

この研究で検討されているのは、スワンらが提唱するアイデンティティ融合（identity fusion）という心理状態である。[★21] アイデンティティ融合とは、自分自身と集団が重なり合って、あたかも同じものであるかのように融合している集団心理状態である。これは本書でいう集団モードのスイッチが入った状態ともいえるだろう。おおむね、ここまで述べてきた、内集団アイデンティティをもつ状態と類似した概念であるが、その中でもとくに、個人的アイデンティティを喪失することなく、みずからの強い意思をもち集団のために行動しようとする強い集団アイデンティティの状態がアイデンティティ融合とされている。[★22] そして、後述するように、とくに集団のための自己犠牲行動に注目している点において、集団間紛争ならびに集団暴力研究においては重要となる。

アイデンティティ融合の強さは、図1-3に示すようなピクトグラムを用いて測定される。[★23] 自分が左側の小さい丸、集団が右側の大きな丸で示されており、自分と集団がどれだけ重なり合っている

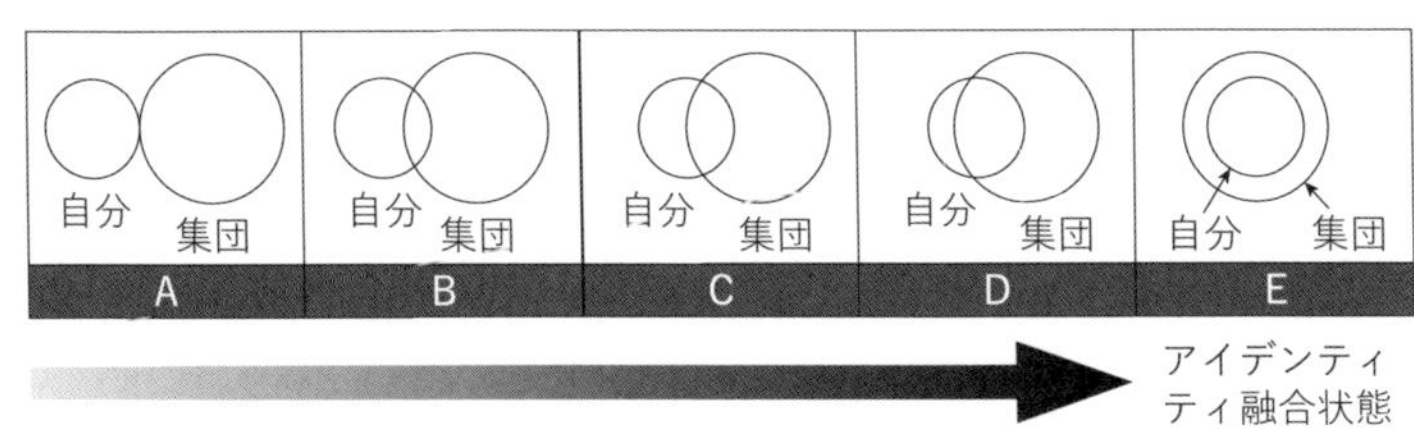

図 1-3　アイデンティティ融合の測定

（出典）　Swann et al.（2009）。

かが五段階で示されている。この自分と集団の心理的重なり合いの程度を選択してもらうことでアイデンティティ融合の強さを測定する。図Eに示されているように、自分が集団の中にすっぽりと入り、溶け込んだように感じられる状態がアイデンティティ融合状態である。また、質問紙を用いた自己評定での質問項目も提案されている。[★24]

このアイデンティティ融合状態が集団暴力において重要な理由は、アイデンティティ融合状態が、いわゆる「お国のために戦って死のうとする意志」と強く結びついているからだ。ここではアイデンティティが融合する対象となる集団は「国」である。アイデンティティ融合状態にある個人は、そうでない個人と比べて、自分の国のために戦ったり、死んだりすることに肯定的な態度をもっており、[★25] みずからの命をかけてテロリストを殺してもよいと回答する。[★26] これはさまざまな国で同様の結果が得られており、アイデンティティ融合と命をかけた戦闘意志との正の関連は、スペイン、アメリカ、インド、中国、そして日本などさまざまな国の人々で同様に見られている。[★27] 国ごとの結果を図１－４にまとめた。調査の結果としては、国ごとに平均的な国へのアイデンティティ融合や命をかけた戦闘意志の平均値は異なっている。日本はどちらも平均的に低い国である。そして、国名の後に記載している数値が、国の中でのこの二変数の相関係数である。いずれの国でも r = .32～ .61 と高い

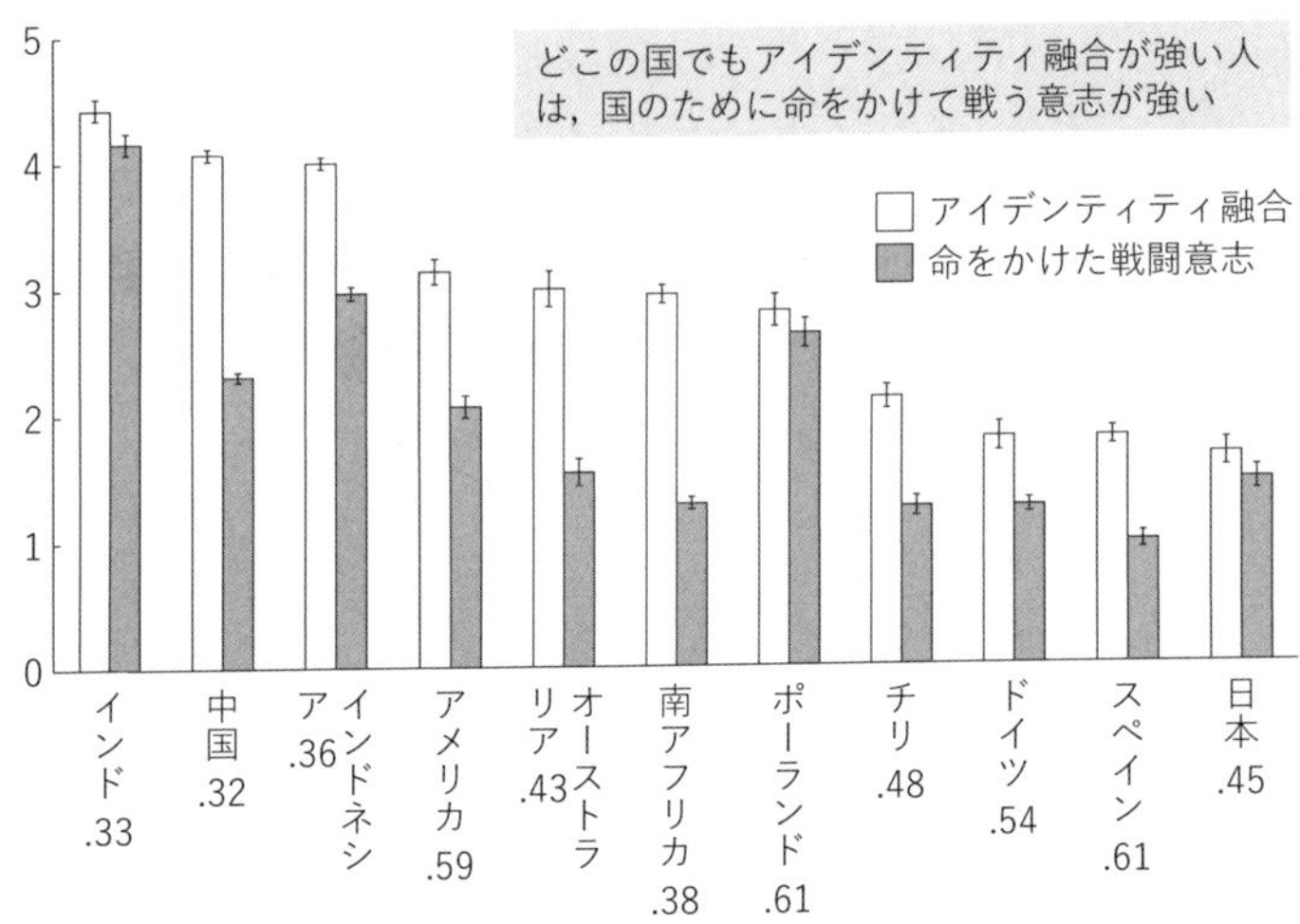

図 1-4　各国ごとのアイデンティティ融合と国のために命をかけた戦闘意志の平均値ならびに国内相関係数

（出典）　Swann et al.（2014）より作成。

正の関連性が見られている。つまり、平均的な程度は国ごとに異なってはいても、どの国においても国にアイデンティティ融合の強い人ほど、国のために命をかけて戦うのだと回答しているのだといえる。

もちろんアイデンティティが融合する集団は「国」だけとは限らない。たとえば、家族集団、友人集団などに対してもアイデンティティ融合状態にある人は同様に命をかけて戦って守ろうとする。★28 このように、集団と自己とが溶け合って一つになった融合状態の心理は、命をかけた暴力を引き起こす大きな役割を担っている。アイデンティティ融合状態は、集団的な暴力を引き起こす集団モードの究極の形ともいえるかもしれない。

アイデンティティ融合の研究で示された興味深い点は、アイデンティティ融合状態にある個人は、集団のために命をかけて戦うことに対して、個人的な責任を引き受けているようだということである。その意味で、アイデンティティ融合状態にある個人は、自分の個人的なアイデンティティが霧散した没個性化の状態（第2章参照）ではなく、むしろみずからの強い自己意識をもち続けた状態である。たとえば、アイデンティティ融合状態にある個人は、テロリストを殺す場面において、他の自国民が殺すのに任せるのではなく、自分こそが自分自身の命をかけて殺したいと回答する。[★29]また、自己意識（個人的アイデンティティ＝私が私であること）が脅かされ、自己意識状態を回復しようとする心理状態や、[★30]心理的に覚醒度が高まった状態では、[★31]集団のために攻撃しようとする程度が増える。いずれも自身の強い意志と信念に基づいて自己犠牲的攻撃行動をしようとするということを示している。

では、アイデンティティ融合はどのようなときに促進されるのだろうか。その中核要因の一つとして、スワンらが指摘するのは、共有経験である。とくに他の内集団成員と過激な経験や否定的経験を一緒に行うことが、アイデンティティ融合を促進することが示されている。たとえば、ジョンらの研究[★32]では、ボストン在住者を対象に、ボストンマラソン爆破事件という否定的経験を思い出させる操作を行ったところ、統制条件として買い物などのボストンでの日常体験を思い出させた統制条件よりも、ボストンへのアイデンティティ融合が強まった。また、二〇一六年のアメリカ大統領選挙では、選挙が近づくにつれて、支持政党（共和党／民主党）や候補者（トランプ／ヒラリー・クリントン）に対する党派的なアイデンティティ融合状態が強まっていくことも報告されている。[★33]さらには、民俗的・宗教的な儀式として一緒にダンスを踊り、音楽を奏でることもアイデンティティ融合を強めるようだ。[★34]こうした同じ集団の仲間とともに悲しんだり、楽しんだりといった経験は、その集団への没入感を強め、アイデンティティ融合という極限的なコミット型－集団モードの状態を確実に強めていく。

さて、これを踏まえて、集団暴力に関して考えてみると、とくに暴力的・戦闘的集団での共有経験がアイデンティティ融合を強めることが考えられる。こうした戦士たちが暴力的・戦闘的集団の中でとくに強いアイデンティティ融合状態となり、戦闘に参加していく様子を見ていこう。

内集団のために戦う戦士たち

アイデンティティ融合という視点は、まさに内集団のために戦う戦士たちの心理メカニズムとして中核的な役割をもつことが近年の暴力的・戦闘的集団の研究の中で指摘されるようになってきた。たとえば、二〇一一年に中東や北アフリカ地域で「アラブの春」と呼ばれる一連の民主化運動が起きた。その中のリビアで武装蜂起をした革命部隊一七九名に対して行われた調査がある。[★35] 彼らに対して、アイデンティティ融合の強さを尋ねた。その結果、九五パーセント以上が革命部隊にアイデンティティ融合状態であることが示された。これは非常に高い数値であり、図1-4でも紹介したようなスワンらの研究[★36]などで示された平和な先進国の一般人サンプルでのアイデンティティ融合状態の人の割合（六〜四一パーセント）と比べても顕著に高いものだといえる。しかも、家族よりも革命部隊に強く融合していたと答えた人が四五パーセントもいた。まさに、戦闘集団の中での社会化と共有経験の中でアイデンティティ融合が強まっていったことが考えられる。

また、イラク北部でイスラム過激派組織ＩＳＩＳと戦う兵士においても同様にアイデンティティ融合状態の割合が高い集団ほど、自己犠牲を望み、そして実際に戦場で重傷を負っている傾向が見られた。[★37]

現在のテロリズムの心理学研究では、過激派テロリストも、対テロ兵士も、心理過程は同じであり、同じコインの裏表の関係にあると考えられている。つまり、過激派テロリストも、対テロ兵士も、過激派集団もしくは対テロ組織という自分の集団へとアイデンティティ融合を行った人が武器を手にとり戦っているのだと考えられている。こうした視点から、奉仕的行為者モデル（devoted actor model）がテロリストが生まれる際の中核的な理論モデルとして、近年、検討されている。[★38]

アイデンティティ融合における集団間紛争・競争状況の重要性

［条件一］の最後として、アイデンティティ融合に関する留意点を述べたい。［条件一］として集団間紛争・競争状況下にあるときには、内集団アイデンティティが集団間紛争を強める一方で、紛争・競争状況でなければ内集団アイデンティティが集団間紛争を強めるとは限らないことを述べた。これは、アイデンティティ融合に関しても同様である。

アイデンティティ融合は、自己犠牲を伴った集団のための行動を促進するが、それが常に集団暴力であるとは限らない。「もし戦争になれば」という集団間紛争状況が仮定されていたり、もしくは革命軍やテロリストといったきわめて戦闘的な集団成員であったりしたからこそ、アイデンティティ融合は集団暴力の最重要促進要因であった。

前項で紹介したような集団のための自己犠牲的攻撃を行う状況とは、外集団から内集団が危険にさらされており、外集団に攻撃を行うことが内集団の仲間や家族を守る手段であるという状況である。つまり、愛国心の一つの形であるアイデンティティ融合が攻撃を促進するのは、「外集団からの脅威・競争下にある場合には」という限定条件がついている点には留意しておきたい。あくまでも脅威となる外集団への攻撃とそれに対する防衛を意図するからこそ、アイデンティティ融合は命をかけて戦うという過激な集団のための行動を促進するのである。

一方で、そうした集団間紛争の文脈を離れれば、アイデンティティ融合の強い人は、たとえば、自然災害後に多くの寄付を行うことや[★39]、ボストンマラソン爆破事件の犠牲者への支援を提供すること[★40]が確認されている。このように一種の自己犠牲を伴った集団行動の一種として、自分が負担を担ってでも他者を助けようとする積極的な利他行動を促進するものでもある。

つまり、アイデンティティ融合は集団のための自己犠牲を行う心理状態であるために、その社会文脈要因として集団間紛争状況では、その自己犠牲が集団暴力へと向かうが、一方で平和な社会状況であれば、集団への自己犠牲は向社会的で利他的な博愛行動ともなりうるだろう。集団愛が暴力を生むか否かは、社会状況と文脈次第であるという点は重ねて指摘しておきたい。

[条件二] 集団アイデンティティの下位側面のうち、優越性・支配性が前面に出たとき

さて、ここまで愛国心が集団間紛争を生み出す一つ目の条件として、外集団と紛争・競争関係にある場合を説明した。ここからは、集団アイデンティティが外集団への敵意を生み出すもう一つの条件を見ていきたい。ここまでは、集団アイデンティティを単一の一次元からなるものとして見なしてきた。しかし、じつは、集団アイデンティティはいくつかの側面から成り立っていることがこれまでの研究で明らかにされている。そして、集団アイデンティティの側面には紛争とは関係の低い「善玉」と紛争を引き起こす「悪玉」があることがわかっている。

紛争とは関係の低い「善玉」の集団アイデンティティは、「集団愛着」である。これは自分の国が

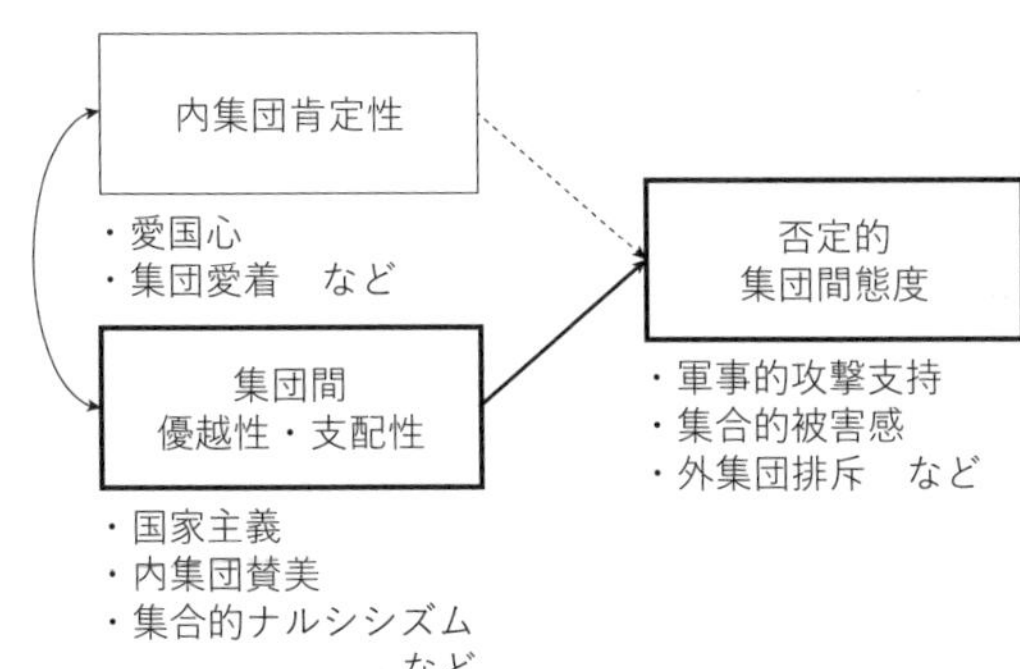

図 1-5　集団間優越性・支配性と否定的集団間態度との関連性

（注）　こうした関連が見られた研究として，Kosterman & Feschbach（1989），de Figueiredo & Elkins（2003），縄田・山口（2012），Huang et al.（2015），Golec de Zavala et al.（2009）などが挙げられる。

好きだという単純な好意的な気持ちである。国単位であれば、愛国心（パトリオティズム）と呼ばれる。それに対して、紛争を引き起こす「悪玉」は、集団アイデンティティの「支配と優越の側面」である。これは国家主義（ナショナリズム：nationalism）、盲目的愛国心（blind patriotism）、内集団賛美（ingroup glorification）などとして政治心理学、社会心理学の領域で研究されてきた。細かい概念上の区別はあるものの、いずれも集団間比較志向性を強くもち、自分の集団を他集団よりも優越したものとして見たい、支配的な立場に位置していたいと考える集団アイデンティティの形である。こういった「集団愛着」としての愛国心と「集団間優越性・支配性」としての国家主義の二側面の存在は、政治心理学、社会心理学において繰り返し指摘されているものだ。

この愛国心と国家主義の強さが、外国への攻撃的態度とどう関連しているのかを調べた研究は、一貫した結果を示してきた（図1-5）。愛国心は外国への攻撃性と関連性がない、もしくは低い一方で、国家主義は外国への攻撃性と強い正の関連が見られている。たとえば、コスターマンらによるアメリカの大学生を対象にした質問紙調査の結果[41]では、国家主義は核軍備の支持と強く関連する（r = .68）一方で、愛国心は関連が低かった（r = .18）。また、アメリカの社会調査データを用いた研究では[42]、外国人嫌いの程度と関連していたのは国家主義であり（標準化回帰係数β = .48）、愛国心ではない（β = −.15）ことが示された。

日本人においても結果は同様である。筆者らの研究では、日本人の中国に対する意識に関する質問紙調査を実施した[43]。日本への愛国心・国家主義の二側面と中国からの被害者意識（集合的被害感）や中国への軍事的攻撃への支持態度との関連を検討した。その結果、中国からの被害者意識や中国への軍事的攻撃支持と関連があったのは、国家主義の方だけで、愛国心は関連が見られなかった。また、別の研究でも、国家主義の強い日本人ほど中国からの危害意図を高く知覚し、怒りや恐怖を強く感じていた。これは、中国人から日本人を見た場合にも同様であった[44]。

以上のように、単純な集団愛着としての愛国心は外国への攻撃と関連が低い一方で、集団間優越性・支配性を志向する国家主義は集団間攻撃を引き起こすことが明らかにされている。

では、集団アイデンティティの優越的・支配的側面はいったいなぜ外集団への攻撃性を引き起こすのだろうか。それは、優越的・支配的側面は集団アイデンティティのうち、集団間比較と関わるためである。端的に述べると、集団の優越と支配を求めた結果、外集団を下に見ようとするのだといえる。

こういった心理過程は、社会心理学における集団に関する重要理論の一つである社会的アイデンティティ理論から説明される[45]。社会的アイデンティティ理論によると、人は自分と集団を重なり合うものだと同一視しているときには、自分自身をよりよい人だと思いたいのと同様に、内集団もよりよい集団だと思いたい。このとき内集団を相対的に「上げる」ために、外集団を「落とす」という手法を心理的に用いることがある。集団アイデンティティの中でも、とくに「国家主義」という集団間比較としての優越性・支配性の側面が前面に顕在化したときには、外集団を貶める形で攻撃性が高まってしまう。内集団を外集団よりも優越的で支配的なものにするためには、外国をばかにして、攻撃するのが手っ取り早いやり方だからだ。

この心理メカニズムを支持する研究として、集団アイデンティティと外集団蔑視の関係性を検証した、マメンディィらの研究[★46]が挙げられる。この研究では通常の条件でとくに何も指定しないデフォルトの統制条件では、自国に対する集団アイデンティティと外集団蔑視との関連性は見られなかった。その一方で、集団間比較を意識化させる条件では、集団アイデンティティが強い人ほど、外集団蔑視が強いという関連性が見られた。これは集団間比較という優越性・支配性が前面に出てくる文脈では、集団アイデンティティが外集団への差別や攻撃性を引き起こしうることを示している。

他集団と比較し、優越性や支配性を高めるような国家アイデンティティのもち方は問題だろう。ここ数年、外国から見た日本のすばらしさに焦点を当てたテレビ番組が散見される。日本人にとって、自分の心理的な一部である日本のすばらしさが示されることは気持ちがよいものだ。もちろんそれ自体は悪いことではない。しかし、「日本上げ」が転じて、「外国下げ」に陥っていないか、省みることが必要である。自分の集団を愛することを、自分の集団が優越的・支配的になることと結びつけてはならない。日本がすばらしいことと、外国がすばらしいことは両立しうる。そうであってこそ、外国から真に賞賛される日本なのだろう。

優越視のもつ過敏さが攻撃を引き起こすとき

内集団を優越的に見ようとすることは、外集団を蹴落としてでも内集団をよいものにしようとするのみならず、外集団との関係性において過敏反応を示すという点でも、攻撃性を引き起こす。これを理解するために、国家主義とも近い概念である「集合的ナルシシズム」（collective narcissism）と呼ばれる概念を紹介したい。

一般的に自分の外見上の美しさを過度に賞賛する人を「ナルシスト」と呼ぶが、ナルシストはナルシシズムと語源が同じである。心理学用語としてのナルシシズムは、外見だけではなく、それ以外も含めた自分自身の全般を過度に賛美する心理状態を指しており、日本語で自己愛とも翻訳される。つまり、集合的ナルシシズムとは、「国家・民族など集団単位での誇大な自己愛状態」だといえる。とくに、集団アイデンティティの中でも、過敏な防衛的側面に注目した概念である。

こうした集合的ナルシシズムは、自分の集団を例外的にすばらしく、特別扱いを受けて当然の存在だという思いを強める一方で、他者からはそれが十分には認識されていないことに憤りを覚え、不安定で防衛的な攻撃反応を引き起こす。その結果起きることの一つが、外集団への攻撃的・否定的態度である。たとえば、二〇〇五年に行われたアメリカの大学生に対する調査では、アメリカへの集合的ナルシシズムが強い人ほどイラク戦争を支持していた[★47]。また、ポーランドの大学生への調査では、集合的ナルシシズムが強いほど反ユダヤ主義意識が強かった[★48]。

集合的ナルシシズムが外集団への攻撃を引き起こす中核的な原因は、特権意識に伴う過敏反応である。個人レベルのナルシシズムは対人攻撃を引き起こすことが知られている。それは、自分を愛する強いナルシシズムをもつ人は、特権意識をもつがために、ちょっとした不平等な取り扱いや、批判、侮辱に耐えられず、すぐに激昂してしまうためだ。これは個人レベルのナルシシズムの話だが、集合レベルとなったナルシシズムの場合にも同様である。集合的ナルシシズムの強い人は、「特別に優れた自分の国」が「劣った他国」からちょっとでも悪く扱われるのが許せずに過剰に反撃してしまう。[★49]そのため、集合的ナルシシズムの強い人は、外国という自国を傷つけうる存在には過敏に反応し、攻撃的、排外的に振る舞ってしまう。ポーランド人を対象にした研究では、集合的ナルシシズムが強いほど反ユダヤ主義意識が強い理由は、集合的ナルシシズムが強い人が慢性的に外集団一般が敵意をもって脅かしてくるという信念（包囲攻撃信念）をもっているためであるとともに、外集団としてのユダヤ人が世界を支配しようとしているという陰謀論的な信念をもっているためであった。[★50]集合的ナルシシズムが強い人ほど、過大評価しながらもその根拠に乏しく脆い自集団を守ろうとする結果、ある種の妄想めいた陰謀論にとらわれてしまい、過剰な攻撃反応に出てしまうことになるのだといえるだろう。集合的ナルシシズムが陰謀論を支持する心理と関連していることは、二〇一六年のアメリカ大統領選挙での陰謀論[★51]や二〇一〇年のポーランド大統領の死亡事故におけるロシアの関与でも同様に見られた。[★52]

集団間関係への過敏さという観点から、筆者らが行った研究でも同様に、日中関係において、相手国が敵意をもっていると認識することが集団間攻撃意図を高めることが示されている。[★53]日中両国民がともに、相手国からの脅威を感じるほど、相手国民が悪意をもって日本人に接触してくるだろうと知覚した結果、相手国への攻撃的な政策を支持するようになるという影響過程が示された。つまり、日本人にとっては中国が、中国人にとっては日本が、脅威だと感じるほど、悪意を過敏に感じてしまい、攻撃的な政策を支持するようになっていた。脅威への過敏さが紛争を強める重要な要因だといえる。また、こうした脅威知覚が双方ともに過剰に知覚されると、お互いに不信が高まり、敵意的・攻撃的に相互に振る舞うなかで、実際に日中関係が悪化するという循環的な自己成就が生じることさえ考えられる。この研究は集合的ナルシシズムを直接測定しているわけではないが、外集団からの脅威への過敏さが反発的に攻撃を引き起こすという点で心理メカニズムは同様であると考えられる。

集合的ナルシシズムの中核にあるような、内集団に特権を与えられるべきだという信念は、裏返すと、集団間で公平であるべきだとは思っていないということにもつながる。したがって、内集団と外集団が公平・平等であるという通常は良好な集団間関係とも呼べる状態は、集合的ナルシシズムの高い人にとっては、特権的な扱いをされるべき内集団が適切に扱われておらず、むしろ奪われてるという被害感さえ抱くことになり、外集団への攻撃性や敵対行動を生み出してしまう。平等さえも不平等に思わせるという点で非常にやっかいな心理状態ともいえるだろう。

なお、自尊心の低い人は、集合的ナルシシズムをもちやすいことも示されている。[★54] 自分で自分のことを好きになれない人が、自国や出身大学などの自分の所属集団を過剰に賛美することで、低い自尊心を補おうとしているのだと解釈できる。しかし、このことは外集団への攻撃反応も同時に引き起こしてしまうだろう。暴力に関しては、国を愛する前に、まず自分を愛することから考えていく必要があるともいえるのかもしれない。

条件一、条件二に共通する集団アイデンティティのあり方

ここまで、条件一「集団間紛争・競争状況のとき」と条件二「集団アイデンティティの下位側面のうち、優越性・支配性が前面に出たとき」とは独立の条件として紹介してきたが、根本的な考え方は

共通するものだ。どちらも根源的な人間のもつ欲求としての「自分の集団をよりよいものにしたいし、悪いものから守りたい」という気持ちに端を発するためだ。

人は、みずからの所属する内集団を愛し、協力するような心理を備えている。時には内集団を守るために自己犠牲さえ行うものだ。だからこそ、「コミット型 - 集団モード」は、人間の心に広く根づいたのだといえる。集団のためにみずからを奉仕する「集団モード」が入った状態が、時に暴力を生み出す。自分自身と集団を同一視しているときには、人は自分自身を守りたいのと同じように、内集団をも守りたい、よりよいものにしたいと思う。その結果、条件一では、紛争・競争状況にあるときには自分の集団を勝たせたい、守りたいと考えて、積極的に外集団に攻撃を加える。また、条件二では、支配的・優越的な位置に自分の集団をおきたいと考えるために、外集団を貶めてでも「内集団上げ」をしようとする。どちらも、自分の集団をよいものにしたいという気持ちが、集団間関係の場面やアイデンティティの側面に応じて、攻撃性という形で発露したものだといえるのである。

□まとめ

- 「内集団への愛」は単純に外集団への暴力を生むわけではない。むしろ実証研究では否定的である。
- ただし、二つの条件のもとでは「内集団への愛」が外集団への暴力を生み出す場合がある。
- 条件一は、外集団との関係性が紛争・競争状況に陥っている場合である。そのとき、内集団を守ろうとして、自分の集団と自身を同一化させ、自分の集団を愛する人ほど、外集団を積極的に攻撃しようとする。

・条件二は、「内集団への愛」の下位側面を見たときの〝悪玉〟として、優越と支配の側面が前面に出るときである。このとき、外集団への暴力が強くなる。「内集団こそすばらしい」という心理の結果、すばらしい我々の集団が上に立って当然だとばかりに、また外集団からの脅威に過敏反応する形で、外集団を侮蔑的・攻撃的に扱ってしまう。

・両条件ともに、内集団をよりよいものにしたい、守りたいという気持ちが、状況や側面に応じて攻撃性へと転化する形で発現したものだといえる。

第2章　集団への埋没と暴力

没個性化、暴動

集団の暴力性というと、そこから思い浮かぶ現象の一つに、群集の暴動が挙げられるだろう。政治的主張を行うデモ隊や、スポーツの熱狂的なファン集団が、ふとしたきっかけで暴徒と化して、看板を壊し、警察と争い合うニュース映像を観たことがあるだろう。二〇二一年一月には、アメリカのトランプ前大統領が大統領選挙での敗北を認めないとして支持者たちが抗議集会を行うなかで、暴徒と化した群集がバイデン次期大統領の就任を妨害すべく、国会議事堂を襲撃するという前代未聞の大事件も起きた。

日本であれば、ハロウィンのときに渋谷駅周辺で乱痴気騒ぎが生じることがある。犯罪・迷惑行為も多発し、二〇一八年には、渋谷に集まった若者たちによって軽トラックが横転させられたことが映像とともに大きく報道された。渋谷区は、ハロウィンの犯罪・迷惑行為の対策に取り組み始め、二〇一九年には条例を制定した。もちろんハロウィンのみならず、サッカーワールドカップの日本戦、プロ野球の日本シリーズ優勝でも同様であり、こうした「群れて暴れる群集」は、現代日本においても社会的課題の一つだといえる。

群集はなぜ暴徒となるのだろうか。ここには、多くの心理メカニズムが関わっているが、集団への埋没と匿名性によって生じる没個性化と呼ばれる心理状態が中核的な役割を担っていることが心理学では指摘されている。本章では、この没個性化に関する心理学の一連の研究と議論を紹介していく。それとともに、最後には、じつはこの没個性化の心理状態自体が、この本の主題である「集団モード」の産物であることを見ていこう。

集団への埋没と匿名性が引き起こす暴力

群集はいったいなぜ暴力に陥りやすいのか。これは心理学では没個性化（deindividuation）と呼ばれる心理状態として説明されてきた。[★1]

没個性化と群集行動に関する最初期の理論は、フランスの社会学者ル・ボン[★2]に始まる。ル・ボンは『群衆心理』という書籍を一八九五年に出版した。この本の中で、ル・ボンは、群集はひとかたまり（mass）の集団となることで、個人とは異なる集合的な心理的性質をもつようになると述べた。群集がもつ心理的性質とは、

- 衝動的で興奮しやすい
- 暗示を受けやすい
- 感情が誇張的で単純である
- 偏狭で横暴である

・道徳水準が低下する

といったものだ。私たちが素朴にもつ群集のイメージはまさにこれであり、群集の人々は、我を忘れて、感情的になり、まるで憑き物がついたかのように非道徳的な暴力や反社会的行為を振る舞いやすくなっているように感じられるだろう。すなわち、個人は群集となることで、こうした群集心理に陥って、さまざまに悪いことをしがちなのだとル・ボンは指摘した。

ル・ボンによるこれらの主張は、後の社会心理学研究に大きな影響を与えた。一九五〇年以降にいくつかの実験研究[★3]が行われた。その後、匿名性と攻撃性の関係は、ジンバルドによる実験を一つの到達地点として、没個性化理論として体系化された[★4]。

没個性化理論では、群集状況など匿名性が高まることで、人は没個性化と呼ばれる心理状態となるとされる。ル・ボンが指摘した群集状況の影響に関して、ジンバルドはその根源を匿名性による没個性化という心理現象であると理論的に整理した。人間には通常では、「人としてこれをやるべきではない／やるべきだ」という道徳意識が個人の内面に根づいており、日常生活では暴力や法律違反などの反社会的行動を行わないよう、抑制しながらすごしている。しかし、集団状況では、人はその他大勢の中の一人となるため、一見まわりに人がいるように思うが、その実は匿名性が高い状況だといえる。このことは没個性化と呼ばれる心理状態を発生させ、人々がもともともっている道徳水準は低くなってしまう。その結果、通常は抑制されている反社会的行動が解き放たれ、暴力が行われるようになるのだという。

没個性化が暴力性を高めることを実証的に示すために、ジンバルドは個人が個人としてではなく、匿名として扱われる状況では、人は反社会的に振る舞うという仮説を立て、実験を行った[★5]。この実験では、女子大学生が「共感に関する研究」の一環として、四人一組で実験に参加し、匿名条件と非匿名条件という二つの条件に分けられた。匿名条件では、四人の参加者はみな、自分の姿が隠れるようなフードとゆったりした大きめの服を着用し、また自分の名前ではなく一から四までの番号で呼ばれた。一方の非匿名条件では、自分の名前が書かれた名札をつけて、個人が個人として目立つ形で実験に参加した。実験では、教師役が生徒役に罰として与える電気ショックの強さと時間を自分で自由に選択できる場面を設定し、参加者たちの攻撃の強さを測定した。実験の結果、ゆったりとした服とフードを着用した匿名条件の女子大学生たちは、非匿名条件の人たちよりも、およそ二倍の長さの電気ショックを相手に与えていた。つまり、フードを被って自分だと他者からわからないような匿名状況が、人間の攻撃性を強めたのだといえる。まさに匿名性と攻撃性との関係性を直接的に示した実験である。

没個性化の心理メカニズム①――自己意識の低下による抑制の喪失

このように集団での匿名性によって、攻撃的になることが指摘されてきたのだが、もう少しこの没個性化と呼ばれる心理現象の中身を丁寧に見ていこう。

集団の中にいると、そこにいる一人ひとりの個人の顔は見えにくくなる。自分のまわりにはたくさんの人がいる。自分一人だけが注目されることはない。誰が誰だかわからないだろうと考える。こういったときに、人は個人的にやっては問題だと考える道徳水準が大きく低下してしまう。これが没個性化と呼ばれる心理状態である。すなわち、集団の他の人々がたくさんいる状況の中に自分個人が埋没してしまい、他人からバレない状況では、通常だったら抑制されているような反社会的な行動や暴力が解放される。

人は、通常だと悪いことをしないように自分を抑制し、律している。しかし、集団への埋没によって、抑制のタガが緩んでしまう。いわば、「こんなにまわりに人がたくさんいる状況ならば、どうせバレないし、やってしまえ」という心理状態になってしまうのだ。「赤信号みんなで渡れば怖くない」といった言葉がある。まさにこの言葉は、集団での反社会性の高まりを典型的に示す言葉だ。これは他者への反社会的行動の同調であるとともに、みなでやるなら、自分一人じゃないから、悪いことだってやってもいいではないかと道徳基準が下がってしまうことを端的に表している。

ジンバルドによってまとめられた没個性化理論は、その後の研究の中で、個人の自己意識の観点から理解が進められるようになった。ディーナーは客体的自己意識[★6]の概念を採用して、没個性化による暴力性を説明した[★7]。客体的自己意識とは、客観的に外から自分自身を見るように自己に注意を向けた状態である。匿名状態では自己への注意が向かなくなることで、この客観視された自己意識が低くなる。その結果、内的にもっているはずの道徳基準が保持できなくなり、環境刺激からの影響を受けやすくなるとされた。つまり、没個性化と呼ばれるものの中身とは、自己意識の低下だとされる。これによって、自覚的に道徳的に振る舞うことができなくなってしまう。そのため、興味深いことに、鏡を目の前において自分で自分を見えるようにすることで、没個性化とは逆に客体的な自己意識状態を高めた場合には、むしろ反社会的行動をとらなくなることが示されている。つまり、自己意識が高いか低いかに応じて、反社会的行動も多くなったり、少なくなったりするのである。

お酒に酔ったとき、人はつい自分の理性的なコントロールを失ってしまって、時に攻撃的に振る舞ってしまうことがある。まさに、集団への埋没による匿名性も同じような機能があるのだといえる。自分自身の内面へと意識が向かず、自分の内的な道徳基準が霧散してしまうなかで、社会的に望ましい行動がとれなくなってしまう。

ただし、集団への埋没による暴力性は、これだけでは十分に説明できないことも指摘されてきた。じつは、集団への埋没が暴力性を強めるメカニズムは、現在はもう一つ指摘されている。こちらの側面は後ほどあらためて説明しよう。

こんなところでも没個性化が暴力と反社会性を引き起こす

誰が誰かわからない匿名性の高い状況下では、人は理性で普段は押さえつけている反社会的な行動が表に出てくるというのが没個性化理論の説明だ。そのため、匿名性はさまざまな場面での反社会的行動を促進する。これまでの実証研究で示されたいくつかの側面を紹介しよう。

その一つに、覆面や化粧で自分の顔が覆われていることで、戦争や暴行の残虐性が増すという研究がある。文明化されていない、昔ながらの生活を営む前産業社会では、戦闘の前に歌舞伎の隈取のような化粧をする文化がある。ワトソンは、人類学の比較文化データベースを用いて、前産業社会における化粧と虐殺の関係性を分析した[★8]。分析の結果、戦争で「敵を殺害し、苦しめ、切断する」ような虐殺は、戦闘の前に化粧をしない文化では一三パーセント（八文化中一つ）と低かったのに対して、化粧をする文化では八〇パーセント（一五文化中一二）と非常に高かった。

また、シルクの研究[★9]では、一九九四年七月から一九九六年一二月の間の五〇〇の暴力事件に関する情報を新聞報道などの記録から収集し、分析を行った。その結果、加害者が覆面をしている事件では、覆面をしていない事件と比べて、被害者が受けた負傷の程度が大きく、被害者の数も多く、器物損壊も多いことが示された。つまり、覆面がより凄惨な暴力事件を引き起こしたのだといえる。ワトソンの研究もシルクの研究もともに、化粧や覆面による没個性化が残虐的な暴力性を高めたのだと解釈されている。

少し変わり種の興味深い研究としてハロウィンの仮装場面での研究がある。ハロウィンではご存じのとおり、お化けやモンスターへの仮装が行われる。仮装するということは、普段と違う姿となり、まさに匿名性の高い状況である。そしてまた、子どもたちは集団で「トリック・オア・トリート」という掛け声とともにお菓子をもらいに近所の家をまわる。こうした場面を生かして、ディーナーらは、ハロウィンのときにやってきた子どもたちが「一個だけ」と言われたお菓子を余分にくすねていく割合を調べた。[★10]子どもがお菓子やコインを多くとっていく割合は、自分の名前と住所を大人に尋ねられた非匿名条件よりも、とくに尋ねられず自分の身元がわからない匿名条件において高かった。さらに、他の子どもと一緒に集団で来た子どもたちは、一人でやってきた子どもよりも、お菓子を多くとっていった割合が高かった。つまり、仮装で身元がわからないまま、かつ他の子どもと一緒に集団でやってきた子どもたちは、匿名性が高まることでお菓子を余分にくすねるという反社会的行動が高まることを示している。

他にも、飛び降り自殺をはやし立てる群集もまた没個性化から説明できるという。[★11]群集サイズが大きくなること、夜間で暗いこと、といった匿名性を高め、没個性化を生じさせる要因が、自殺をはやし立てる群集行動の発生を高めていることが示されている。

逆に集団の匿名性が暴力を低下させるとき

さて、このように匿名性が反社会性を強めることはさまざまな場面で見られることが指摘されてきた。その一方で、研究が蓄積されるなかで、没個性化理論に反する知見も集まり出した。すなわち、集団の匿名性が必ずしも攻撃性を高めるとはいえず、むしろ攻撃性を低める場合さえあることが同時に指摘されるようになってきた。いくつか研究を紹介していく。

実験室実験における反例

たとえば、没個性化に関する最も有名な実験として、ジンバルドの女子大学生を対象とした実験を先に紹介した。しかし、同じくジンバルド自身の行った兵士を対象とした実験では、逆に匿名条件の方が、非匿名条件よりも与える電気ショックは弱かった。ジンバルドの解釈として、普段着ている兵士としての制服が匿名状態をつくっているのだが、この実験の「匿名条件」では実験用のフード付きの服に着替えるために、兵士の制服を脱ぐことで、逆に没個性化がむしろ低まったのではないかという解釈を述べた。これは事後的に解釈するための後づけ的なものであり、他の実験との一貫性も低く、やはり説得力は乏しい。

最も典型的な反証はジョンソンとダウニングの行った実験である。[★12] この実験では、ジンバルドの実験と類似の匿名性と攻撃の関連を検討したのだが、その際に攻撃を行う際の服装を二種類準備した。KKKの服を着る場合と、ナース服を着る場合である。KKKは白人至上主義団体であり、目のところだけ穴の開いた白いトンガリ頭の袋を被った姿である。ジンバルドのもともとの実験の服とも似ている。ジョンソンらの実験では、KKKの服を着て没個性化を行った条件では、ジンバルドのもともとの実験と同様に匿名性が攻撃性を高めた。しかし、ナース服を着ることによって匿名性を高めた条件では、逆に匿名性が攻撃性を低めていた。匿名性が攻撃性を高めるのは、その匿名性を生み出す「衣服」に依存するという結果であった。

攻撃研究における観衆効果

また、攻撃研究の文脈では、観衆効果と呼ばれる現象がある。周囲に自分を見ている観衆がいることで、攻撃性が強まるという効果だ。これは見られることで攻撃性が強まるという意味で、匿名性と没個性化の原理とは反対の効果を示すものだ。

攻撃の観衆効果を示す研究としていくつか紹介しよう。ボーデンとテイラーの実験[★13]では、自分を見ている観衆が攻撃的だと知らされたときには、他者に強い電気ショックを与えていたが、見ている観衆が平和主義的だと知らされたときには、逆に電気ショックはマイルドなものが選択されるようになった。

また、フロミングらの実験では[★14]、「世間一般の人が罰に賛成しているが、自分自身は罰に反対だ」という参加者を対象に実験を行った。ここで行った実験では、参加者たちは、参加者を評価する人から見られているときに、自分の相手により強い罰を加えた。なぜならば、参加者は、自分と違ってまわりの人は罰に肯定的だと思っている。つまり、罰賛成派だと思う周囲の人に同調する形で、より強い攻撃を行ったのだといえる。

リュッケンビルによる、殺人事件の九四例の事例分析[★15]でも同様に、周囲の観衆が殺人という致死的な暴力性を促進することを指摘している。事例のうち七〇パーセントが観衆の前での殺人であった。

さらに、そのうち五七パーセントで、暴力行為をはやし立てる、武器を渡すといった、観衆が促進的な介入を行っていた。

つまり、こうした攻撃の観衆効果の研究では、まわりに人がいない匿名状況よりも、自分を見ている人がいる非匿名状況の方がむしろ攻撃性が強まることを示してきた。とくにまわりの人が攻撃を支持したり、煽ったりするときに、攻撃の促進効果は強まったようだ。こうした観衆効果の存在は、匿名性が攻撃性を高める効果とはまったく反対の影響を示すものである。

メタ分析の結果

さらに、ポストメスとスピアーズが匿名性と反社会的行動に関して行ったメタ分析の結果を紹介しよう。[★16] メタ分析とは多くの研究結果を統計的に統合して検討する研究手法である。偏りなく集められた複数の研究を統合的に分析し、解釈することで、より妥当性の高い結論が得られる。メタ分析の結果、匿名性は必ずしも反社会的行動を促進するわけではなかった。先にも示したように、ある研究では匿名性が反社会性を強めることもあれば、逆に他の研究では反社会性を低める場合もあって、研究ごとに効果はまちまちであった。それらを統合的に分析した結果、全体としては相殺し合って、匿名性と反社会性の関連は平均的にはゼロに近いという結論が得られたのだ。

このように、匿名性は、暴力を高めるとは限らない。むしろ逆に暴力を低めるという関係さえいくつかの研究で見られてきた。どうやら匿名性が単純に暴力性、ないし反社会性を高めるとはいえないようだ。

没個性化の心理メカニズム②——「集団モード」と集団規範への同調

このような研究の蓄積を経て、集団への埋没で自己抑制が効かなくなることだけでは、どうやら「集団や匿名性がもたらす反社会性」を説明するには不十分だとされるようになってきた。では、どう解釈できるのか。じつは近年、こうした没個性化が引き起こす暴力も「集団モード」から説明できることが指摘されている。

没個性化の心理メカニズムの二点目は、①自己抑制の喪失に加えて、②コミット型ｰ集団モードのスイッチが入ることによる集団規範への同調である。これはライシャーたちの提唱した、社会的アイデンティティの概念を没個性化理論に援用した「没個性化の社会的アイデンティティ・モデル」（ＳＩＤＥモデル：social identity model of deindividuation effects）から説明される。[★17]

ＳＩＤＥモデルでは、匿名性は、集団アイデンティティへの顕現化を高めることで、「その場で形成された集団規範に同調する」ことが起きることを指摘する。ＳＩＤＥモデルによると、没個性化とは単純に自己を失っただけの状態ではない。もともとの没個性化理論では、集団に埋没し自己を見失うことが暴力性の原因だとされた。しかし、ＳＩＤＥモデルでは、集団への埋没による匿名状況では「個人的な自己（アイデンティティ）」がなくなるというよりも、「集団に対する社会的自己（アイデンティティ）」へと移行するとされる。すなわち、匿名性は、自己意識への注意が自分個人から取り除かれることのみを意味しているのではなく、それと同時に集団状況へと注意を移し、集団的な自己意識を促進する。これは、本書でいうところの、「コミット型ｰ集団モード」のスイッチが入った状態だといえる。集団アイデンティティへと移行することで、人は集団規範への同調が高まる。したがって、匿名性や集団への埋没が、集団モードのスイッチを入れ、内集団の一員としての意識が強まるこ

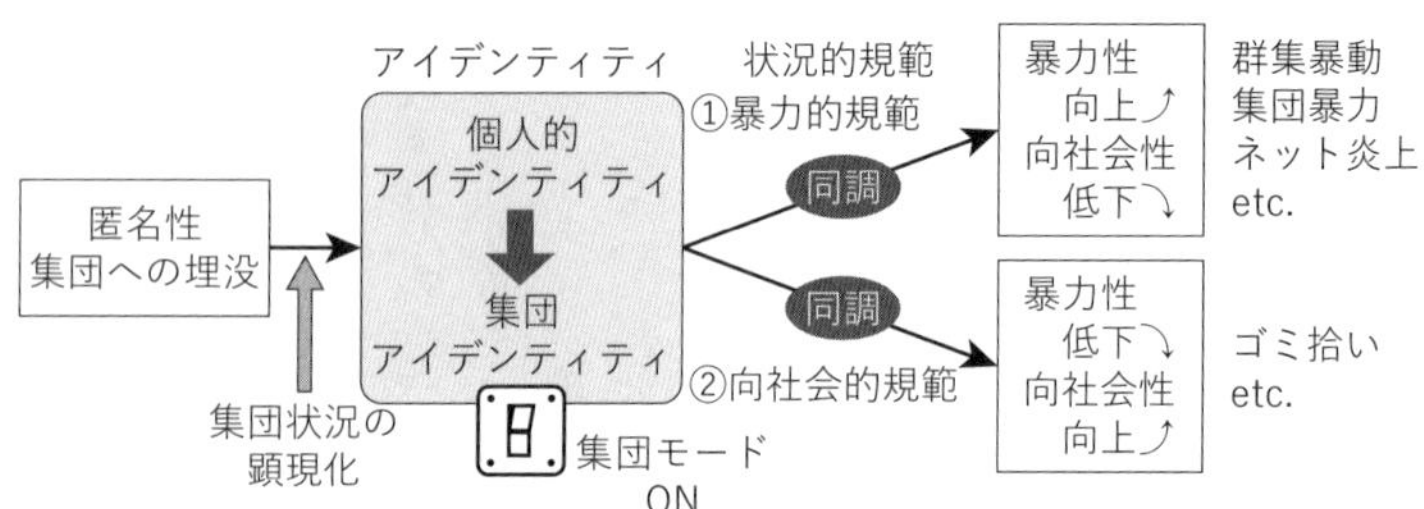

図 2-1　没個性化の社会的アイデンティティ・モデル（SIDE モデル）による集団の暴力性・向社会性の生起プロセス

とで、その集団状況で形成された集団規範に従うように行動が誘発される。そのため、もしもその集団状況の規範が暴力を促進するものであれば、匿名性は攻撃性を促進する。これを図示したものが図２－１である。

こうした視点から、没個性化理論の反例だとして挙げた先の研究を、あらためて見ていこう。

ポストメスらの匿名性と反社会的行動のメタ分析結果では、匿名性と反社会的行動との関係は、促進効果と抑制効果が相殺し合った結果、全体としてはゼロに近いものだった。[★18] この論文では、さらにこの促進効果と抑制効果の違いを生み出す調整要因を分析している。その結果、状況的規範が重要な調整要因であることが示された。状況的規範とは、そのとき・その場で一時的に形成された行動基準であり、一種の「空気」のようなものである（集団規範の影響に関しては、第3章、第9章も参照）。つまり、そのとき・その場での集団や群集がもつ規範が暴力を促進するものであるとき、匿名性は暴力を促進する。逆に、状況的規範が暴力を抑制するものであるときには匿名性は暴力を抑制するのである。

ジョンソンとダウニングのナース服による匿名性実験では、ナース服を着た条件では匿名性がむしろ攻撃を減少させていた。[★19] ナースは「白衣の天使」と呼ばれるように、欧米でも人に奉仕し、人を癒やす愛他的な職業の典型例である。したがって、ナース服を着せることで、愛他的な職業属性に関する没個性化を引き起こしたときには、看護に関する愛他的な規範が顕在化され、その規範への同調を引き起こす。その結果、ナース服を着て没個性化した人は、攻撃性を低下させたのだと解釈できるだろう。

攻撃の観衆効果も同様である。人間の攻撃行動自体は、それを見ている他者からの評価にひどく依存するものである。そのとき・その場における集団の規範が攻撃的なものであった場合には、観衆から見られることで、人は攻撃的に振る舞うようになる。

ここで、匿名性が暴力性を高めたという研究知見の場面をもう一度振り返ってみよう。よくよく見ていくと、これまで匿名性により反社会的行動が促進されたとされる研究では、人々のおかれた状況に「反社会的な雰囲気」があることがわかるだろう。たとえば、ジョンソンらのナース服実験の対照条件としておかれた「KKK服装条件」では、KKKという白人至上主義団体の三角の目出し帽を被って電気ショックボタンを押すという場面である。その状況では何となく電気ショックボタンを長く押す行動の方が「正しい」ように感じられないだろうか。また、覆面で集団暴行が強くなるというシルクらの研究にしても、前産業社会において戦闘前の化粧が戦闘の残虐性を高めるというワトソンらの研究にしても、その状況での規範に従う適切な行動は、集団暴行や戦争だろう。つまり、集団状況に素直に流されるならば、集団暴行や戦争を強める方向で作用するといえる。集団状況に流されるほど、逆に援助や協力は促進されないわけである。飛び降り自殺をはやし立てる群集にしても、興味本位の野次馬にとっては、早く飛び降りろと煽ることは、「まわりが望むこと」だったのだろう。集団への埋没は、状況的規範への服従を促し、暴力的・反社会的場面でこそ、それを促進する効果があったのである。

また、「赤信号みんなで渡れば怖くない」という例で、匿名性によって自己抑制が効かなくなることを、先ほど記した。みなでやるなら、自分一人じゃないから、悪いことだってついやってしまう、というものであるが、言い換えると、自己抑制が効かなくなった結果として、集団みながやっている悪いことに同調しているのである。自己抑制が効かなくなったときには集団状況に流されやすくなるのであり、どの方向に行動が噴出するか自体が、集団状況に強く依存している。

このように、状況次第で向社会的行動と反社会的行動が分かれてしまう典型例として、サッカーワールドカップの日本人サポーターの行動がわかりやすいだろう（図2－2）。まず、日本人サポーターは、日本人や日本チームの応援する人に対して、強いアイデンティティをもっている。日の丸の入った青いユニフォームを着て、ときには日の丸のペイントを顔に描く。つまり、日本人サポーターとしての「集団モード」が強くなった状態である。このとき、そのとき・その場での規範への同調が生じやすい。乱痴気騒ぎを行うことが容認されるような「空気」をもつ渋谷の駅前では、日本人サポーターは、乱痴気騒ぎなどの社会的迷惑行為を行い、ときには暴力的に振る舞うかもしれない（図2－2左側）。

一方で、海外のワールドカップの試合の後に日本人サポーターがゴミ拾いを行う姿も報道された（図2－2右側）。海外に行き、「日本人らしさ」が顕現化される状況では、反対にゴミ拾いといった社会的によい行為をみなで行ったのだろう。この〝みなで〟というのがポイントなのだろう。日本人サポーターとしてゴミ拾いをすることを、「日本人らしくすばらしいことだ」という行動規範が共有されれば、日本人サポーターみなで社会的に望ましいゴミ拾いを行うのである。

図 2-2　状況に対する集団アイデンティティが高まった人々によるその場の反社会的／向社会的規範への同調

（出典）　提供：朝日新聞社。

このように集団状況が暗黙に指し示す「この集団状況で正しいこと」が暴力を促す方向であれば、集団状況での匿名性は暴力性を高める。逆に集団状況が指し示す「この集団状況で正しいこと」が暴力に否定的な方向であれば、集団への埋没は暴力性を低減するのである。集団状況が暴動を支持するような規範をもっているとき、集団へと埋没し、集団へのアイデンティティが強まった、つまり集団モードのスイッチが入るような状況では、集団メンバーはまさに暴徒として行動するのだといえる。

暴動＝集団モードによる集団間紛争

こうしたSIDEモデルの観点からすると、群集による暴動は、「集団モード」のスイッチがオンになったことによる集団間紛争として解釈できる。群集の中にいる人たちは、集団モードとなった集団の一員として、外集団への攻撃を是とする集団規範に従って行動しているのだ。以下、ライシャーによるセントポール暴動の集団心理過程の分析[20]を例として取り上げながら見ていこう。

セントポール暴動は、一九八〇年四月二日にイギリス、ブリストルのセントポール地区で発生した暴動事件である。警官が違法な薬物を検挙しようとカフェ「ブラック・アンド・ホワイト」の所有者を逮捕し、連行しようとした。このとき、カフェの外で三人の警官が一人の黒人青年を暴行し始め、それに対して住民たちが攻撃を加えた。ここから一気に暴動が拡大し、カフェの反対側に集まった大群集から警官に石が投げつけられ、大きな暴動事件へと発展した。群集は数百人の規模であり、応援に駆けつけた警官よりもずっと数も多く、警察は数で圧倒され、一度はセントポール地区から追い出された。

この暴動で起きたことは、従来型の没個性化理論が仮定するような、群集側は人混みに紛れるなかで自己を完全に見失ってしまい、欲望の赴くままに行われる破壊行動とは少し異なるものだ。むしろここで群集が行った攻撃は、群集にセントポール住民としての集団モードのスイッチが入ったことによって発生した「セントポール住民 対 警察」という集団間紛争だと解釈するのが最も適切に理解できる。この事件の重要なポイントをいくつか挙げてみよう。

① 攻撃対象は警察という「敵としての外集団」

最初の重要な点として、暴動では群集内部で民衆同士がやみくもに傷つけ合ったりはしていないという点である。群集はたしかに破壊的に振る舞っているが、あくまでも破壊の対象は警察である。警察のみが集合的攻撃の対象であり、市民を襲撃したりはしなかった。また、店舗の破壊も生じたが、そのほとんどはセントポールのよそ者が経営する店舗であった。ここでの敵とは、警察のみならず、セントポール住民に敵対する部外者へと拡大して解釈がなされていたが、いずれにせよ「セントポールに害をなす敵対的部外者」が攻撃の対象であった。

② セントポール住民としての集団モードと目的の共有

暴動への参加者たちは、自分たちを個人ではなく、「セントポール住民」という集団の一員としてみずからを話していた。まさにセントポール住民としての集団モードに基づく行動としての集合的攻撃なのである。集合的攻撃への参加には、明白な先導者がいたわけではなく、むしろ自発的に発生したものである。「誰でもその場にいたみなが」自然に参加したという。「警察を排除することは、群集の中のすべての人の前提」であった。

さらに、セントポール地区の境界線までしか、警官を追いかけたりはしなかった。つまり、攻撃は「セントポール住民」としての我々意識の産物であるために、セントポール地区の内側まではセントポール住民として攻撃を加えるが、それを越えた先では、集団の外のことであるために攻撃の対象とはならなかった。

こうした我々としての集団意識は、セントポール暴動の群集を外から見た場合と、群集の内から見たときの違いに端的に現れている。群集を外から見た新聞報道は、「何百人が通りを走って、ガラスを壊し、車にダメージを与えた」と漠然とした凶暴さとして群集を描いていた。一種のステレオタイプな「我を失った暴徒」として説明されている。しかし、群集の内部の人たちの自己認識はそれとは異なるものである。彼らはすべての暴動の出来事をセントポール住民と警察との衝突として述べてきた。群集は「セントポール住民」としてのアイデンティティをもち、そうだからこそその状況規範にみなで同調する形で暴力を振るってきた。少なくとも群集の当事者の自己認識としては、集団に紛れてしまい、わけもわからなくなって暴走してしまったというわけではけっしてなかった。

また、多くの暴動参加者は一つの目的意識を共有していた。それは「警察をセントポールから追い出すこと」であった。街角の小さな商店は、攻撃の対象とはならなかった。街角の小さな商店は自分たちと同じく苦しんでいる人々であり、セントポール住民側の身内、つまり内集団として認識されていたためである。

群集メンバーは白人が多く、必ずしも黒人が多数派であるわけではない。しかし、セントポール住民のアイデンティティは、警察などの機関に抑圧され、経済的に搾取されているという黒人の経験に基づいていたという。だからこそ、警察のカフェへの手入れという手がかりをきっかけに、日常の不満が噴出する形で、「セントポール住民集団」が暴力的な形で集合行動を起こしたのである。

③　規範準拠行動の促進要因としての匿名性

群集はたしかに匿名ではあったが、それはあくまでも警察側からは匿名であったというだけである。そこに住む人々はもともと狭い地域で暮らす住民でもあり、けっして内集団の中では匿名性があったわけではない。ここからも、単純に群集に紛れてバレないから抑制が効かなくなって攻撃するわけではないことが示唆される。むしろ先に述べたように、暴動にはその場にいた人々が自然に参加したのであり、匿名性そのものがというよりも、他者が暴動に加わっているという状況的手がかりが、「石を投げるべし」という規範への同調を強めたのだといえる。

また、匿名性は戦略的かつ積極的に利用されたともいえる。集合的攻撃への参加者は「暗くなるまで待とうと感じていた」ことをインタビューで述べている。自分たちの目的の達成を狙いながらも、自分個人に責任が生じないように、戦略的に振る舞う様子がそこには垣間見える。暗くなって匿名性が高まったから暴力を行ったというよりも、逆に匿名性が高まることを積極的に利用した集合的暴力であった。

＊

以上、セントポール暴動をもとに暴動の〝集団心理〟を見てきた。このような警察を「敵」とした「住民対警察」として解釈できる暴動は、セントポール暴動だけではない。二〇一一年のロンドン暴動や、日本の西成暴動でも同様に見られるものである。また、ＳＩＤＥモデルは、暴動以外の広範な現象へも適用され始めた。代表は次項で述べるインターネットでの行動場面である。他にも、スポーツ観衆によるフーリガン行動[★21]や緊急時避難行動[★22]も、ＳＩＤＥモデルから説明されることが指摘されてきた。また、群集場面だけではなく、より一般的な集合抗議行動においても、集団の一員としてのアイデンティティをもつことが中核要因であることも指摘されている[★23]。

このように、ＳＩＤＥモデルは広範な現象を説明することが示唆されている。まだ直接の検討はなされていないが、民族紛争や戦争場面、もしくは集団暴行場面の分析にも今後理論的な示唆を与えることが考えられる。たとえば、関東大震災の発災時に、「朝鮮人が井戸に毒を投げ入れた」という流言が広がるなかで、自警団が少なくとも数百人の朝鮮人を殺害したことが知られている。実際にはこうした朝鮮人による毒の投げ入れという情報は完全なる誤情報であったが、警察や報道機関によりデマ情報が拡散された結果、日本の民衆も警察や軍隊もみな、誤った情報を信じてしまった。この背景には、日本による朝鮮の植民地化による朝鮮人への差別意識、ならびに植民地化への抵抗運動である三・一運動の中で「日本人への敵意を抱き、反抗的な朝鮮人」というイメージが根づいたことがあるという。[24] その結果、〝朝鮮人の悪人集団〟に対抗する形で、自警団もしくは警察や軍隊という〝日本人を守るための防衛集団〟が虐殺行為に及ぶことが生じた。警察や軍隊といった公権力が民衆の自警団に自衛的な暴力に対するお墨つきを与えたことも、[25] 暴力を促進する集団規範の形成に大きく寄与しただろう。こうした現象も、これまで実施されてはいないものの、先のセントポール暴動と同じようにＳＩＤＥモデルや没個性化理論から理解することも可能かもしれない。

さらに、これ以外にも、陰謀論が典型的なように、実際にはありもしない「邪悪な敵対集団」が想定されたうえで、外集団の脅威が煽られた結果、それへの防衛を意図した外集団への攻撃性が発露してしまう現象は多く存在するだろう。こうした現象を、ＳＩＤＥモデルないし没個性化理論の視点から集団間紛争として理解をすることで、それまで平和で穏やかな生活を送っていた一般人が、民族紛争や戦争、大災害の際に徒党を組んで残虐な暴動に加わる、もしくはそこまでいかずとも積極的に外国人排斥に加担するといった現象が説明されるだろう。

インターネットと匿名性

最後にインターネットでの攻撃性に関して触れたい。ここまで見てきたような匿名性が攻撃に及ぼす効果を考えるときに、今ではインターネットの存在は無視できない。ウェブ上では顔も名前を出さずに自分の主張が行える。2ちゃんねる（現5ちゃんねる）などの匿名掲示板が、面と向かってはとても言えないような、攻撃的で汚い言葉での書き込みに溢れているのは、ご存じのとおりである。近年は、外国籍の人々に向けたヘイト書き込みも大きな社会問題となっている。災害発生時には、実際にはありもしない外国人犯罪集団の危険を訴える形でのデマがインターネット上で飛び交うことも多い。心理学の実証研究では、対面のコミュニケーションと比べて、コンピュータを介したコミュニケーションでは、攻撃的な言動がなされやすいことが、インターネットが整備されるよりも早い一九八〇年代から指摘・実証されてきた。★26

インターネットは視覚的に相手から見えないというだけではなく、自分の書き込みが相手からまったくどこの誰なのか識別できないという意味で、対面の群集状態以上に、匿名の度合いが高い状況である。ネット上では、実際にはIPアドレスなどで追跡自体は可能な場合もあるにせよ、通常は自分がどういう人間なのかバレずに情報発信ができる。これが攻撃性の表出に非常に大きな役割を担っている。

SIDEモデルに基づけば、インターネット上での炎上行動では、バッシングする正義の集団としての集団モードのスイッチが入り、一種の状況規範へのエスカレートが起きているのだろう。実際に、インターネット上での匿名性の知覚と攻撃的な規範知覚がネット上の攻撃的な書き込みに及ぼす影響に関する調査研究がある。★27 この研究では、交互作用の効果が見られており、サイト上で自身の匿名性が知覚されるとともに、そのサイトに攻撃的な規範があると知覚されたときに、サイトへの攻撃的な書き込み数が多くなるという関係が見られている。自分が匿名でまわりからバレず、なおかつみなも攻撃的に書き込んでいる、このような場面で人は攻撃的な炎上に加担するのだ。

インターネット上でも人々は「場」の「空気」に支配されてしまう。フェイスブック、ツイッター、インスタグラム、2ちゃんねる（現5ちゃんねる）は、それぞれサイトの「雰囲気」は違っており、その場に「ふさわしい」書き込みがあるのはご存じだろう。インターネット上でも、現実社会と同じく、集団規範が存在するのである。そうして、全体的なサイトの趨勢が他の書き込みの方向性を決め、非難を煽る攻撃的規範が存在するときに、書き込みを行う人同士がお互いに同調し合いながら、バッシング行動は激化していく。逆にいうと、サイト上で反差別的・反攻撃な規範を醸成することは、炎上やヘイトスピーチを防ぐ一助となるだろう。

当たり前であるが、インターネットは暴力性を高めるといった悪影響ばかりではない。むしろインターネットは紛争を解消し、暴力性を低減しうるツールでもある。たとえば、普段は会う機会がない外集団成員にも、ネット上では簡単に交流できる。集団間の接触（第9章参照）は紛争の解消に一定の効果のある方法の一つであり、こうした外集団成員とネット上で交流することで、世界をより平和にしていくために使えるだろう。ただし、実証研究の知見によると、ことはそう単純ではなく、研究ごとに成果はまちまちであるようだ。月並みな話ではあるが、物事にはメリットとデメリットがあり、インターネットも同様のようである。インターネットが「もう一つの社会」として広く活用されている以上、メリットを最大限に利用しながら、それに伴う、匿名性や差別的規範によって引き起こされた反社会的インターネット行動というデメリットを低減していくような取り組みを行っていくことが必要となる。

□まとめ

・群集暴動や集団リンチなどの集団での暴力行動や反社会的行動は、社会心理学では没個性化という心理状態から説明されてきた。

・没個性化は、集団の中に埋没し、匿名性が高まった状況で生じる心理現象である。没個性化によって、自己意識が低下することで、理性的な抑制が効かなくなることが、群集暴動などの反社会的行動がなされる原因の一つだとされてきた。

・一方で、近年の研究では、こうした没個性化による集団暴力においても「集団モード」が重要な役割を担うことが指摘されている。集団への埋没によって、理性的な抑制が効かなくなる状態になるというよりも、敵対集団に対する群集集団としてのアイデンティティを強くもち、その場を支配する暴力的な集団規範へと同調した結果として理解することが適切であることが多い。

・また、近年ではインターネット上の炎上やバッシングの問題も匿名性と没個性化、状況的規範への同調という視点から理解できる部分も多い。

第3章
「空気」が生み出す集団暴力

本章では、集団暴力を生み出す要因として、集団内の「空気」と「権威」の影響に関して議論していきたい。こうした「空気」と「権威」は、社会心理学においては集団規範（group norm）や同調に関して研究がなされてきた。以下では、「空気」という言葉は、「集団規範」とおおむね同義として用いている。前章の没個性化による群集暴力も、じつはその場に生まれた状況的規範によるものであることを示したが、集団規範への同調や服従は集団暴力を生み出す中核要因となりうる。本章では、こうした集団規範が集団暴力をいかに生み出していくのかを見ていこう。

「空気」と「権威」と集団暴力

人は、集団の空気と権威に服従する生き物だ。集団の空気と権威に逆らうのをとても苦手としている。抗えないままに、集団圧力に屈し、そして時には集団暴力を振るってしまう。さらには、その結果として暴力性を内面化させ、心の底から暴力的な人間となってしまうことさえある。

とくに日本は「雰囲気」や「空気」がとても重視される社会だとされる。聖徳太子の時代から「和をもって尊しとなす」ことをよしとしてきた。一九八〇年代にも、評論家の山本七平は、戦前から現代に至るまでさまざまな形で日本社会に抗いがたい「空気」が蔓延していることを指摘している。[★1]二〇〇七年にも、「空気（K）が読めない（Y）」の略語である「KY」という言葉が流行語となった。「KY」という言葉は、雰囲気を敏感に感じ取り、その場の雰囲気にふさわしい行動がとれない人を揶揄するときに多く用いられた。同じように、二〇一七年には「忖度」という言葉も流行語となった。忖度とはもともとは他人の気持ちを推し量り、察することを指すが、近年では有力者や所属集団の望みや思いを汲むような圧力がかけられることを指して、「忖度が働く」といった言葉が用いられるようになった。人々は、その場に何気なく存在する集団の規範を読み、他者の心の中を過剰なまでに慮る。まさに「日本的」とされる同調社会がここにある。

山本七平によると、「空気」とは、

「非常に強固でほぼ絶対的な支配力をもつ『判断の基準』であり、それに抵抗する者を異端として、『抗空気罪』で社会的に葬るほどの力を持つ超能力であること」

とされる。これは、社会心理学では「集団規範」として定義され、研究されているものとおおむね同義である。人は常に空気を読み、「みながこうしている、こうすべきだ」という暗黙の判断基準を常に察知しながら、それに従いながら生きている。こうした集団規範は、本書が主として扱うような暴力的・差別的なものから、人助けを是とするような向社会的なものまでさまざまである。

ただし、集団の空気や雰囲気に飲まれてしまうのは、日本人のみにあてはまる特徴ではないという点には留意すべきである。大なり小なり、人を支配する「空気」は常に人類の社会生活とともにあり続けてきた。後に紹介する研究事例は、欧米の研究が中心であり、むしろ個人主義社会だといわれる欧米諸国でも、状況的な規範が人を従わせる非常に大きな影響をもっていることが示されてきた。

空気は人を支配し、人にさまざまな行動をもたらしうる。それは本書がテーマとする暴力性・攻撃性も同様である。以下、本章では、集団の状況的な規範が、集団暴力を生み出すことを説明するために、社会心理学で有名な二つの研究群を紹介する。①ミルグラムの服従実験と、②スタンフォード監獄実験である。とても有名な実験であり、本書に興味をもつ読者ならば、その概要くらいはどこかで聞いたことがあるものかもしれない。よりくわしい方はこれらの実験への「疑義」までご存じだというこどもあるだろう。これらの実験とその後の再解釈を見ていくことで、人間が集団の状況的規範にいかに従いやすく、暴力へと至るのか、そしてそれらが現在どのように再解釈がなされているのかという点のより深い理解が期待できる。

さらに、ここで示す空気や権威に従った集団暴力が、本書の視点である集団モードの産物であるという観点から理解できることも示していく。本書の視点をあらためて繰り返すと、「暴力誘発装置である集団の影響により、状況次第で人は暴力を振るう」というものである。服従による集団暴力が、こうした集団の「空気」の産物であり、ここでも状況的な規範に自動的に従ってしまうような「集団モード」のスイッチがオンになるという心理・社会過程から理解していきたい。

ミルグラム実験に見る権威への服従

まず、ミルグラムの服従実験を説明しよう。ミルグラムの服従実験は、アイヒマン実験とも呼ばれる。これは、ナチス高官アドルフ・アイヒマンに由来する。

第二次世界大戦において、ナチス・ドイツは、ホロコーストというユダヤ人に対する残虐な大量虐殺を行った。そのホロコーストにおける指揮をとったのはナチス高官のアイヒマンであった。こう聞くと、このアイヒマンという人物はさぞ極悪人であり、残虐なサディストに違いないと思われるだろう。もちろん彼は上官の立場であり、ホロコーストの責任を負うべき立場にある。しかし、アイヒマン自身は終戦後に行われた裁判中に一貫して「自分はただ上官の命令に従っただけだ」と主張した。政治哲学者アーレントも、アイヒマンは残虐なサディストではなく、むしろ机上で事務仕事を行うごく普通の凡庸な官僚にすぎないのだと指摘し、ナチスが行った残虐行為の特徴を「悪の陳腐さ」という言葉で表した。アイヒマンはナチス・ドイツという集団と上司への「服従」の結果、ホロコーストという残虐な行為を命令したのだという。しかし、そうはいえども何百万人もの人々をガス室で殺害するという他に例を見ない大規模な虐殺行為である。大虐殺を実施するよう指示するといった、人間の良心に根本的に反するようなことが、はたしてごく普通の人に可能なのだろうか。

こうした背景を踏まえ、社会心理学者ミルグラムは、権威から命令されたとき、どの程度、人間は暴力に従事するのかを実験によって検討した。

なお、先に申し添えると、ミルグラムが実施した実験は、実験参加者の心理的負担が大きいものであり、現在の社会心理学の研究倫理の基準では問題とされるものである。現在の社会心理学の研究では、参加者の保護を重視して、このような心理的負担の大きい実験は行っていない。一方で、そうであるからこそ、当時に残された実験結果は価値があるといえ、本章では、当時のデータならびに後続の追試や発展研究、さらにはその後の再分析や再解釈まで包括的に議論していく。

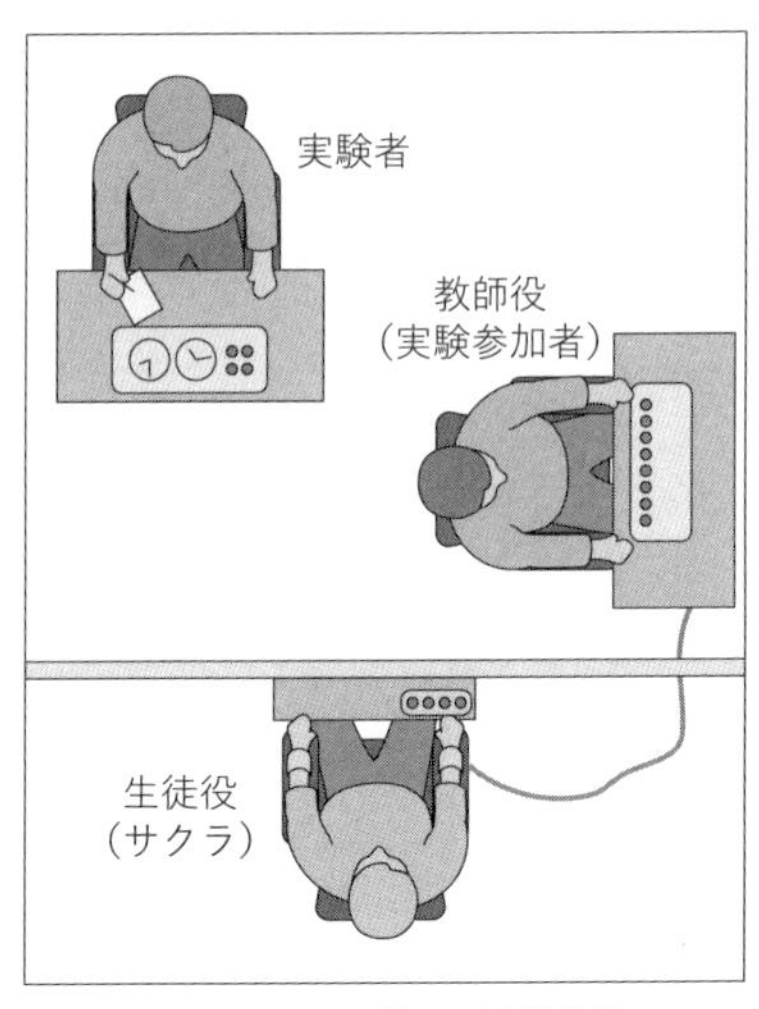

図 3-1　ミルグラム服従実験

（出典）　Wikimedia Commons より作成。

ミルグラムの服従実験には二〇以上のパターンがあるのだが、最も代表的で基準とされる第五実験を取り上げて紹介したい。この実験は心理学の攻撃研究でしばしば用いられる「教師－生徒パラダイム」の原型ともいえる実験枠組みを採用している（図３－１）。まず、攻撃行動の実験研究の前提として、「あなたがどのくらいの強さで相手に攻撃するのか調べたいので、どうぞ好きな大きさで電気ショックボタンを押してください」と攻撃役となる実験参加者に伝えることはできない。というのも、現代社会では他者への危害は望ましくないものであり、たとえ心理学の実験場面といえども、自分の攻撃性が見られているのだと感じれば、攻撃を抑制してしまうためである。そのため、実験に来た参加者には、攻撃の実験ではないように見せかけて実験に参加してもらう必要がある。なお、現在の社会心理学の実験では、こういった参加者へのディセプション（嘘）を行った際には、実験が終わった後に、実験の真の目的を伝え、異なった目的を伝えたことへの謝罪とともにその手続きが必要であった理由を丁寧に説明することを行い、データ利用の承諾を得るという手続きで実験が実施される。

この教師－生徒パラダイムでは、学習に及ぼす罰の影響を調べるという偽の目的を伝えて、参加者に実験に参加してもらう。二人一組で実験に参加するが、そのうち本物の参加者は一人だけであり、もう一人は実験用に演技をしてもらう仕込みのサクラである。くじ引きで教師役と生徒役に分かれるのだが、実際には参加者は全員教師役に割り当てられる。教師役が問題を出し、生徒役が誤った回答をしたときに、罰として教師役が生徒役に電気ショックを与えてもらうというものである。

その中でもミルグラムの服従実験は、後続の攻撃実験の枠組みよりもずっと過激である。まず、電気ショックの強さが通常の攻撃実験よりもずっと強い。ただし、実際には電気ショックは自分の相手である生徒役には与えられていない。実験者からそう教えられ、電気ショックを痛がる演技をする生徒役を見ることで参加者はそう信じ込まされた。

身体に害がないとは事前に伝えられるものの、ミルグラム実験では電気ショックの強さの段階が桁違いに高く、一番強いものは四五〇Ｖが最大値であり、その下に「ＸＸＸ」と書いてある。

この実験では、参加者の近くに実験者が座り、適宜、実験の進行を指示した。実験者は教師役に次の問題を出題するように促し、そして生徒役が間違えたときには、電気ショックボタンを押すように教師役に指示を出した。一五Ｖから始まり、生徒役が間違えるごとに一五Ｖずつ、だんだんと強い電気ショックを与えていくよう教師役の実験参加者に指示された。

最初の何回かは、生徒役はクイズに正答するのだが、だんだんと不正解が増え、与えるように指示される電気ショックの強さはどんどんと高まっていく。

電気ショックを与えられるたびに生徒役が行う反応は次のように設定されていた。なお、カギカッコに入れたセリフ部分は、ミルグラムの著作★2を翻訳した山形浩生の訳である。

七五V以降、生徒役は電気ショックを浴びるたびに「うっ」とうめき声をあげる。

一五〇Vではじめて外に出してほしいと抗議の声をあげる。

「うわっ!!! 実験の先生、ここまでです。出してくださいよ。心臓が悪いって言ったじゃないですか。心臓の具合がちょっと変になりかけてるんです。出してください。心臓がおかしい。もうこれ以上は拒否します。出してください」

そして、電気ショックボタンが強くなるたびに、悲鳴はだんだんと強くなり、出してくれというセリフを繰り返し述べるようになる。三〇〇Vからは悲鳴混じりの声で、「これ以上は絶対に答えない、出してくれ」と叫ぶ。

三三〇Vで絶叫に近い苦悶の叫びをあげる。

「ここから出せ! 出してくれ! 心臓が変だ。頼むから出してくれ! 出してくれ! ここに閉じこめる権利はないはずだ! 出してくれ! 出してくれ! 出せ! 出してくれって! 出して!」

この三三〇Vが生徒役の最後の反応となる。ここから生徒役は一言も発さなくなり、回答を示すランプも点灯しなくなる。さっきまで「出せ」と大声で叫んでいた相手が、ピタリと何も反応しなくなるのである。しかし、実験を実施する研究者は、回答しないということは誤答だと述べて、引き続き次の段階の電気ショックボタンを押すように教師役の参加者は促される。
そして、四五〇Ｖが最後となる。ボタンの下には「ＸＸＸ」と危険性を示す文字が書かれている。

こうした実験状況で、教師役に割り当てられた実験参加者が、指示されるままに、どの強さの電気ショックボタンを押すところまで服従し、どの段階で拒否するのかということが、実験で検証された。

ここまで読んだ方は、何パーセントの人が四五〇Ｖのボタンを押したと思われるだろうか。実際に具体的な数値を思い浮かべて考えていただきたい。人によっては、いぶかしい思いを抱くかもしれない。こんなもの、すぐに辞退すればよいではないか。実験といっても自発的に参加したものだ。生徒役は苦しんでいて、止めてくれと言っている。途中で辞退するのがほとんどだろうし、それが当然だ。そう考える人が多いだろう。実際、この実験を行う前に、精神分析家などの心理の専門家に予測させたところ、最後までボタンを押すのは平均で一〇〇〇人に一人の異常なサディストだけだろうと予測されていた。

しかし、実際の実験結果は専門家の予測とまったく異なり、非常に多くの人が最後まで服従した。四〇人の参加者のうち、最後まで電気ショックボタンを押したのは二六名、六五パーセントである。「出せ」と叫ぶ相手に、いや途中から反応さえもなくなり意識を失っているかもしれない相手に対して、延々と電気ショックボタンを押し続けたのである。服従率の推移は図３－２のとおりである。

服従実験の追試

こうした権威への服従による暴力は、五〇年以上前のアメリカという限られた場面でしか生じない

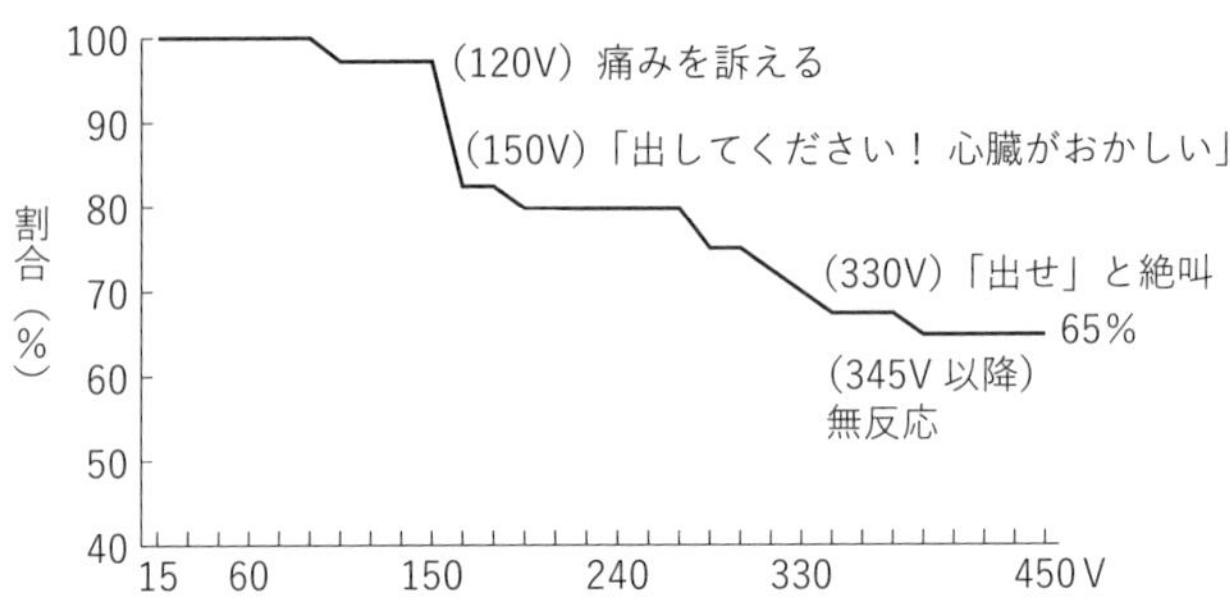

図 3-2　ミルグラムの服従実験（第５実験）で電気ショックを押し続ける人の割合の推移

（出典） Milgram（1974）より作成。

現象であり、もう時代が変わった平和な現代では起きないと思われるかもしれない。

しかし、一九六八年から一九八五年の間に北米以外で行われたミルグラム実験の追試でも、アメリカでは繰り返し、さらにはイタリア、南アフリカ、西ドイツ、ヨルダン、スペインなどさまざまな国で追試がなされ、どこの国でもおおむね類似した服従率が報告されている。[★3] アメリカでは平均して六一パーセントの服従率であったが、それ以外の国でも服従率は六六パーセントと、統計的に有意な差はなく同程度であった。つまり、アメリカだから服従による暴力が起きたのではなく、どこの国でも起こりうることなのだといえる。

さらに、二〇〇〇年以降の近年の追試でもおおむね同様の結果が得られている。ただし、現在ではミルグラム実験と同様の実験を行うことは研究倫理上問題となる。なぜならば、現在の心理学の研究倫理では、実験参加者を保護することが重視されており、ミルグラム実験のような参加者の心理的負担が大きい実験を行ってはならない。

そこで現在では、少しマイルドな形で実験が行われた。バーガーは、上に述べたミルグラムの実験を少し改変した追試実験を行った[★4]。この追試実験では最大ショックを一五〇Vまでとし、それ以上の電気ショックボタンを押させることはしなかった。

この一五〇Vというレベルは、生徒役が苦痛を訴え、自分は実験をやめたいということをはじめて訴えた水準である。四五〇Vよりも以前に実験を辞める不服従者のうち、最も多くの人が辞めるのがこの一五〇Vである。図3－2を見てもらうと一五〇Vのところで一度急激にグラフが縦に落ちているように、ここで不服従者が多く現れているのがわかるだろう。そして、この一五〇V時点を乗り越えると、それ以降は最後まで電気ショックボタンを押し続ける参加者が、そのうち七九パーセントと大半であった。また、ミルグラムの複数の実験で見たときに、「一五〇Vでの服従率」と「四五〇Vまでの服従率」の関連性は高い[★5]。つまり、一五〇Vが服従と抵抗の境目となる分水嶺であり、ここで人がどう振る舞うのかが重要となる。

このバーガーの追試実験では、一五〇Vまでの服従率は、四〇人中二八名（七〇パーセント）であった。これは、ミルグラムの元実験では、一五〇Vまで服従したのは四〇人中三三名（八三パーセント）であり、おおむね同水準であった。

同様に、二〇一五年のポーランドの追試研究でも、同様に一五〇Vのボタンを押したのは八〇名中七二名（九〇パーセント）であった[★6]。

日本でも二〇一六年に追試が行われた。大阪大学の釘原らは、バーガーらの研究と同様の手続きで、日本人を対象に一五〇Vを上限に服従実験を行った[★7]。参加者は男性八名、女性七名であり、実験には事前のスクリーニングで一名が不参加となり、最終的に一四名が参加した。年齢も二四歳から七〇歳までと幅広い。一五〇Vまでの服従実験を行った結果、一四名中一三名（九二パーセント）が服従した。従わなかったのは一名だけだった。

なお、ミルグラムの実験では、一五〇Vを超えた人の内、最後の四五〇Vまで進む割合は七九パーセントであった。もしも同じ割合がこの日本の実験でも成り立つとすると、一五〇Vに服従した一三名中一〇名が、四五〇Vの「XXX」と書いてあるスイッチに手をかけるのではないかと推定される。

このように、服従実験の知見は、時代や国を超えても、おおむね同様に服従して電気ショックボタンを押すという結果が見られてきた。

服従が強くなるとき、弱くなるとき

ミルグラムはさまざまに実験状況のパターンを変えて二〇以上の実験を行った。[★8] 社会心理学の実験が科学研究として価値をもつのは、この状況のパターンを変えることで、どのような要因が人間行動（この研究では服従率）を左右するのかを解明できることである。たんに服従が起きたことを示すだけではなく、「〇〇のとき服従が強くなった／弱くなった」という知見こそが重要となる。服従が強くなる条件、弱くなる条件がわかることで、服従による暴力のメカニズムや原因が解明され、ひいてはその解決策が期待できるためである。

ミルグラムの実験の結果をいくつか紹介しながら、服従を左右する重要な変数を紹介していく。まず、先に丁寧に紹介した実験は、ベースライン（基準値）実験と呼ばれる最も有名な実験である。ここでは最終服従率が「六五パーセント」であった。まず、この数字を頭においたうえで、この服従率が条件ごとにどのように変わるのかを見ていこう。

①　物理的近接性と直接的加害

近接性は非常に重要な原理である。ミルグラムは被害者と加害者の間の距離をさまざまに変化させて実験を行った。ただし、最初に紹介する第一実験から第四実験は、第五実験以降とは若干実験形式が違うため、上のベースライン実験（六五パーセント）と数値の直接比較の際には、留意いただきたい。

遠隔実験（第一実験）では、生徒役の被害者は隣の部屋におり、苦痛の声も聞こえない。目の前の四角い機械に回答のライトが点滅するだけだ。ただし、三〇〇Vの段階で、抗議を受けたかのように壁がドンドンとならされ、三一五V以上では回答自体が表示されなくなり、壁の音もなくなる。このような条件では、四〇人中二六名（六五パーセント）が服従した。

だんだんと被害者と被験者を近づけていこう。音声フィードバック実験（第二実験）は第一実験とほぼ同じ手続きであり、被害者は隣の部屋にいたが、その隣の部屋から声による抗議がはっきりと聞こえた。このときの服従率は六二・五パーセントであった。

次は、隣室ではなく、同じ部屋にいる場合である。被害者は壁越しではなく、加害者から一メートルほどの近くにいた。この近接実験（第三実験）では服従率が四〇パーセントであった。

最後に、接触近接実験（第四実験）では、第三実験と同じく同じ部屋にいた。それに加えて、生徒役は自分で電撃プレートに手をおく形で電気ショックを受ける。しかし、一五〇V以降で生徒役はもうやめたいと述べ、電撃プレートから手を離す。このとき、教師役は、実験者から生徒役の手をとり、無理やり電撃プレートに押しつけるように命令された。つまり、肉体的に接触し、嫌がる生徒役の手を電撃プレートに押しつけるような場面である。このときの服従率は三〇パーセントまで低下した。

つまり、自分が電気ショックを与える相手が、壁越しでほとんど様子がわからないような状況から、目の前の相手の手をとり無理やり電撃プレートに押しつけるといった状況まで、段階的に近接性を変化させた実験では、六五パーセント↓六二・五パーセント↓四〇パーセント↓三〇パーセントと服従率が、段階的に低下していることがわかるだろう。

では、その反対に、自分が直接に加害を行わない場合はどうだろう（第一八実験）。この実験では、自分が電気ショックボタンを押すのではなく、他者が教師役となり、自分は教師役に電気ショックボタンを押すように伝える役割を担う。つまり、「実験者↓伝達役↓教師役」という指揮命令系統の中間となる伝達役に参加者が割り当てられた。参加者は、ただ命令を伝えるだけで、自分自身が直接電気ショックボタンを押す必要がなかった。ただし、自分が命令を伝えれば必ず教師役はためらいなく電気ショックを与えており、自分の命令は確実に遂行されることが見込まれている。

このときの服従率は非常に高く、九二・五パーセント（四〇人中三七人）であった。ミルグラムは二〇以上ものパターンを変えた服従実験を行ったのだが、最も服従率が高いのが、この「伝達役」実験である。自分自身が副次的な役割しか担わないときには、ほとんど抵抗はしないのだといえる。

ナチス・ドイツがユダヤ人をガス室送りにしたときにも、中間的な命令者はきっと同じだったのだろう。自分が直接的に手を下すわけでもなく、ユダヤ人たちが苦しむ様子は見えない。ましてや、官僚組織の中間管理職は、上から来た命令を下にそのまま流すだけだ。おそらくアイヒマンもさほど悩むこともなくガス室での虐殺を行うよう現場に命令を飛ばしたのだろう。これは共感と非人間化が関わるものであり、第7章でも詳細を議論したい。

② 権威の正当性

ベースライン実験では、電気ショックを与えるよう指示した「権威」は、有名大学であるイェール大学の教授と紹介され、実験もイェール大学構内で実施されていた。このときの服従率が六五パーセントである。

では、実験者があまり正当な「権威」ではないときに、服従率はどう変わるのだろうか。実験場所は街のみすぼらしいビルで、実験を実施したのが民間研究者であったときには、服従率は四八パーセントとなった（第一〇実験）。つまり、イェール大学教授と比べると、民間研究者では、若干服従率が下がるのだといえる。

また、自分と同様にリクルートされた実験参加者の一人が、実験実施が急遽できなくなった実験者の代役として電気ショックを与えるように指示するという場面で実験が行われた（第一三実験）。このときには、二〇パーセントまで服従率は低下した。このように、電気ショックを与えるように指示する人が、イェール大学の教授などの「正当な権威」でないと服従する人は大きく減る。

ただし、この二〇パーセントという数値は、もちろん相対的には低い値であるとはいえ、「XXX」と書かれた最後の四五〇Vを押し続けた人の割合として考えるとそれでも十分に高い数値であり、これもまた重要な点だともいえるだろう。

③ 仲間集団の効果

集団の影響を議論している本書でとくに検討すべきは、この仲間集団の効果だろう（第一七実験）。ミルグラムはこれを集団効果と名づけている。この実験では、教師役が三人いた。三人で「問題を読み上げる」「正解を告げる」「電気ショックボタンを押す」という役割をそれぞれ分担した。ただし、この教師役三人中二人は仕込みのサクラであり、本当の実験参加者は一人だけだった。この本当の実験参加者が電気ショックボタンを押す係に割り当てられた。

さて、この実験では、電気ショックのレベルがそれぞれ一五〇V、二一〇Vのときに「嫌がる生徒役に、これ以上実験を続けることはできない」と、問題を読み上げる教師役と正解を告げる教師役が役割から降りて部屋の反対側の椅子に座ってしまった。本当の参加者は降りた二名分の役割を引き継いで、引き続き電気ショックボタンを押すように実験者から指示される。

このとき、最後まで服従したのは、たったの一〇パーセント（四〇名中四名）だった。九〇パーセントは抵抗したのである。また、二人目が実験を降りた二一〇V時点までに二五名が服従せず、実験から降りている。つまり、自分と同様に一緒に実験に参加した（と信じている）教師役二人が反逆した場合には、服従率が大きく低下した。

ここから、服従に抵抗するための最大の要因は、自分以外にもこの状況に反対する人がいるということだといえる。自分一人では抗うことは難しいのだろう。

ただし、先にも紹介したバーガーによるアメリカでの追試版[★9]では、意外にも、従わない他者を見たときにも服従率の低下は見られなかった。もう一人の実験参加者が九〇Vのボタンを押す時点で拒否をするのを見ても、服従する人は減らなかった。また、後に示すフランスでのテレビ実験でも一人だけ反対者が現れても服従率はほとんど変わらない。

では、ミルグラムの実験とバーガーの追試版とではいったい何が違ったのだろうか。ここからは憶測の域を出ないが、抵抗をしたのが自分と同じ立場で複数人存在したというのが重要なのではないかと考えられる。他者への同調においても三人以上の集団で同調の効果は強くなる[★10]。つまり、自分以外に二人以上が存在することが集団の影響力を増大させる。集団のパワー（ここでは権威からの指示）に対抗するには、自分以外に一人ではなく、二人以上の抵抗者が存在するという「サブグループ」が存在することが必要なのかもしれない。

こうした自分以外にも不服従者がいることの重要性は、本章の最後にあらためて議論しよう。

テレビ番組の「空気」と服従

ミルグラムの実験からわかったことは、権威がもつ影響力の大きさである。ミルグラム実験は、有名大学の教授という社会的地位と専門性が高い人が権威として、暴力に人を服従させる大きな影響力をもつことを示した。

では、明確な権威者個人ではなく、まわりの多くの人からプレッシャーをかけられたときにも同様に、人は服従して暴力行為を行うのだろうか。

二〇〇九年にフランスで、テレビ番組のスタジオの「空気」がもつ服従効果が検証された。[★11] テレビ番組で、司会者から指示され、さらにまわりの観客からはやし立てられたとき、人は電気ショックのレバーを押して、服従するのだろうか。

この服従実験は、フランスのテレビ番組の場面設定で行われた。ミルグラムの服従実験をもとに、「危険地帯」という名称のテレビのクイズ番組の試作版として、参加者には二人一組で番組に参加してもらった。ここでもクイズの回答者は仕込みのサクラであり、参加者は全員、クイズの出題者へと割り当てられた。ミルグラム実験と同じく、回答者はクイズに正答すると次の問題へと進むが、クイズで間違えると、だんだん強くなる電気ショックの罰を受けてもらう。罰を受けながらも最後まで辿り着ければ、回答者は賞金を得ることができる。こんなテレビ番組の場面だ。

フランスのテレビ実験もミルグラムの実験とほとんど同様の手順で進んでいく。回答者が間違えるたびに、出題役の実験参加者には、だんだんと強い電気ショックを与えてもらう。だんだんと強くなるなかで、回答者が「痛い！」から「もう出してくれ！　心臓が悪いんだ」という泣きながらの懇願を経て、三八〇Ｖを超えるとそれまで叫びながら暴れていた回答者が途端に「反応なし」となる。反応なしを超えて四六〇Ｖが最後の服従となる。

一方で、このフランスのテレビ実験がミルグラムの実験と大きく異なる点は、実験の舞台が「心理学の科学研究」から「テレビのクイズ番組」となっていることである。そして、テレビ局のスタジオでは、まわりにおよそ一〇〇人の観客がいる。およそ一〇〇人もの観客が真ん中に立つ自分に注目をして、電気ショックのレバーを倒すように、はやし立ててくる。「おっ・し・おき！　おっ・し・おき！」というかけ声の手拍子とともに。

このテレビ実験での服従率は三二名中二六名（八一パーセント）であった。八割を超える人が、テレビ番組の中で司会者に、そして観客から促されるままに、電気ショックのレバーを倒し続けた。ミルグラム実験の六五パーセントと比べても、それと同等以上の服従率であった。テレビ番組場面で司会者と観客から電気ショックを促されることは、非常に強い影響力をもつといってよいだろう。

このフランスのテレビ実験でも、異なるいくつかの条件で実験がなされた。日本でいうところの番組のアシスタント・ディレクターが「この実験はあまりに不道徳的なものだからやめるべきだ」と会場に飛び込んでくる条件があったが、服従率は一九名中一四名（七四パーセント）であり、服従率が下がる効果は見られなかった。たんに否定的な人が一人いただけでは影響がなかったようだ。次に、実際にこのテレビショーが、たんなる試作版ではなく、地上波で放送されると告げられた条件でも、服従率は一八名中一三名（七二パーセント）とおおむね同じであった。

唯一、服従率が低かったのは、指示を行う司会者が途中で降りた条件である。司会者から後は自分で続けていくように告げられたが、最後まで自発的に続けたのは七名中二名だった（二九パーセント）。なお、この実験条件は、ミルグラムの第七実験に類似したものである。ミルグラムの第七実験でも同様に、実験者が最初の指示を与えた後は実験室を出て、それ以降は電話越しで指示が出されていたが、やはり服従率は四〇名中九名（二三パーセント）と低かった。権威からの明確な指示があることが、服従の第一条件であるのは確かだろう。

興味深いのは、参加者の抱いていた電気ショックの責任所在に対する認識である。服従せずに途中でやめた参加者は、この一連の出来事の責任は自分自身にあると認識していた。一方で、服従して最後までレバーを押した参加者は、テレビのプロデューサーに責任がある、つまり自分自身の責任は低いと認識していたようだ。出来事を都合よく解釈し、自分の責任を回避するような心理がそこに透けて見える。言い換えると、服従しなかった被験者は、自分自身に責任を強く感じたからこそ、服従せずに途中でやめたようだ。この点は次の集団モードのところでもあらためて議論しよう。

服従を生み出す「集団モード」

さて、ここまでさまざまなパターンで、暴力をもたらす服従の影響を見てきた。では、こういった服従はいったいなぜ起こるのだろうか。これを統一的に理解することはできるのだろうか。

ここまで示してきたような、暴力への服従をもたらす状況のもつパワーは、現在では「集団モード」の影響だと解釈されている。つまり、集団モードのスイッチをオンにすることで、状況の影響を受けて暴力への服従が生じやすくなるという。

これは、第2章のSIDEモデルでも述べたプロセスと同様のものである。集団モードのスイッチがオンになった人は、その場の状況的な規範に人は従うようになりがちである。この状況的規範が、暴力促進的なものであれば、その暴力促進的な状況的規範に同調・服従するような形で、人は暴力行為に従事するようになる。人が暴力に従事するかどうかは、その場の規範に依存する。

当初、ミルグラムは、服従が生じる心理状態を代理人状態（agency state）だと述べていた。権威者から命令をされるなかで、自分自身の意志が薄れ、あたかも権威者の代理人であるかのような振る舞いをするような心理状態になることである。

しかしながら、近年の研究では、代理人状態として説明されたような自分自身を他者に委ねた状態というよりも、むしろ実験者側の集団に対して積極的にコミットした結果なのだと解釈されるようになっている。近年、ハスラムとライシャーは、ミルグラム実験の実験記録を精査・再分析し、新たな理解を行うなかで、ミルグラム実験の服従の中で起きたことは「盲目的同調」ではなく「従事的フォロワーシップ」（engaged followership）だと指摘している。[★12] つまり、服従して電気ショックボタンを押した人が、自分自身の意志を失ってしまったのかというとそうとも限らない。自分がなくなるというよりも、むしろ集団に対する集団モードに移行することが最大の原因だといえる。自分の中に集団や権威を取り込んだ形での集団モードに移行する。実験者側を「内集団」だと見なし、実験者側への「集団モード」のスイッチをオンにした参加者が、内集団のもつ規範に従う形で、電気ショックボタンを押したのだといえる。

このことを端的に示す研究の一つが、ライシャーらの研究[★13]である。ミルグラム実験のうち一五の実験の概要を、専門家である社会心理学者もしくは一般の学生に読んでもらった。そして、それぞれの実験状況で、電気ショックを与えた教師役の人が、

ⓐ 科学者としての実験者とその科学コミュニティにどのくらい同一視していたか？

ⓑ 一般大衆と一般コミュニティとしての学習者にどのくらい同一視していたか？

を推測し、評価してもらった。ここでいう同一視というのは、第1章で説明した内集団同一視と同様のものであり、「コミット型－集団モード」として読み替えていただきたい。

その結果、ⓐ実験者に対する「集団モード」が高く推測されたほど、実際の実験で服従率が高いという関連が強く見られた（専門家の社会心理学者評定：$r = .75$、一般の学生評定：$r = .78$）。その一方で、ⓑ学習者に対する「集団モード」が高く推測されたほど、服従率が低かった（専門家の社会心理学者評定：$r = -.51$、一般の学生評定：$r = -.58$）。つまり、実験者集団に対するコミット型－集団モードのスイッチがオンになりやすい状況では、実験者からの命令に従い、XXXと書かれた電気ショックボタンを押す人が多い可能性が示された。

ただし、ここで指標とされた「集団モード」の強さは、ミルグラム実験の解説文章を読んだ第三者が「実験参加者はこのくらいの集団モードになっていたのではないか」と推測したものである。つまり、実際に当時の参加者本人が経験していた「集団モード」の強さそのものではない点には留意すべきである。しかし、完全に的外れな推定でなく、それなりに正しく推定できているとすれば、無視し

えないほどの高い関連性が見られたといえ、この解釈はそれなりに妥当だと考えられるだろう。

また、実験時の言葉かけの分析結果も、服従実験における「集団モード」の重要性を示唆するものである。電気ショックボタンを押させるのに有効となる実験者からの言葉かけは、実験者（科学者）側に対する我々意識を促すセリフであったという。[★14] ミルグラムの実験では、服従せず、実験を続けなかった場合には、四回ほど決まったセリフを用いて説得がなされる。そのうち、最も服従に効果的だった説得のセリフは、二番目のセリフ「この実験はあなたを必要としています」であった。まさに実験者や科学コミュニティに対して我々意識を高め、コミットを強調するような促され方である。この言葉を受けることで、一度は躊躇した参加者が、あらためて実験者や科学コミュニティに対しての集団モードのスイッチをオンにする結果、再度実験を継続する傾向があった。その反対に、最も権威的で命令的な言葉である四番目の最後通告のセリフ「あなたに選択の余地はありません、続けるべきです」では、むしろ反発心が生じたようで、ほとんどが不服従であった。言い換えると、高圧的な「権威」は、服従を生み出さないのだ。また、ミルグラム自身も「協力」（cooperation）という言葉が、「服従」（obedience）よりも、参加者の行動を特徴づけるうえで適切だと指摘しているという。[★15] つまり、この実験では、単純に権威に反発できずに盲目的に従ったというよりも、「科学的目的を実現しよう」という形で実験状況の再解釈が起きたと理解するのが自然である。実験者から促されるなかで実験者側への集団モードのスイッチがオンにされ、「この電気ショックボタンを押す実験は、科学研究だから問題はない、受け入れられるものだ」という状況の再解釈を経て、死亡する可能性さえ考えられる電気ショックを与えるといった形で状況的規範への同調が見られたのである。

命令から始まり、自発的に攻撃する

「これは殺人だけど、やりなさい」といかに権威者から言われても、さすがに電気ショックのボタンは押せない。ミルグラム実験の参加者はほとんどが盲目的に攻撃しているのではなく、みな苦しんでいた。フランスのテレビ実験でも同様だ。戸惑いながら、しかし最終的に多くの人が、XXXと書かれた電気ショックボタンを押した。

もちろん命令に逆らえないという側面もあるだろう。しかし、その場合にも「本当は嫌なのだけど」という気持ちをずっともち続けているわけではないようだ。殺人ボタンを押すためには、「科学研究やテレビ番組といった大事な目的のためだ」という状況の再解釈による自分の行為の正当化が必要となる。

当初はその場の空気に飲まれながら、しかしその空気の中で醸成された「集団モード」のスイッチをオンにして、さまざまに正当化、もっというと自己弁護をしながら、最終的には自分の意志で電気ショックボタンを押した。こうした意味で、じつは服従による暴力は、集団モードのスイッチがオンになり、状況の再解釈を経た結果、「自発的な暴力」ともなりうるのである。

おそらくナチスのホロコーストでも同様のことが生じていたのだろう。ナチス・ドイツの一員としての「集団モード」のスイッチがオンになることで、集団のために必要なのだという正当化が促進される。「悪い」ことをさせるためには、「悪いことではない」と正当化してもらわねばならない。暴力には、集団のためだという大義名分が必要なのである。アメリカが日本に原爆を落としたのは、戦争を終わらすためには必要だったのだという大義名分を未だに掲げているのと同様である。

スタンフォード監獄実験

次に、暴力を生み出す社会的状況に関する二つ目の社会心理学研究として、スタンフォード監獄実験を紹介しよう。これもミルグラムの実験と並んで有名な実験だろう。一九七一年八月、スタンフォード大学のジンバルドは二四名の若い男性を、監獄生活に関する実験に募集した。参加者はランダムに囚人役と看守役に割り振られた。参加者は、事前に精神的な問題を抱えていないことが確認されたごく普通の健康な人々だ。

実験が始まってすぐは、囚人役はヘラヘラと笑い、従わないことも多かった。しかし、時間が経過するに従い、看守役は命令するような支配的・攻撃的な言動が増えていき、反対に囚人役は受動的・服従的な言動が増えていった。看守役は監獄の規律と秩序を守るべく、囚人役に威圧的な態度で深夜に起床させ点呼をさせたり、腕立て伏せなどの体罰を加えたりした。囚人役は精神のバランスを崩し、実験から離脱する者も現れた。実際の監獄で教誨師を務めていた神父に、囚人役と面談をしてもらったところ、実際の監獄、とくに初犯の囚人たちとよく似た心理状態の典型だと述べた。

ついに、六日目、ジンバルドの当時の結婚前の恋人で大学院生のマスラックが模擬監獄に訪れて、看守役が囚人役に虐待的行為を行う様子を目の当たりにし、涙ながらに状況の異様さを訴えた。ここでようやくジンバルドはこの状況の異様さに気づいた。当初二週間の予定だった実験は、六日で中止となった。

以上がスタンフォード監獄実験のごく簡単な概要である。より詳細は、ジンバルド自身が執筆した『ルシファー・エフェクト』[★16]という書籍が日本語に翻訳されているので、ご覧いただきたい。この研究が示した重要な点は、心理学の実験だという前提が示されていた場合でさえ、監獄という状況を与えられると、その状況の影響力によって、看守役は「看守らしく」、囚人役は「囚人らしく」、考え、感じ、振る舞うようになりうることだとされる。この状況の力に飲み込まれたのは、参加者の看守役や囚人役だけではない。ジンバルド自身もまた自分自身がまるで刑務所の所長のように振る舞ってしまったと述べている。

二〇〇〇年代の監獄実験の追試――BBC監獄実験

さて、スタンフォード監獄実験は、心理学の入門コースや社会心理学の多くの教科書に記載されており、心理学の中では最も有名な研究の一つだろう。そのインパクトは、学術の領域のみならず広く世間の注目を集め、この実験をもとにした映画やテレビ番組が放映されている。

しかし、近年では、この監獄実験をもう一度解釈しなおすことが必要だと指摘されている。じつは、スタンフォード監獄実験で示された現象もまた、集団モードから理解することが必要だという。

スタンフォード監獄実験は、一九七〇年代に行われたものであり、その後、誰も追試を行ってこなかった。しかし、二〇〇一年にさらなる理解を深めるため、また研究結果の再現性を確認するために、イギリスでライシャーとハスラムによって模擬監獄実験の追試が行われた。[★17] 彼らは、イギリスのテレビ局BBCと一緒に模擬監獄実験を再度行った。もしもジンバルドのスタンフォード版と同じ結果が生じるのであれば、国境さらには三〇年のときを超えて、再度また看守役は暴力性を高め、囚人役は服従的になるはずである。

しかしながら、BBC監獄実験では、スタンフォード版と同様の結果は再現されず、看守役が囚人役を支配し、暴力を振るうことはなかった。むしろ心理学の実験であることを盾に終始反抗的に振る舞う囚人役と、それに振り回される看守役という権力の逆転関係さえ見られた。従来の解釈のような、役割を与えただけで看守役は暴力的になり、囚人役が服従的になるという効果はいつも生じるわけではないようだ。

では、なぜBBC監獄実験では暴力が発生しなかったのか。

いや、そもそも現実の監獄は常に暴力に溢れているのだろうか。そうではないだろう。つまり、問うべきはジンバルドが設定した監獄状況のどのような社会的要因が、看守役と囚人役を暴力的な関係に仕立てたのかを考えなければならない。BBC監獄実験が、スタンフォード版と大きく異なる点がある。それは、BBC版では、研究者側がとくに指示的役割を担わなかったことである。逆にいうと、スタンフォード監獄実験では、暴力を振るうよう「促し」が看守役へとなされていたのである。

スタンフォード監獄実験の現代的解釈――暴力的集団モードの付与

ミルグラム服従実験もスタンフォード監獄実験も、ともに暴力を引き起こすとされるが、その性質は命令の有無という点で異なるものとして語られてきた。ミルグラム服従実験では、権威者からの命令に服従して暴力を行う。一方で、スタンフォード監獄実験では、たとえ命令がなくとも役割だけで暴力的役割を身につける。こういった説明がなされてきた。

しかし、近年の検討の中で、ミルグラム実験と同様に、どうやらスタンフォード監獄実験でも看守役へと指示・命令がなされたことが指摘されている。ミルグラム実験と同様に、権威者（ここではジンバルドたち実験者）が暴力を振るうように促していた。つまり、従来のスタンフォード監獄実験の説明として「ただたんに看守役を与えただけで、看守役は暴力的となった」は、間違いである。たんに看守役を与えただけではないからだ。

そして、命令があったからといって、やはりミルグラム服従実験の解釈と同様に、けっして盲目的に服従したのではない。ジンバルドのスタンフォード監獄実験においても「集団モード」への移行が重要な役割を担っており、暴力的な看守役割への「集団モード」のスイッチがオンになることが、看守役が暴力を振るうようになった理由として解釈できる。

ジンバルド自身が著書の中で次のように記述している。[18]

「肉体的拷問や虐待はいけないが、退屈を生み出すことはできる。欲求不満を煽ることも、ある程度の恐怖感を植え付けることも可能だ。自分の生活をすっかり支配されているという思いを抱かせることもできる（中略）。全ての権力は刑務所の運営者側にあって、囚人にはまったくない」

こうした実験者による促しは看守役の支配性や攻撃性を高めたのであろう。

実際に、近年の研究において、スタンフォード監獄実験の過去の記録データを用いて、ジンバルドたち実験者側の指示の出し方の会話分析が行われた。[19] ここでは、まさに本書で述べるところの、「看守役としての集団モード」のスイッチをオンにするような指示を与えていた。つまり、暴力的な集団モードをジンバルドらの実験者側が促していたのである。

たとえば、スタンフォード監獄実験の録音記録には、実験者が看守役に明確に役割の遂行の仕方を指示する内容の会話が残されている。その中では、看守役として囚人役を抑圧する役割を遂行すること、必要があれば抑圧的行為をしてもよいことが繰り返し指示されている。「自分はそんなに強く

（tough）はない」と自信なさげに述べる看守役に対して、実験者の一人ジャッフェは、「今はまだそうかもしれないが、私たちはあなたに積極的に取り組んでもらいたい。どんな看守役も屈強な（タフな）看守と私たちが呼ぶようなものになりましょう」といったことを繰り返し延べる。そして、「個人のスタイル」を忘れ、「ステレオタイプな看守」の役割を取り込むような指示を与えていた。

　このとき注目に値するのは、実験者側は、看守役に看守らしく振る舞うよう説得する際に、三〇単語に一単語の割合で、我々に関する言葉（we, our, us）を使っていたという点だ。「囚人役に何が起こるかを知るのが、我々の目的です」といったように。共通の目的を提示し、実験者側に看守役を取り込み、実験者側への集団モードをオンにする形で、実験が行われていた。これはミルグラム服従実験で、科学研究が目的だと促し、実験者側へと集団モードをスイッチさせることが、電気ショックボタンを押させたことと同じである。つまり、ここでも「集団モード」への移行が鍵を握っている。これは我々意識を指示するという意味で「アイデンティティ・リーダーシップ」（identity leadership）と呼ばれている。服従研究で起きた「従事的フォロワーシップ」と対になるものである。暴力的な行為を指示する「アイデンティティ・リーダーシップ」のもと、それに積極的に付き従う「従事的フォロワーシップ」という相互作用の中で、集団レベルの暴力的規範が形成され、コミット型－集団モードのスイッチがオンになった参加者たちがさまざまな形で暴力的に振る舞ったのだといえるだろう。これをより一般化した形で図示したものが図３－３である。

　どうやら、スタンフォード監獄実験で生じた看守役による集団暴力も、服従実験と同様の説明原理から理解できそうだ。また、これは第２章で没個性化や暴動を説明したものとも一貫したものだ。コミット型－集団モードのスイッチがオンになることで、暴力的規範へと従う形で、暴力が振るわれる。

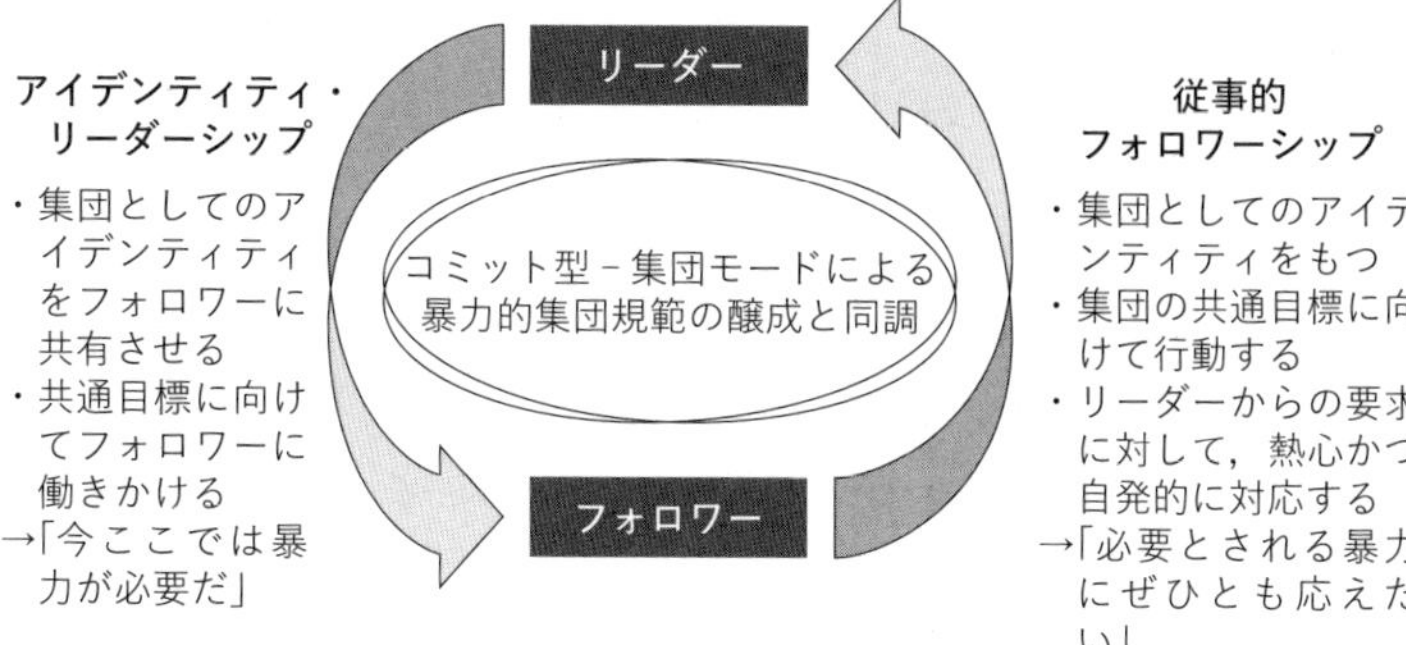
リーダー
フォロワー
アイデンティティ・リーダーシップ
・集団としてのアイデンティティをフォロワーに共有させる
・共通目標に向けてフォロワーに働きかける
→「今ここでは暴力が必要だ」
コミット型－集団モードによる暴力的集団規範の醸成と同調
従事的フォロワーシップ
・集団としてのアイデンティティをもつ
・集団の共通目標に向けて行動する
・リーダーからの要求に対して，熱心かつ自発的に対応する
→「必要とされる暴力にぜひとも応えたい」

図 3-3　暴力的な集団規範への醸成と同調をもたらすアイデンティティ・リーダーシップと従事的フォロワーシップ

（出典）　Haslam et al.（2019）に加筆。

スタンフォード監獄実験では、ジンバルドたち実験者側としての監獄管理集団への集団モードへとスイッチが切り替わることによって、そしてその場の規範で暴力が推奨されるなかで、看守役たちは暴力的に振る舞うようになったのだといえる。ジンバルドのスタンフォード監獄実験では、支配するためには暴力さえも当然だという空気があった。ジンバルドら実験者側自身がそれをつくり出すことで、それを敏感に感じ取り、内面化させた看守役はどんどんと暴力性をエスカレートさせていった。

この考え方からすると、イギリスのBBC監獄実験で、看守役が暴力的に振る舞わなかったのはある意味で当然である。実験者側への取り込みは行われなかった。その結果、看守役において支配的・暴力的規範も存在せず、暴力的役割への没入度が低くなり、結果、スタンフォード版のような暴力は生み出されなかったのだといえる。むしろBBC監獄実験では、逆に囚人役たちが「囚人集団」側としてみずからを認識していた[★20]。その結果、「抵抗する囚人集団」としての集団モードを強めたことで、逆説的ながら囚人役側こそが支配性や攻撃性を強く見せることとなったのかもしれない。

アブグレイブ刑務所

二〇〇四年に、イラクにあるアブグレイブ刑務所において、アメリカ軍兵士がイラク人捕虜を虐待していたという事件が発覚した。九・一一テロ事件に端を発する対テロ戦争の中で、アメリカ軍兵士は本来、サダム・フセインの暴政から解放し、自由と民主主義をイラクにもたらすという非常に人道的な使命をもってイラクに派兵されたはずだ。

告発のきっかけとなったのは、虐待を行ったアメリカ軍兵士自身が撮影した「記念写真」だ。裸の男性囚人たちをピラミッド上に重ねた「山」の後ろで、肩を組んで親指を立てる白人兵士や、ペットの犬のように裸の囚人の首を引き回した写真が公開された。七人の兵士の中でも、とくに批判の矢面に立たされたのは当時二二歳の女性兵士リンディ・イングランドである。若い女性であるリンディが男性捕虜に性的な屈辱を与えながら、笑顔で写真に映る姿が報道の中で大きく取り上げられた。

この写真の報道後、軍に紛れ込んだ異常者による犯罪的行為として政府は強く非難し、七人の兵士が逮捕され、その七人個人に責任が押しつけられた。彼らは「七人の腐ったリンゴ」だと呼ばれた。

しかし、本章で繰り返し見てきたように、アブグレイブ刑務所での虐待事件は、兵士個人の悪魔的性格が原因だと見ることでは十分に理解することはできない。実際、この七人の兵士はけっしてたんなるサディストではない。リンディには被虐待経験などの問題のある生い立ちもなく、学校生活でも非行も行わず、攻撃的な性格のもち主だとはいえない。むしろ陸軍に入隊する以前には、従業員の安全確保を求めて戦った「正義の内部告発者」であったこともあったという。

ジンバルドの言い方に従えば、アブグレイブで腐っていたのはリンゴ（個々の兵士）そのものではない。樽（刑務所）の方である。アブグレイブ刑務所という集団状況こそが、もともとは傷がなかったリンゴを腐らせたのである。

アブグレイブ刑務所には、アメリカ国内のような明文化された手順や管理方針といったものはない。明確な規範は存在せず、兵士たち自身が規範をつくり上げていく。そこでできあがった規範は、アメリカ国内の市民社会とは異なる規範であったに違いない。

また、アメリカ軍兵士たちは夜勤が続くなかで、睡眠不足だった。劣悪な食事をめぐって囚人たちが暴動を起こすこともあり、その制圧のために常に気を張ってすごさなくてはならなかった。一方で、イラクの刑務所という娯楽もない退屈な空間である。兵士たちは興奮や刺激を求めていた。

さらに、褐色の肌をしたアラブ人に対しては、九・一一テロ事件以降のアメリカ人にとってはその姿だけで敵意が喚起される外集団成員に見えただろう。奴らには虐待的な取り扱いをしてもかまわない、むしろ当然だという非人間化（第7章参照）を促進する歪んだ空気を生み出したのだろう。本名や階級で呼び合うことが禁止されることで、匿名性が高められており、没個性化が引き起こされていたことも考えられる。

こうしたいくつもの要因が重なり合うなかで、起こるべくして起きたのがこの虐待事件だといえる。「アメリカから離れた異国の刑務所」という特殊状況の中では、文明化されたアメリカ国内とは異なる規範が形成されていく。この集団の中では、虐待もごく当たり前のものだと感じられる。アメリカに帰ればきっと憑き物が落ちたように、他人に丁寧に接し、感謝を述べ、人助けをする善人として暮らし、けっして虐待的行為など行わないのだろう。

しかし、イラクのアブグレイブ刑務所の中では、その暴力的な規範の存在には気づくことができない。まさにその状況に飲み込まれ、集団モードのスイッチがオンになり、暴力を促すような状況的規範を自分自身に取り込んだのである。

リンディはNHKのインタビューに次のように答えている。[★21]

「みんなは虐待と呼んでいますが私は命令があったと思っています。（中略）あのとき虐待は許されていました」

また別のインタビューでも同様に、自分の虐待行為を写した写真を前に尋問されたときに次のように答えたという。[★22]

「だって私の頭の中では、あそこで行われていたことはすべて許されていた行為なんだから、と思っていたから。だから、私は悪びれもせずに、ええ、それは私だ、って答えていったわけ」

そして、虐待行為に最初は驚きながらも日常として取り込まれていく過程を次のように述べている。[★23]

「初めて1A棟に行ったとき、憲兵たちが収容者を裸にしたり手錠でつないだりしているのを見たわ。そのとき、いったいこれは何、普通のことなの、と思った」

「でも私は事務職で、憲兵でも諜報部員でもなかったから、そうか、これは普通のことかもしれない。それに上官の誰もおかしいなどと疑ってもいないのに、自分が口出しするのは出すぎではないかと思った」

「ええ、最初のときほどショッキングではなくなっていました。これは日常のことなんだ、毎日こういうことが行われているんだ、というふうにね」

フランスのテレビ実験で最後まで電気ショックのレバーを押した参加者も、電気ショックのレバーを押した責任は、自分自身ではなく、テレビのプロデューサーにあると回答していた。[★24] これと同様の心理だろう。少なくとも彼女の主観では、あの虐待行為は上官からの命令であり、その場の空気として虐待は許されていたのだと。このイラク派兵部隊という特殊な組織集団の中では、暴力は許されており、むしろみなでやるべきものだという規範さえあったのだと考えられる。その空気へとコミットするような「集団モード」は、まさに虐待行為を促したのだろう。

現代日本社会における「いじめ」と「空気」と「悪ノリ」と

同様の状況的規範による暴力は、現代日本社会の「いじめ」においても見られる。社会学者の内藤の議論に基づき、読み解いていこう。[★25] 内藤は「いじめ」の原因が、市民社会と異なる学校という特殊な空間そのものにあると述べている。

鍵となるのは、中間集団全体主義という考え方である。全体主義とは個人よりも全体を優先する社会のあり方である。ナチス・ドイツや太平洋戦争時の日本は全体主義国家であった。全体主義において優先されてきた全体とは国家であった。しかし、こうした全体のために個を抑圧する全体主義は、国家のみではなく、学校や職場といった身近なコミュニティにも存在する。これが中間集団全体主義である。学校や職場に関しても、個人を抑圧し全体を優先させるようなプレッシャーが存在するのだ。

学校場面では、学校という特殊空間における「いま・ここ」の雰囲気こそが重視される。学校という中間集団で重視される「空気」とは「ノリ」であると内藤は指摘する。「ノリが悪い」奴は徹底的に排除される。支配者は攻撃を加えることで、学校に〝楽しい〟ノリを提供する。こうしたノリは、「イジる‐イジられる」という言葉にも現れている。悪ノリの中で生まれた支配‐被支配関係の中で、一人をスケープゴートとして攻撃することは、集団全体の「ノリ」をよくするすばらしいことであり、何よりも優先されることだという。もしもこの状況的規範に反対する者がいたら、ノリに反する奴、空気が読めない奴として扱われることで、あらためて排除が正当化される。

こうした状況を、内藤は「ノリは神聖にして侵すべからず」という言葉で端的に示している。いじめが蔓延した学級集団とは、「悪ノリ」による暴力性が娯楽として消費されている集団であり、それが当たり前の、もっといえば正義の規範として根づいた集団だといえる。とくに、中高生の時期は、友達集団が占める心理的意味合いが高まり、「仲間外れ」になることを極端に恐れる時期だともいえる。

学校というのは特殊な空間だ。一種の治外法権の場所である。大人の市民社会では、人を殴ってけがをさせれば、警察に捕まり、刑法に則って処罰を受ける傷害事件となる。しかし、中学生が同級生を殴っても、「喧嘩」や「からかい」として警察に捕まることは少なく、学校も通報しないことが多いだろう。この学校のもつ治外法権性があることで、学校では、暴力に関して市民社会とは異なる社

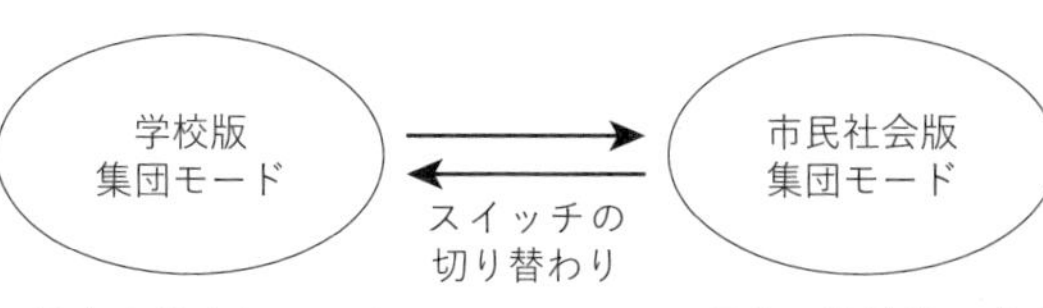
学校版
集団モード
市民社会版
集団モード
スイッチの
切り替わり
・暴力も許される，時には推奨される
・その場のノリが優先。ノリをよくするために，被害者をいじってもよい
・暴力は道徳的に許されず，法的に処罰される
・ルールやモラルが優先

図 3-4　いじめを発生させる学校版集団モード

会ルールが蔓延してしまう。

内藤は、いじめ特集のテレビ番組の中でのいじめ加害者のインタビューを紹介している。いじめ加害者は次のような言葉をうそぶいている。

「普通生活してるなかで、人のこと、がんがん殴る、ってことないじゃないですか」

市民社会では、人を殴ることは法律で禁止されており、もしも犯せば警察に捕まる。それはいじめ加害者も認識している。しかし、それと同時に、学校という「いま・ここ」の特殊な集団規範が蔓延した状況下なら許される、だから殴るのだと彼は答えているのである。

このとき、内藤は、学校と市民社会とで人間のモードが切り替わっていることを指摘する。これはまさに本書の指摘と同様のものだ。本書の言い方でいうと、学校版の集団モードがオンとなるのだ（図3－4）。こうした学校版集団モードの下では、「人を殴れる、殴ってよい」といった暴力的集団規範が広まるなかで、それにコミットする人々が現れているのが、残念ながら現代の学校の現実なのだろう。

もちろん学校という場そのものが常に暴力の温床になっているかというとそうではないだろう。地域、学校、学級によっても風土は当然異なる。逆にいうと、学校に存在するこうした「空気」を解消していくことこそが、学校におけるいじめや暴力の一つの解決策になるだろう。

不服従と抵抗のためにはどうすればよいのか

さて、ここまで集団状況の中で暴力的な振る舞いを身に着けてしまうことがあることを、国内外のさまざまな実験や事例をもとに示してきた。

では、こうした暴力を促す集団がもつ強大なパワーに抗うにはいったいどうすればよいのだろう。この問いは非常に難しい問題である。社会心理学の研究は、人は誰しもが状況のパワーに従いやすいことを示している。たとえば、勇気をもって抵抗することの重要性がしばしば語られる。もちろんそれも大事なことだ。集団の「巨悪」にたった一人で勇敢に立ち向かう英雄。誰しもがそうありたいと願う。しかし、それはあまりに個人に依存した回答のように思われる。

ここでは、やはりもう一度、服従実験の知見を振り返りたい。服従率が低くなるのはどのようなときだっただろうか。ミルグラムの実験で最も服従率が低かったのは、集団効果とミルグラムが名づけた第一七実験であった。自分以外に不服従をする二人の参加者がいたときに、服従率は一〇パーセントまで低下した。

ここから考えると、自分以外にもまわりに服従をしないメンバーが二人以上いて、その人たちを味方として一緒に抵抗するサブグループ（下位集団）をつくることが、集団からの圧力に抵抗するために重要な力を授けてくれると考えられる。

そして、この味方はおそらく一人では足りない。二〇〇九年のバーガーの追試では、一人だけ抵抗者がいた条件でも、服従率はほとんど変わらなかった。フランスのテレビ実験でもアシスタント・ディレクターが否定的な発言をして飛び込んだ場面でも服従率は低下していない。そう考えると、一人では不十分であり、二人以上の味方がいて、服従率が顕著に低下したのだといえる。

集団の中で味方を増やすことの効果は、フランスのテレビ実験でも端的に見られている。★26 観客の一部を味方につけたある参加者は、服従から抜け出ることができた。

ここで服従から抜け出た人物はジャン＝リュックという。彼は、クイズを中止しようとしていたが、テレビの司会役からは続けるように促されていた。ここでジャン＝リュックがとった行動は、観客へと問いかけるというものだった。なお、このとき観客もまた、これが心理学実験だとは知らされておらず、クイズ番組の撮影だと信じていた。

ジャン＝リュックは、一部の観客が「おっ・し・おき！」と興奮状態で叫ぶなか、観客の様子を眺め、「そこの方、どう思われますか？」と年配の女性グループへと話しかけた。それに対して、年配の女性の一人は「やめるべきだと思います」と答えた。さらに、ジャン＝リュックは、「私と同じ意見ですね。ここでみなさんの意見を聞きましょう。やめるべきだと思う人は手を挙げてください」と全体に問いかけた。その結果、観客の三分の一が手を挙げた。以上を踏まえて、ジャン＝リュックは、次の出題への回答の際に、回答者本人の意見をあらためて述べるように回答者へと話しかけた。そして、次の出題への回答で、台本どおり「もうやめる」と回答者が叫んだのを聞いて、ジャン＝リュックは次のように答えて、彼はついに離脱した。

「私たちはもうやめます」

ここで、ジャン＝リュックが服従から抜け出したプロセスはきわめて示唆的だ。観客の中から、一部の自分と同じ意見の人を見つけ出し、自分と同じ不服従的な意見を述べさせた。その後、全体に挙手をしてもらう形で意見を求め、一定の不服従意見が存在することを示した。一部の集団を味方につけたのである。そして、ついにやめるときには、「私たち」としてやめると述べた。ジャン＝リュックの行動は、徹頭徹尾、周囲の人を味方につけていく形で〝集団〟として行動しているのである。

集団の圧力に抗うための一つの答えは、その集団の中に自分と意見を同じくする複数の味方とサブグループをつくり、他者と一緒に抗うことである。個人では集団の圧力に抗うには心もとない。毒をもって毒を制す。集団に抵抗するには、やはり集団のパワーを借りることがよいのだろう。

□まとめ

- 人は誰しも集団の空気と権威に服従した結果、他者に致死レベルの電気ショックを与えることもある。実験では六割以上の人が服従する。これは国や時代を超えて見られる現象である。
- こうした服従による攻撃も権威から言われて嫌々ながら携わるというだけではなく、加害側の集団モードのスイッチがオンになることで、自発的に攻撃に参加するようになる。その意味で、暴力的な規範をもつ集団への集団モードがオンになるかが重要。
- 同様に、看守役による囚人役への攻撃性も集団の空気の中で高まることもある。ここでもやはり暴力的規範をもつ集団に対する集団モードがオンになることが根源的な要因である。
・実験から示されていることとして、まわりの人が服従しない場面では、服従による攻撃は低くなる。空気に抗うには集団の一部の仲間をサブグループとして味方につけることが重要である。

第4章
賞賛を獲得するための暴力
英雄型集団暴力

ここまではおもに、コミット型 - 集団モードの観点から、集団の一員としてみずからを捉え、集団に没入するなかで集団レベルの暴力が生じる過程を見てきた。本章ならびに次章では、集団モードのもう一つの側面である、生存戦略型 - 集団モードの中で生じる集団暴力を見ていこう。

集団中で私の立ち位置はどうなっているのか ―― 生存戦略型 - 集団モード

人が攻撃を行うときに、相手に敵意をもって攻撃しているとは限らない。人間の攻撃行動は、その動機の違いから大きく二種類に大別される。[★1] 衝動的行動と戦略的攻撃である。衝動的攻撃とは、敵意やイライラなどの不快感情に基づいて、攻撃それ自体を目的として行われる攻撃である。相手にムカついたから殴る、もしくは、暑くてイライラしてまわりの人を怒鳴りつける、といったものが挙げられる。それに対して、戦略的攻撃とは、何か他の目的を達成するために手段として行われる攻撃である。たとえば、強盗やカツアゲでは、攻撃者の目的はあくまでもお金を得ることであって、攻撃そのものではない。他の例として、自分のメンツを守るために攻撃するといったこともあるだろう。こうした場合、相手を殴ることや恐怖を与えることそのものは攻撃者の目的ではない。そのため、もしも相手を殴っても真の目的であるお金やメンツが得られないなら、彼らは攻撃をしないともいえる。こうした戦略的攻撃が示すように、攻撃行動はじつは相手を痛めつけることそのものを目的としているとは限らない。攻撃は他の目的を達成する手段として用いられることがある。

集団で行われる暴力も同じように、何か他の目的のために行われることがある。本章では、とくに集団の仲間からのよい評判を得るために、攻撃が行われるという視点から、集団暴力を見ていこう。

ここでおもに関わるのは、集団モードの中でも「生存戦略型－集団モード」である。前章までで扱ってきた現象はおもに「コミット型－集団モード」に関するものが中心であった。本章から次章にかけておもに扱う「生存戦略型－集団モード」は、集団の中で生き抜くために、自分の集団での立ち位置を気にかけて、暴力を手段として用いるときにスイッチが入る集団モードである。

人間は、集団で他者と協力しながらともに生活することによって過酷な自然環境を生き抜いてきた。そうするなかで、集団生活という生存戦略を身に着けてきたのだが、すると今度は、集団生活そのものを人間は生き抜いていかないといけなくなった。それがうまくいかないと、集団の中で他者から搾取され、時には村八分で排斥されることさえ考えられる。集団の仲間たちの中で自分が優位かつ有利な立場に立てているのか、自分がメンバーから受け入れられ仲間外れにされていないか。生き馬の目を抜くような集団生活の中で、人は自分の立ち位置を常に見張っておかないといけない。人は集団状況では、自分自身が集団の中でどのような立ち位置にあるかをモニターすることが必要となった。そうした中で、人は集団状況におかれると、意識的にせよ無意識的にせよ、自分の集団での立ち位置を維持・向上しようとするモードにスイッチが入る。これが本書で呼ぶ「生存戦略型－集団モード」である。

このような「生存戦略型－集団モード」は、集団状況でのさまざまな行動を引き起こすと考えられるが、これが集団での暴力へと結びついていく側面があることを本章では指摘したい。とくに本章では、生存戦略型－集団モードのスイッチが入ることによって、同じ集団の仲間からどのように見られるのかを気にかけた結果、集団での暴力が高まっていくことを、いくつかの実証研究や事例から示していく。

集団内生存戦略の二側面――賞賛獲得と拒否回避

とくにこの生存戦略型－集団モードは、さらに賞賛獲得と拒否回避という二つの志向性に分かれると筆者は考えている。この「賞賛獲得」と「拒否回避」という二分類は、多くの心理学の研究が指摘している心理原理に対応するものである。集団内の生存戦略のあり方に関しても、同様にこの二つの観点からの解釈が可能だろう。つまり、内集団成員からプラスの評価を得ようとする「賞賛獲得」と、内集団成員からマイナスの評価を回避しようとする「拒否回避」の二側面である。そして、この二側面はそれぞれ、本書が対象とする集団暴力の促進要因としても機能する。

もともと人間の心理・行動の根本原理の一つに「快に接近し、不快を回避する」という快楽原則がある。この「快への接近」と「不快の回避」の二つはセットで語られてきたが、近年の心理学の研究では、この二側面は相互に関連しながらも独立した側面として、①プラスを積極的に求める側面と、②マイナスを避ける側面という二つの次元があることが指摘されてきた。

たとえば、行動抑制システム（ＢＩＳ）と行動賦活システム（ＢＡＳ）の二次元の動機づけを行うシステムが人間の行動を制御していることが指摘されている。[2] 後者の行動賦活システム（ＢＡＳ）は、報酬への感受性に反応するシステムであり、プラスを得ようとする側面に対応している。一方で、前者の行動抑制システム（ＢＩＳ）は罰の信号に反応するシステムであり、マイナスを避ける側面に対応している。また、自分の行動を調整する能力（自己制御）に関する制御焦点理論[3]でも、促進焦点と予防焦点の二側面から理解されている。促進焦点とは、プラスの報酬を獲得しようとする志向性であり、予防焦点とは、マイナスの損失を回避しようとする志向性である。他者からの評価としての側面でも、賞賛獲得欲求と拒否回避欲求という二側面があることが指摘されている。[4] 賞賛獲得欲求とは、他者からほめられたい、高く評価され、賞賛されたいというプラス評価を獲得しようとする欲求である。拒否回避欲求とは、他者から嫌われたくない、ばかにされたくないというマイナス評価を回避しようとする欲求である。また、本書の視点と同様に、集団での評判懸念の観点から賞賛獲得と拒否回避の二つの動機づけと利他行動との関連も議論されている。[5] このように人間のもつ動機づけの原理には、プラスを獲得しようとする側面とマイナスを回避しようとする側面という二側面があり、それぞれ異なる機能をもっている。

こうしたプラスを求める心理とマイナスを避けようとする心理は、本章が対象とする生存戦略型－集団モードを理解するうえでも重要となる。人間は集団の中で、自分がどのような立ち位置にいるのかをモニターしながら、自分の集団内での立ち位置がよくなるように、また悪くならないように人は戦略的に行動している。集団状況でスイッチがオンになる生存戦略型－集団モードにも、プラスを獲得しようとする「賞賛獲得志向」と「拒否回避志向」の二側面がある。賞賛獲得志向の集団モードで

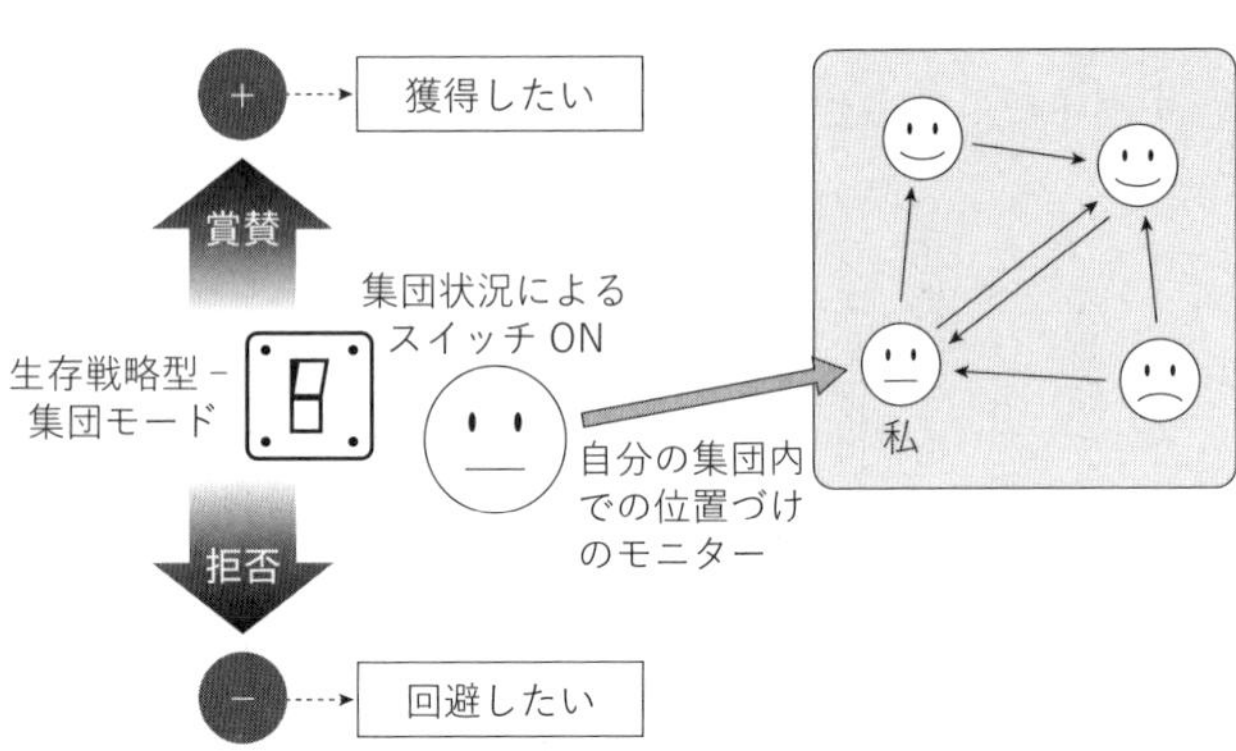

図 4-1　集団状況による生存戦略型－集団モードの役割

は、同じ集団のメンバーから高く評価され、賞賛されたいというプラスの獲得を追求するようになる。それに対して、拒否回避志向の集団モードでは、同じ集団のメンバーから仲間外れにされたくない、否定的に評価されたくないというマイナス回避の動機づけを高める（図4－1）。

①賞賛獲得のための英雄型集団暴力と、②拒否回避のための村八分回避型集団暴力

こうした二側面の生存戦略型－集団モードは、それぞれ集団暴力を促進する役割を担う。賞賛獲得志向の集団モードが引き起こすのは「英雄型集団暴力」であり、拒否回避志向の集団モードが引き起こすのは「村八分回避型集団暴力」である。図4－2に図を示すとともに、この二分類の特徴を表4－1にまとめた。

①賞賛獲得のための「英雄型集団暴力」は、攻撃すれば集団の他のメンバーからほめたたえられるというときに行われるものである。集団の仲間からの賞賛や英雄視が期待できるからこそ、いわば自分がヒーローとなることで仲間から賞賛を獲得することを目的に攻撃が行われる。

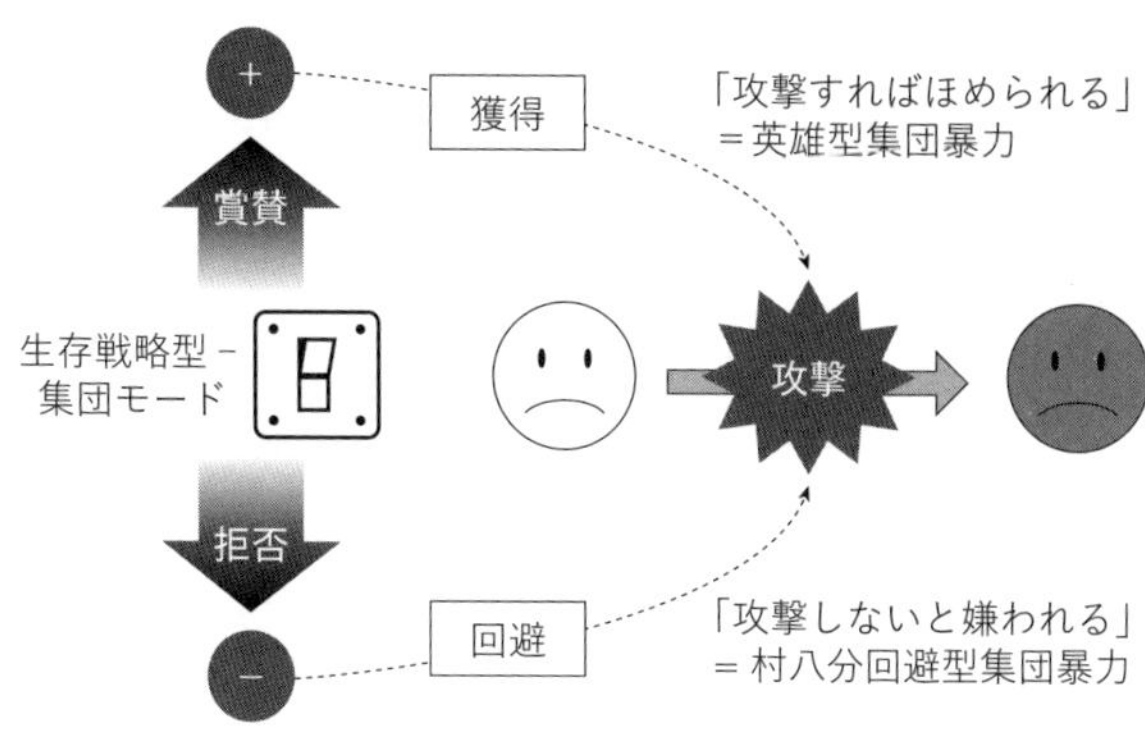

図 4-2　生存戦略型－集団モードが引き起こす集団暴力

それに対して、②拒否回避のための集団暴力は、いわば「村八分回避型集団暴力」である。日本の戦時中には戦争に協力的ではない日本人は、「非国民」だとして非難されていた。このように本人たちが攻撃参加を望んでいなくとも、内集団成員から「お前は集団の一員ではない」と非難され、〝村八分〟となるのを恐れて、集団の中で攻撃に従事することがある。

生存戦略型－集団モードのスイッチがオンになったときには、英雄として賞賛を獲得するために積極的に攻撃する側面と、まわりから嫌われるのを恐れて嫌々ながらも集団の攻撃に加わるという二つの側面の集団暴力が引き起こされるのである。

こうした二側面の暴力が典型的に見られた事例として、ホームレス暴行殺人を犯した少年たちの供述を紹介したい。★6

この事件は、二〇〇二年八月の夜一〇時頃に、埼玉県熊谷市で中学二年生の男子生徒三人が一人のホームレスの男性に暴行を加えて死亡させた事件である。これまで犯人は、それまで明確な非行歴もなかったマサオ、ヒロシ、アキラの三人の少年（仮名）であった。なぜこのような〝普通の〟少年た

表 4-1　生存戦略型－集団モードが引き起こす集団暴力の２類型

	英雄型集団暴力	村八分回避型集団暴力
動機づけ	集団からの賞賛獲得	集団からの拒否回避
目標	仲間から高い評価と尊敬を受け，集団内での社会的地位を向上させること	仲間からの承認を受け，仲間外れにならないこと
典型例	・社会的地位を求めて積極的に戦争参加 ・仲間に強さを見せつけるために暴行	・非国民だと言われないように消極的に戦争に参加 ・仲間から弱虫だと思われないように暴行やいじめに参加
促進的な社会的条件	・集団間紛争状況 ・暴力賞賛規範をもつ集団への所属（非行集団，テロ集団など） ・名誉の文化	・集団間紛争状況 ・集団主義

ちが死に至る暴力行為を行ったのか。その供述に見られる集団心理には、賞賛獲得のための英雄型集団暴力と、拒否回避のための村八分回避型集団暴力の二側面が端的に見られる。

マサオとヒロシは日常生活でも張り合うライバル関係であったという。ヒロシは暴行事件に関して、次のように述べている。[★7]

「『マサオ以上にやることが強さだと思った、やらなければ男じゃないと思った』と話した。暴行の目的は山本さん（引用者注：死亡した被害者）を傷めつけることから、お互いの力比べにすり替わっていった」

これはまさに典型的な賞賛獲得を求めた英雄型集団暴力である。攻撃的に振る舞うことが男らしい、ほめられることであるという価値観のもと、マサオとヒロシがともに相手よりも強い自分をアピールしようと暴行を加えた。それがお互いに見せつけ合う形でエスカレートしていった結果、傷害致死という最悪の結果を迎えてしまった。
それに対して、この事件でアキラは従属的な役割だった。彼は暴力に加わった理由として次のように語っている。★8

「一緒にいてやらざるを得なかった。やらないと仲間外れになる」
「やらないと仲間外れにされると思った」

仲間外れは嫌だ。それ自体は、人間誰しもがもつごく一般的な心理である。しかし、集団が反社会的行動を行っている場合には負の影響をもたらす。アキラは仲間から排斥されることを恐れ、消極的ながらも、結果としてホームレスの男性を死に至らしめるほどの暴行に加担してしまった。本当はやりたくなかったのに殺すまでやるという点で、非国民だと排斥されるのを恐れて攻撃した村八分回避型集団暴力だといえる。

以上、生存戦略型－集団モードのスイッチが入ったことで、①仲間からプラスの評判を得ること＝賞賛獲得と、②仲間からのマイナスの評判を避けること＝拒否回避が、集団の中でメンバーを暴力へと向かわせる誘引として機能することを、ホームレス暴行致死の例から見てきた。

それでは、ここから賞賛獲得、拒否回避が生み出す集団暴力をそれぞれもう少し丁寧に見てみよう。本章ではまず賞賛獲得を求めた英雄型集団暴力を扱う。続いて、次章にて拒否回避を求めた村八分回避型集団暴力を扱っていく。

Part 1. 賞賛獲得を求めた英雄型集団暴力 —— 攻撃者が賞賛されるとき

まず、さまざまな場面で攻撃者が賞賛されることがあるという事実から確認していく。人間が暴力を基本的に嫌っているのは、すでに述べてきた。その一方で、暴力行為を行った人が、集団メンバーから賞賛される場面がある。典型的なのは、戦争などの集団間紛争の場面である。チャップリンの映画『殺人狂時代』には「一人殺せば殺人者、百万人殺せば英雄だ。数が殺しを神聖化する」("One murder makes a villain, millions a hero. Numbers sanctify.") というセリフがある。このセリフ自体は逆説を述べた一種の皮肉であるが、しかし、このセリフが暗黙に前提としているのは、戦争を指揮する者、もしくは戦争で戦う戦士は社会の中で英雄だと見なされ、賞賛されうるということである。

フランコらは、英雄の概念的な分類を行った。[★9] その分類の中の一つが、軍事的な英雄である。英雄だと見なされる場合には、達成するために困難な障害を乗り越えて目標を達成すること、道徳的な考えのもと道徳的な行動を行うこと、自分を律して強い意志で行うこと、といったいくつかの要素があるとされる。[★10] 軍事的リーダーや兵士は集団のメンバーのために命をかけて戦う人たちである。とくに戦闘による死亡後に兵士は英雄と見なされる傾向が強い。彼らは内集団成員のために命を落とした利他的で自己犠牲的な人々だと見なされるためである。

また、テロリストは、世界の平和を脅かす〝悪人〟であるが、彼らは自身の所属する局所的なコミュニティの中では英雄視されていることが多い。典型例は、ウサマ・ビンラーディンである。彼はイスラム過激派のアルカイダの司令官であり、九・一一アメリカ同時多発テロの首謀者であった。二〇〇一年の九・一一同時多発テロの翌年に行った調査では、パレスチナ人の七一パーセントと非常に多くの人が「正しいことを行った世界的人物」としてビンラーディンを支持していた。[★11] パレスチ

表 4-2　イスラム諸国における正しいことをした世界的人物としての評価（2002年の調査）

	1位		2位		3位	
インドネシア	アラファト	68%	アブダラ	66%	ビンラーディン	58%
ヨルダン	シラク	61%	ビンラーディン	55%	アブダラ	42%
クウェート	アブダラ	84%	ブッシュ	62%	ブレア	58%
レバノン	シラク	81%	アナン	38%	アブダラ	35%
モロッコ	シラク	65%	ビンラーディン	49%	アラファト	43%
ナイジェリア	アナン	52%	ブレア	50%	ブッシュ	50%
パキスタン	アブダラ	60%	ビンラーディン	45%	アラファト	42%
パレスチナ	ビンラーディン	71%	アラファト	69%	シラク	32%
トルコ	アラファト	32%	アブダラ	21%	アナン	18%

（注）　回答者は 8 名の人物の世界の出来事によいことをする能力への信用度を評定した。数値は「非常に（a lot）」と「ある程度（some）」と回答したパーセントである。
（出典）　Pew Research Center（2003）より作成。

ナ人のみならず、インドネシア（五八パーセント）、ヨルダン（五五パーセント）、モロッコ（四九パーセント）、パキスタン（四五パーセント）と多くのイスラム圏の国々で、ビンラーディンは高い支持率を示した（表4－2）。九・一一テロは、「イスラム社会」対「西洋社会」という文明の衝突を浮き彫りにしたものだ。ビンラーディンは、文明化の中で欧米を中心とした先進国から虐げられてきたイスラム社会のために戦っている英雄だと見なされたからこそ、イスラム社会の中で彼らは賞賛されたのである。そもそも「テロリスト」は仲間内からは「テロリスト」ではなく、「自由を求めた戦士（freedom fighter）」「反逆者（rebels）」「抵抗者（the resistance）」などと呼ばれている。そして、彼らの行う自爆テロも、たんなる「自殺（suicide）」ではなく、「宗教的殉教行為（religious martyrdom）」と呼ばれている。彼らは、内集団を守る戦士として、仲間から賞賛と尊敬を得ているのである。

また、日本における戦士への賞賛として、典型的なのは、太平洋戦争における特攻隊員への賛美だろう。特攻隊員は、ご存じのとおり、爆弾を搭載した軍用機に乗ったまま敵艦へと体当たりする自爆攻撃を行った。出撃するよう命じられた特攻隊員はみずからの死を、納得しているかどうかは別にして、少なくとも理解はしたうえで出撃している。彼らはどのようにみずからの自爆攻撃による死を理解していたのだろうか。オーベルらは、特攻隊員が死の攻撃の前に最期に残した遺書や家族への手紙に記述された内容の分析を行った。[★12] その結果、「栄誉な死」について触れた遺書が全体のうち七二パーセントであり、「美しい死」について触れた遺書が全体のうち二八パーセントであった。つまり、特攻隊員は特攻出撃によって確実に訪れるみずからの死を栄誉で美しいものだと記述していたのだといえる。また、特攻隊員に対する印象を日米比較した研究によると、[★13] アメリカ人回答者と比較して、日本人回答者は、特攻隊員に対して「美しい（beautiful）」「甘美な（sweet）」といった印象をもっていたという。このように特攻隊員本人から見ても、また後世の日本人という内集団成員から見たときにも、日本という内集団のために命を賭して戦う戦士を賛美する心理が存在している。特攻隊員を描いた小説・映画『永遠の0』がヒットしたことも記憶に新しい。

人類学の多くの研究でも、昔ながらの狩猟採集社会を今も営む部族の多くで、戦闘に積極的に参加する戦士が賞賛されていることが指摘されている。[★14] 文化人類学者の佐川は、東アフリカの牧畜社会ダサネッチにおいて、ダサネッチの人々を戦いに駆り立てる動機として、「男らしさ」をめぐる威信獲得の欲望があることを指摘している。[★15] ダサネッチでは、敵を殺害した男性は集落に帰ってきたときに、女性たちは彼らの首に多くのビーズをかけ、「勇敢な男」をたたえる歌を歌いながら彼らを迎えるという。敵を殺すことができる勇敢な男として他のメンバーから承認されることは、ダサネッチの男性にとって重要な名誉である。こうした仲間内からの名誉という戦果を得るために彼らは積極的に戦いに向かうのである。

古今東西、さまざまな時代や文化で、暴力はさまざまな形で賞賛されてきた。その多くが集団間紛争場面と関わっていることは注目に値するだろう。仲間にむやみやたらと暴力を振るうことは賞賛の対象にはならない。あくまでも外集団という敵に対して攻撃するからこそ賞賛されるのだといえる。仲間に乱暴ばかり振るうジャイアンは嫌われる。しかし、隣町の奴らとのケンカの場面では頼もしい存在として賞賛されるのである。戦士は「自衛」隊員なのであり、だからこそ内集団からの賞賛を受ける。

賞賛獲得を求めた暴力

以上のように、とくに集団間紛争場面では、さまざまな社会において、戦士という攻撃者に集団から賞賛が与えられていることが確認されている。ここで視点を変えて、攻撃従事者である戦士の立場から考えてみよう。どうやら集団の中では戦士として戦うと、高く評価されるようだ。そうした社会では、戦士として戦うことに対して、戦士個人にメリットがあるといえる。人はまわりから賞賛されるならば、その期待に応えて賞賛を得ようと積極的に攻撃を行うことがある。

集団の中で賞賛獲得を求める心理と集団間攻撃が関連することを示した実証的研究として、筆者自身の研究をいくつか紹介しよう。

筆者らが行った実験では、集団内賞賛獲得と集団間攻撃の関連性を示した。[★16] 詳細は集団間報復を説明する第8章で後述したいが、筆者らは同じ赤チームの仲間が青チームのメンバーから罰金三〇〇円を加えられたことを知ったときに、今度は自分が青チームのメンバーへと〇～五〇〇円の罰金を与えることができる場面で、いくら罰金を与えるかを実験した（代理報復実験と呼ぶ）。つまり、内集団の仲間がやられたときに、相手集団のメンバーに仕返しとしての罰金を与えるかどうかを調べたのである。第8章二四四ページの図8－3を見るとわかりやすいのでそちらも参照していただきたい。

筆者らの実験結果では、「ここで攻撃すれば仲間からほめられるだろう」という賞賛獲得期待の気持ちが高い人ほど、集団間報復をしようという動機づけが高く、また実際に外集団成員に大きな罰金を与えていた[★17]。図4－3に二つの代理報復実験の結果から、心理・行動がどのようなプロセスを経るのかを図示した。それぞれ実験条件は異なっているものの、どちらの実験でも「内集団からの賞賛が獲得できるという期待→報復動機づけ→報復としての外集団成員への罰金」という形での攻撃生起プロセスが存在することがわかるだろう。とくに、二〇一三年の実験[★18]では「賞賛獲得の期待」と「拒否回避の期待」を比較する形で検討を行ったが、このプロセスが賞賛獲得の期待によって媒介していることが示された。すなわち、この実験では、本章で繰り返し述べていたような、仲間からよく思われるだろうという形での英雄型集団暴力として集団間の報復行動が発生していた。仲間から見られているときや協力を期待されたときにはとくに、仲間から賞賛を獲得できるだろうと強く思うことで、外集団成員により強い報復行動が生起したのである。

さらに、実験後に尋ねたアンケートへの回答を分析したところ、「相手集団に報復すること＝内集団への協力だ」という認知が強い人ほど、より報復しようとする気持ちが強かった。外集団に仕返しすることは、仲間への協力だと認識されていた。だからこそ、集団間報復は仲間から賞賛される協力

● 縄田・山口 (2011b)

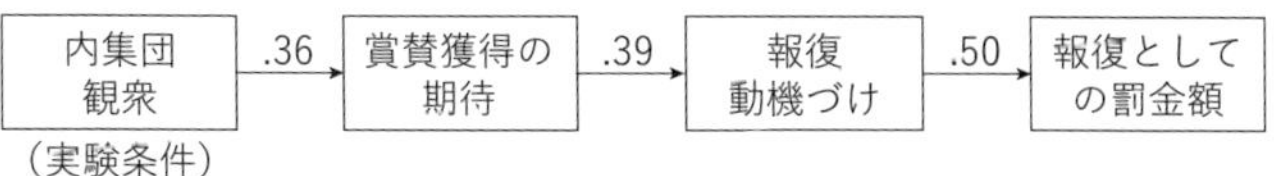

● Nawata & Yamaguchi (2013)

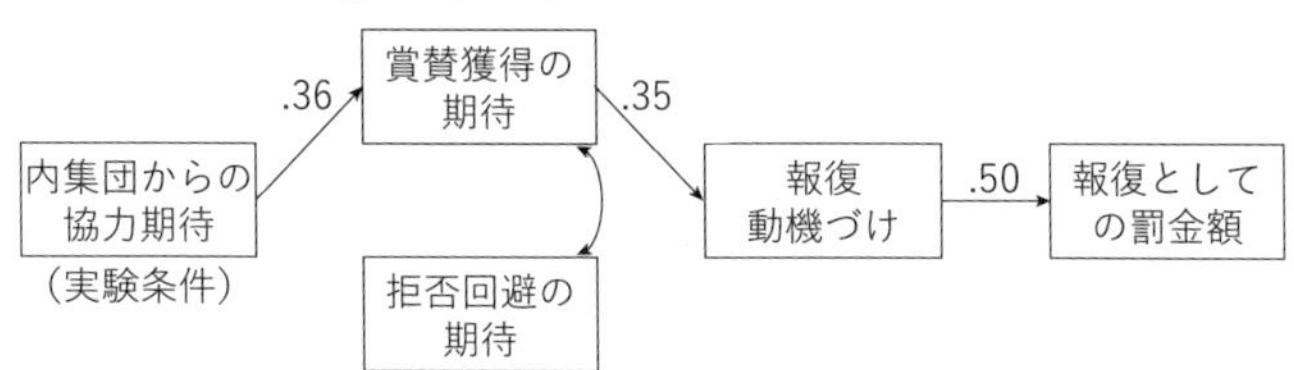

図 4-3　集団間代理報復における賞賛獲得の期待の役割

（注）　パスに付した数値は標準化回帰係数で，すべて有意である。
（出典）　縄田・山口（2011b）; Nawata & Yamaguchi（2013）。

的行動だと考えられていたのだろう。

　さて、賞賛獲得の心理と集団間攻撃の結びつきは実験で示されたものの、これらの実験の参加者は現代の平和な社会で暮らす大学生であった。逆にいうと、五〇〇円という少額のお金を使った罰金行動と賞賛されたい心理の結びつきしか示されていないともいえる。この大学生の罰金の心理と、もっと劇的な実際の戦争への参加を同じ「暴力の心理」として一緒くたにしてしまうことには少しためらいがあるかもしれない。筆者自身もそう思い、もう少し現実的な場面で、より過酷な集団間暴力と集団内賞賛の関連を示す必要があると考えた。そこで、文化人類学領域の比較文化データベースを用いた分析を行った。[★19] これによって、戦闘で他の村の成員を殺しに向かうような社会レベルでも同じく集団間暴力と集団内賞賛の関連が本当に見られるのかを検証した。

　筆者が使ったのは、標準比較文化サンプル（SCCS）という文化人類学者が整備した前産業社会が中心となった文化データベースである。このデータベースには前産業社会を中心に世界一八六の文化が含まれてお

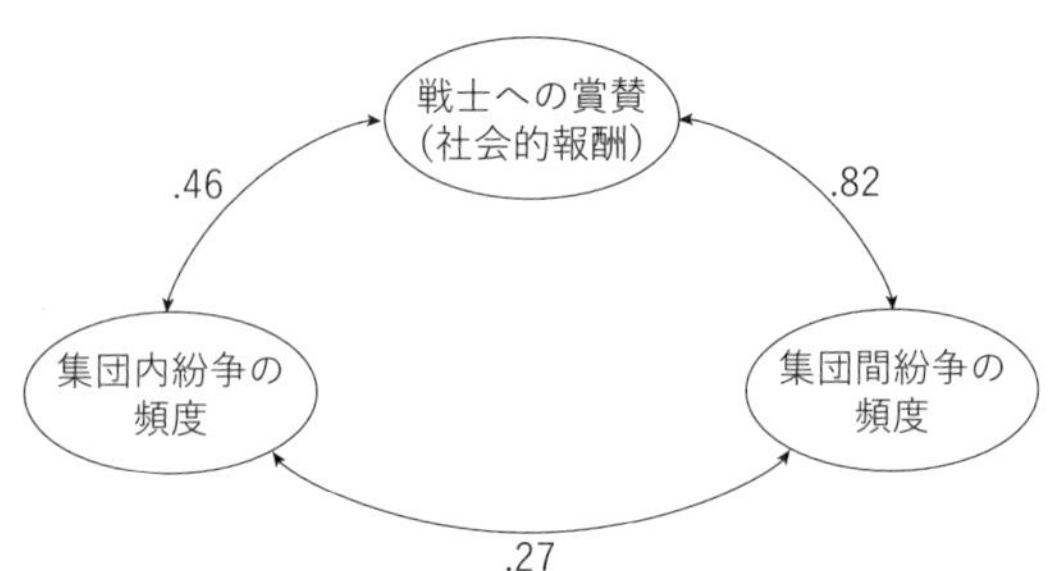

図 4-4　戦士への賞賛と集団内・集団間紛争の頻度との関連性

（注）Nawata（2020）で用いたデータをもとに再分析。記載した数値は相関係数であり，すべて有意である。顕在変数は削除し，潜在変数のみを記載した。モデルは十分な適合度を示した。

り、マサイ、ヤノマミ、サーミ、アイヌといったものが含まれる。ただし、現代産業社会も一部含まれており、たとえば、日本、韓国、ロシアもサンプルには含まれる。このデータベースでは、人類学者によって、たとえば「この社会は集団間紛争の頻度は『1＝あまりない』」などとコーディングがなされている。含まれる指標は、コミュニティのサイズ、年間平均気温、主食、婚姻形態、食糧確保の仕方、子育ての仕方、信仰、文化的価値観、戦争の多寡、など一〇〇〇以上もの非常に多くのものである。比較文化研究を行うために用いられるデータベースである。

　このデータベースをもとに筆者は論文を書いたのだが[★20]、ここではその追加分析の結果を紹介する。追加分析の結果、戦士を賞賛している社会では、集団間紛争の頻度が高いことがわかった（図4-4）。つまり、戦士が高く評価されている社会では、戦争がたくさん起きていた。

　そして関連性の強さを見たときに、戦士への賞賛と集団内紛争の頻度との関連（r = .46）よりも、戦士への賞賛と集団間紛争との関連性（r = .82）の方が強かった。すなわち、戦士への賞賛は、集団内の暴力性ではなく、外集団に対する暴力性と密接に結びついているといえる。その理由は、戦士が社会の中で賞賛されるのは、他集団と戦い、内集団を守り、利益をもたらす人々だと認識されているためであろう。逆にいうと、同じ社会の中で争いごとを起こすような集団内紛争の頻度とは、集団の中で戦士を賞賛する程度とは関係が低かったのだといえる。この標準比較文化サンプルを用いた分析結果に関しては、本章の後半にある「名誉の文化」の項でも、戦士への賞賛の先行要因となる「名誉の文化」に関して分析を行っており、またあらためて紹介したい。

また、筆者の研究と同様に社会レベルでの戦士への賞賛と集団間攻撃性を検討した研究として、グロワッキらの研究[★21]も挙げられる。この研究では、前産業社会における戦闘での致死率が、戦士に与えられる文化的報酬と正の関連があることを示した。ここでいう文化的報酬とは、まさに本書で述べてきたような、仲間からの賞賛や地位、名誉、特権といったものである。これらの研究から、戦士が戦争に参加する心理的な動機づけとして、内集団成員から受け取る社会的報酬（地位、名誉、特権）を獲得しようとすることが重要な役割を担う可能性が示されている。

このように、実験室実験にせよ、比較文化データベースの分析結果にせよ、攻撃実施者への賞賛は集団間攻撃と正の関連性が示されてきた。集団内での賞賛を求めて、積極的な集団間攻撃がなされる可能性を示唆している。この因果関係に関しては、どちらか一方向のプロセスというよりは循環的にエスカレートしていく相互強化過程が存在すると考えられる。集団間紛争がある状況だからこそ、それに従事する戦士が集団の中で英雄として賞賛され、そして、戦士が賞賛される社会集団の中では、賞賛を求めて戦士が前にも増して積極的に集団間攻撃に従事する。

英雄型の集団暴力は、集団内での攻撃者への賞賛、さらにはそれを支える集団間紛争状況と密接に結びついているのである。

戦士として戦うことは進化的に有利だったから？

さて、このように集団からの賞賛を求めて、人は暴力的に振る舞い、戦争にも積極的に従事することがあるのは、おわかりいただけただろう。

しかし、よく考えてみると、集団間紛争に参加することには、非常に大きな不利益が伴う。戦争の中で死んでしまうかもしれない。その場では死ななくとも、後日、報復されるかもしれない。第8章で示すように、攻撃は次なる報復を引き起こし、報復の連鎖の中で、両集団にとってお互いに損になるような関係にもなりかねない。なぜ人はこのように非常に大きなデメリットがある戦争に参加するのだろうか。

これは、たんに「だから戦争に行くなんて、嫌に違いない」という直近の心理だけではなく、もっと数万年スパンでの人間の心の進化という視点から考えたときにこそ、非常に重大な問いとなる。進化心理学の原則としては、人間の心理・行動傾向は、自分が生き残り、子孫を残すことができるような心理・行動傾向が次世代に遺伝子を通じて残り、その繰り返しの中で根づいていく。逆にいうと、自分が生き残らず、みずからの心理・行動傾向を遺伝子を通じて次世代に残していない場合、その心理・行動傾向は「絶滅」していく。戦士として死ぬ可能性が非常に高い戦争参加は「本人が生き延び、子どもを残す」という点から考えるときわめて不利であるように見える。

しかし、いくつかの研究では、死の可能性という大きな不利益があるにもかかわらず、広く人間社会で戦争が根づき、個人が戦争に参加しようとする心理的性質をもっているのは、戦争への参加がこうした死のリスクを乗り越えるほどの大きな個人的な利益をもつためである可能性が指摘されている。その一つが本章で述べるような社会的な賞賛というプラスの評判獲得である。

集団メンバーから受ける賞賛、地位、名誉は、社会的報酬と呼ばれるものである。それそのものは、物質的な利益ではない。仲間からほめられるから戦争をするなんて、一種の自己満足でしかないようにさえ見える。しかし、実際の人類学や社会学のデータを見てみると、どうやら暴力によって賞賛・地位、名誉といった社会的報酬を得ることが、性的資源や経済的資源といった物質的報酬とも直接的に結びついていることもあるようだ。これはとくに暴力によって社会的成功を得られるような社会や集団で生じることである。

たとえば、ヤノマミは、南米アマゾンの奥地の熱帯雨林で、今も狩猟採集生活を営む先住民族の一つである。ヤノマミでは周囲の村同士の戦争が多く生じており、ヤノマミは暴力性が高い文化として知られている。戦争が恒常的に生じているヤノマミでは、敵を殺した男や殺しを手伝った男は「ウノカイ」という特別な称号で呼ばれ、社会的に賞賛される。そして、こうした敵を殺してきた、経験豊かで格好よいウノカイは、村の中で社会的地位が高くなり、多くの妻を手に入れるという。ウノカイの男は、ウノカイでない男に比べて、妻の数が平均で二・五倍以上、子どもの数は三倍以上であった。[★22]つまり、敵を殺した戦士はより社会的に賞賛された結果、妻を多くもち、子どもを多く残すという生殖的な成功を収めていた。

グロワッキとランガムの研究[★23]も同様に、前産業社会での戦士と生殖的成功に正の関連が見られることを指摘している。東アフリカの遊牧民のニャンガムでは、他の村から家畜を盗むような集団間略奪行為がしばしば行われ、それが戦争の引き金となっているという。グロワッキらは、ニャンガムの男性一二〇名の集団間略奪行動への参加経験と家族構成を調べた。分析の結果、年長者における過去の集団間略奪行為と、妻や子どもの数との間に正の関連が見られた。つまり、他の村に略奪に行った戦う男は、妻と子どもをたくさん得ることができた成功者だったといえる。

じつは、こうした戦争に参加する男の生殖的有利さは、前産業化社会に留まらない。第二次世界大戦のアメリカの軍人を調べた研究でも同様に生殖的な成功が見られている。ラッシュらは通常の退役軍人と名誉勲章を授与された退役軍人を比較したところ、勲章を受けた退役軍人はより多くの子どもを設けていた[★24]。第二次世界大戦という現代の戦争でも勲章という賞賛を受けた軍人は、生殖的にも成功していた。またラッシュらはアメリカ人女性を対象に実験を行い、軍人でない男性よりも、軍人の男性に、なかでも勲章を受けた男性に対してより強く性的な魅力を感じることを示している。

さらには、現代の都会の非行集団でも同様のようだ[★25]。最も暴力的なギャングメンバーは、しばしば最も地位が高く[★26]、そして、最も性的パートナーが多い[★27]。いじめの文脈でも同様であり、弱い個人をいじめる男のいじめっ子は、地位が高く[★28]、デートや性的交渉の機会が多い[★29]。場面によっては、戦争下における戦士や軍人と同様に、非行集団内でも暴力的な不良やいじめっ子は「モテる」のであり、このことは暴力への社会的なインセンティブとして機能するのだろう。

このように、暴力を振るう人に高い社会的報酬が与えられ、「成功者」だと見なされる社会下では、集団内での社会的賞賛からさらに得られる生殖的成功の大きさを考えると、個人にとって戦争や暴力への参加は「割に合う」可能性さえある。こうした点から、戦士として集団内で高い賞賛的評判を得て社会的に成功することが進化的に適応的となる可能性が示唆される。もちろん、戦争への参加意図には、非常に多くの心理的な原因が複数絡み合っており、すべての説明を「戦士として仲間内で賞賛されることとその進化的適応価」から説明してしまうことには慎重を期す必要があるが、こうした視点をもつことで解釈できる部分もあるだろう。

非行集団における賞賛獲得を求めた集団暴力

ここまではおもに集団間紛争場面を中心に、賞賛を求めて集団間暴力が行われる傾向を紹介してきた。しかし、集団の中で暴力が賞賛されるのは、集団間紛争のみではない。暴力的であることが賞賛される集団であれば、必然的に賞賛を求めて暴力が行われるといえる。現代日本での暴力を賞賛する集団の典型例としては、少年の非行集団が挙げられる。

國吉は、他者に抱かれる自分の印象をコントロールしようとする自己呈示という視点から非行少年の集団場面の粗暴行為を研究した。[★30] この研究では、非行により少年鑑別所に収容中である男子少年一九四名を対象に質問紙調査を行った。この調査では、少年たちにまず次のようなシナリオ場面を読んでもらった。「ファミリーレストランで友人たちとおしゃべりをしながら食事をしていたときに、近くのテーブルに座っていた同じ年頃の男子数人から『おまえら、声がうるさい』と言われた」という場面である。これが自分自身のことだと思い浮かべてもらい、このときどのような心理を抱き、行動をとろうとするのかを調査した。

分析の結果、非行少年たちにおいては「強い自分を見せたい」といった虚勢的な自己呈示が「相手とケンカする」といった粗暴行為を促進していた。さらに、こうした虚勢的な自己呈示は、社会の中での「きまり」よりも、自分の仲間内の「きまり」の方が大事だと考える仲間内主義によって促進されていた。また、誰の目を意識したのかという点では、「仲間の目」を意識することが暴力性を高めていた。逆に、周囲の他の客の目を意識したときには暴力性は低くなった。

また、同様に中川らは、集団内評価を求める心理傾向が、集団非行や集団的不良行為を促進することを示した。[★31]この研究では、少年鑑別所収容中の少年六九名を対象に、非行行為を行っていた当時のことを振り返ってもらう形で質問紙調査を実施した。分析の結果、違法行為や腕力の強さを示して仲間内で高く評価されたいという「反社会的評価」を望む少年ほど、集団非行や集団的不良行為を多く行っていた。一方で、こうした反社会的評価を求めることが集団非行や不良行為の頻度を高めるという影響は、特別の非行歴がない専門学校生を対象に行った同内容の調査の分析結果では見られなかった。非行歴のない一般学生は、そもそも反社会的なことをすることで仲間から高く評価されるとは思っていない。当然ながら、反社会的評価と集団非行とが結びつかないのである。

以上のように、非行集団の少年たちは、集団の仲間内に強い自分を見せて、賞賛を得ようとして、集団暴力や非行を行う傾向がある。これは非行集団に独特の局所的な「文化的価値観」である。通常、他人を傷つけること、法に触れることは、社会的に問題のある行為として否定的に評価される。しかし、非行集団では、一般社会とは価値観が反転し、反社会性や暴力性が「格好いいもの」として高い価値がおかれていることが多い。非行集団の少年たちも、暴力を振るうことは、広い社会全般では受け入れられないことはわかっていると考えられる。それ自体はわかったうえで、それでも狭い身内の価値観の方に強くコミットするのだろう。

廣末は複数の元暴力団員へのインタビューから、暴力団に加入する個人的要因として最も重要な要因として「帰属する集団内における地位への執着が見られる」ことを指摘している。[★32]暴力団組員も、加入前の一〇代には非行集団に加入していることが多いのだが、彼らはインタビューの中で、学校内や非行集団、暴力団の中での地位に関して繰り返し執着するような発言をしていた。学業成績や素行がよくない彼らは一般社会の中で賞賛されることがほとんどない。みずからが承認され、賞賛される場所として彼らが非行集団や暴力団へと加入することで、みずからの賞賛獲得欲求を満たしているということが考えられる。

生存戦略型－集団モードがオンになったとき、人はその集団の中で賞賛される行為をとるように動機づけられる。非行集団という局所的な反社会的集団の中での生存戦略は、暴力を振るうことであった。暴力を振るえば、仲間から「すごいすごい」と賞賛され、受け入れてもらえる。このとき、非行集団に所属する少年たちは、非行集団の中に居場所を求め、自分が所属する集団の中での賞賛を求めて暴力に傾倒していくのである。

タフで粗暴な男らしさの規範が暴力を生み出す――名誉の文化

ここまで暴力的な人が賞賛される社会として、いくつかの場面を見てきた。一つは、集団が集団間紛争状況にすでに陥っている場合である。また、前項では非行集団を取り上げ、反社会的価値観がある種の集団規範として根づいている場合を指摘した。本書では、もう一つ重要な文化レベルの要因として、名誉の文化がもつ役割を指摘したい[★33]。

名誉の文化（culture of honor）とは、とくに男性において自分が強くタフであるという名誉を守ることが重視され、社会の規範として根づいた文化である。一言でいうと、「俺をなめんなよ」文化である。名誉の文化圏では、男らしく、強く、タフであり、粗野であることがよいことだとされ、名誉の文化で暮らす男性は、他者から少しでも侮辱されたときに、極端なまでに激怒して、暴力を振るう傾向がある。

世界各国にこうした名誉の文化は存在しているのだが、先進国アメリカであっても、国内差として北部と比べて南部ではこうした男性的名誉を重視する文化があるとされる。ニスベットとコーエンによる一連の研究でまとめられた、アメリカ南北の暴力性の違いを示す各種データから、名誉の文化が暴力を促進する役割を複数の側面から見ていこう。★34

① 質問紙調査

まず、質問紙による意識調査結果にアメリカ南部の人々がもつ名誉の文化が現れている。南部の人は、南部以外の人と比べて、「自分を守るためには人を殺す権利がある」「家族を守るためには人を殺す権利がある」「家を守るためには人を殺す権利がある」といった質問項目に対して、賛成している割合が高い。

また、具体的なシナリオを読んだときの反応にも南部の人々の名誉への反応は表れている。たとえば、アメリカの白人を対象とした質問紙調査では、フレッドという男性が侮辱されたというシナリオに対して回答してもらった。この調査では、「フレッドがいないところで、フレッドが嘘つきでズルい人物だと他の人に話した」といった知人から侮辱されたときに、フレッドがその知人と喧嘩をすることはどの程度正当であるかを尋ねられた。また、より深刻な侮辱として「フレッドの一六歳の娘に性的暴行を加えた」「妻を寝取った」ときに、フレッドがこの加害者へと銃で発砲することがどの程度正当化されるのかを尋ねた。いずれのシナリオに対しても、南部の人は、非南部の人と比べて、フレッドが暴力的に振る舞うことは正当化されると回答していた。とくに、娘への性的暴行に関しては地域差が顕著であり、四七パーセントの南部の人が「発砲はきわめて正当化される」と回答していたが、非南部の人では二六パーセントと大きな違いが見られた。さらに、ここが重要な点であるが、「こうした状況で暴力的に振る舞わないならば、フレッドは男らしくない」のだと、非南部の人よりも南部の人は回答する割合が高かった。暴力こそが、みずからの男らしさを回復する手段だと南部の人々は考えているようだ。

② 実験研究

次に、実際にアメリカ白人男性の南部の人々と非南部の人々を対象に行った心理学実験を紹介しよう。[★35]この実験では、他者からの侮辱に南部出身者と北部出身者の反応がどう違うのかを調べた。実験参加者の白人男性にはアメリカ北部から来た人もいれば、南部から来た人もいる。まず一室で簡単なアンケートに回答してもらい、その後に廊下の向こうにあるテーブルにおいてきてもらった。このとき参加者は、狭い廊下を通らないといけないのだが、そのとき廊下で作業していた男性（じつは演技してもらったサクラ）が参加者に肩をぶつけ、「ばか野郎（asshole）」と参加者を罵った。つまり、参加者は他の男から体をぶつけられ、理不尽な侮辱を受けたのである。

こうした実験はいくつか行われたのだが、その一つでは参加者の唾液中のホルモン濃度を分析した。ストレスを受けたときに上昇するコルチゾールと、攻撃性や支配性と関連した男性ホルモンであるテストステロンを対象に分析した。結果、南部出身者は侮辱の前よりも後において、唾液中のコルチゾールやテストステロンの値が大きく上昇していた。また、同様の実験で、侮辱された後に狭い廊下を歩いているときに、また前から大柄の男（先にぶつかった男とは別）とすれ違わなければならない場面を設定した。このとき、南部出身者の方が北部出身者よりも道を譲ろうとせず、より対抗的にすれ違い相手に近寄っていた。

③　法制度と社会統計

名誉の文化が根づいている南部では、法制度においても暴力への寛容さが高く、そこに名誉の分化が反映されている。たとえば、北部よりも南部では、悪人から襲撃されたときに可能な限り相手に反撃せずにその場から撤退すべきだと法律で制定されていない傾向が見られた。つまり、北部と異なり、南部の法律は襲ってくる相手から逃げることを命じる法律にはなっていない。敵前逃亡は名誉を損なう行為だと南部では認識されているためだといえるだろう。

また、銃規制に関して、アメリカでは銃を規制して一般人から銃を取り上げるべきか、逆に自衛のために個人が銃をもつ権利があるかという点は今も議論の的である。銃規制の法律を見たときにも、南部の方が北部よりも、銃の所持に寛容な法律であった。銃規制法案に賛成票を投じた議員の割合も南部では低いという。こうした事情を反映してか、名誉の文化の存在する州の高校では、学生が学校に銃をもってくることが多く、実際に人口あたり銃乱射事件の頻度が二倍以上であることも示されている★36。

さらに、体罰という暴力的な懲罰に関する法律では、南部では北部よりも体罰が禁止されていない。世論調査でも実際に体罰を受けたと回答する生徒の割合も高い。

＊

このように、質問紙調査、実験研究、法制度や実際の社会統計といったさまざまな側面で、名誉を重視するアメリカの南部の人々は暴力的であることが示されてきた。

名誉の文化で暴力的だという評判が必要な理由

では、なぜ名誉の文化では、暴力的で強い男だという評判や地位が重視されているのだろうか。その理由は、名誉の文化が牧畜を生業とする社会のもとで成立したことと関連している。

牧畜社会では、羊や牛などが重要な財産であるが、羊や牛は屋外で飼育しており、他者から略奪されやすい。とくに、西部劇に描かれるアメリカの開拓時代のように、警察や裁判所などの司法制度が適切に機能しない社会では、自分の財産は自分で守らなくてはならない。こうした社会では、暴力的で、強く、そしてキレやすい男だと評判をもっていることは、生きていくうえで適応的であった。たとえば、自分の羊が盗まれたことに怒り狂い、自分の仕事も放り出して、犯人探しに明け暮れる暴力的な男がいたとしよう。この男は短期的には損をするだろう。盗まれた羊一頭に見合わないほどの労力と金銭をかけているからだ。しかし、こうした暴力的な男だという評判は、結果的に「割に合う」とされる。なぜならば、もしも侮辱にも反撃しないような「弱い男」だという評判が出回ってしまったら、自分の財産を盗まれ放題のカモにされてしまう。だから、暴力的で強い男だ、つまり「あいつはキレたら危険なやつだ」という評判を得ることは、短期的には損でも長期的にはカモにされるリスクを減らす適応的な行動であった。こうした牧畜社会と公的な司法制度の欠如といった社会的条件が[37]、強く暴力的な男らしさの価値観を重視するような名誉の文化を生み出したとされる。アメリカやメキシコやコスタリカの国内比較研究[38]において、牧畜が盛んな地域出身者において名誉に基づく暴力を重視する程度が高い。また、アメリカ南部において、一七九〇年時点でアイルランドやスコットランドの牧畜地域からの移民が多かった郡ほど、二〇〇〇年以降の現在でも殺人発生率が高いという[39]。二〇〇年以上経過してなお、牧畜に伴う名誉の文化による暴力がなおも引き継がれているのだといえる。

これを生存戦略型－集団モードという観点から見てみると、名誉の文化とは、自分がまわりから「弱虫だと見られずに、強い男だと見てもらうこと」に対して、強いインセンティブがある社会状態である。名誉の文化では、暴力的に振る舞い、強い男だという評判を得ることができれば、その男はまわりの人々から賞賛される。少なくとも男たち本人はそう思っている。だからこそ、集団メンバーからばかにされないように、強い自分を見せつけることを強く意識する。強い男に価値をおくような文化的規範の下では、「男らしい強さ」という枠組みで自分自身の立ち位置をモニターするような生存戦略型－集団モードのスイッチが日常的にオンになりやすい。アメリカ南部人は、男らしさを重視する文化にどっぷりと浸かることで、侮辱に対して非常に敏感になり、自分の集団の中での立ち位置がよくなるよう、文化的に賞賛されると信じている暴力を振るうように動機づけられるのである。

名誉の文化と戦争

さて、こうしたように、名誉の文化が個人を暴力的に振る舞わせることを示した。それに加えて、近年では、社会集団レベルでの暴力性である集団間紛争や戦争とも名誉の文化が関連していることが指摘されるようになってきた。

まず、戦争に対する個人の態度という面から見たときには、名誉を重視するイデオロギーは、国家的な攻撃を支持する態度を強めることが指摘されている。バーンズらの研究[★40]は、男性的名誉のイデオロギーとテロリズムへの軍事反応の関連性を実証した。彼らの研究では、アメリカ人回答者に自由の女神へのテロ攻撃を受けたという架空記事を読んでもらい、この出来事が実際にあったときの回答者の心理や行動意図を尋ねた。その結果、名誉を重視するイデオロギー的価値観を強くもつ人ほど、テロ攻撃の容疑者に対して過剰に厳しい尋問を行うことを支持したり、さらにはアメリカによる報復的な軍事行動を支持することが示された。また、バーンズらは別の研究で、名誉を維持するイデオロギーは、国家脅威の知覚を媒介して、違法移民への反対やテロへの攻撃を高める傾向があることを示した。[★41]このように、名誉イデオロギーをもつ個人は対人的・対集団的な攻撃性を高めることが指摘されてきた。

さらに、こうした名誉の文化は、個人レベルのみならず、社会・文化レベルの攻撃性、すなわち集団間紛争それ自体も強める。名誉の文化は侮辱されたときの暴力と密接に関わるものであるが、こうした名誉の文化は、集団間紛争の際に攻撃者を賞賛する文化的な土壌となることが考えられる。集団間紛争状況での攻撃者とは、戦争に従事する戦士や兵士である。もともと戦士や兵士は集団防衛者として賞賛されやすい存在である。とくに名誉の文化は高い評判を守るための暴力が肯定されている文化である。内集団のためにその暴力を公的に行う戦士は大きな賞賛が与えられるだろう。逆にいうと、名誉の文化のもとでは、集団間紛争の戦士はとくに仲間内からの賞賛を強く期待して、積極的に戦争に参加するだろう。その結果、集団間紛争はより増加すると考えられる。すなわち、名誉の文化のある社会には、戦士への賞賛をという社会的報酬が高いがために、集団間紛争が増加するというプロセスが考えられる。

筆者は、先にも紹介した前産業社会を中心とした世界一八六の文化を対象とした人類学のデータベース（標準比較文化サンプル）を用いて、以上のプロセスを検証した。[★42]統計的分析の結果、男らしさを重視する名誉の文化の社会では、集団間紛争の頻度が高かった。そして、この正の関連性は、戦士へ

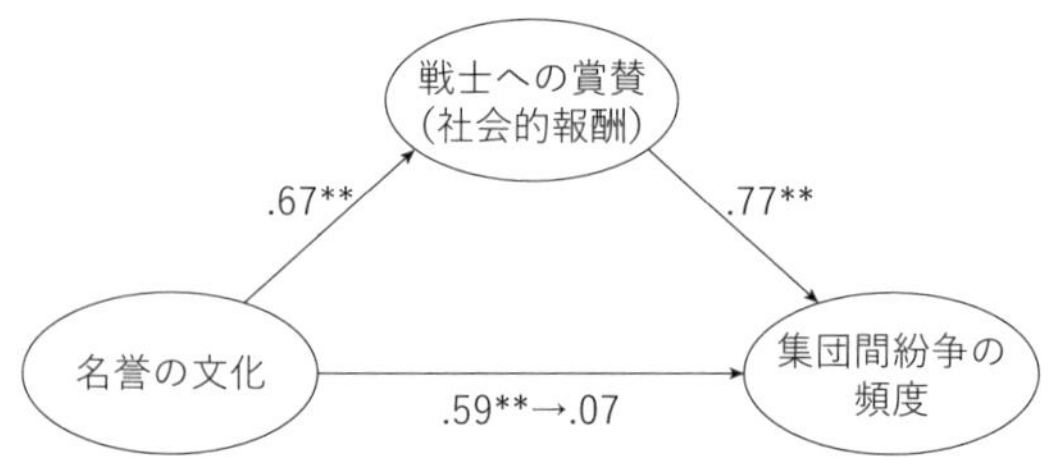
戦士への賞賛
(社会的報酬)
.67**
.77**
名誉の文化
集団間紛争の頻度
.59**→.07
タフで勇敢な男らしさを重視する名誉の文化をもつ社会では，戦士への賞賛が強く与えられる社会であるために，集団間紛争の発生が多かった

図 4-5　男らしさを重視する名誉の文化が集団間紛争の頻度を高める社会文化的プロセス

（注）　顕在変数は削除し，潜在変数のみを記載した。記載した数値は標準化回帰係数である。モデルは十分な適合度を示した。$^{**}p < .01$。

「名誉の文化→集団間紛争の頻度」のパスに付した「.59** → .07」とは，直接効果 .59 が，「戦士への賞賛」の媒介過程を考慮すると .07 まで下がることを示している。このことは，戦士への賞賛による媒介的影響過程が成立する可能性が高いことを示唆している。

（出典）　Nawata（2020）。

の賞賛によって，媒介されていた。つまり，男らしさを重視する名誉の文化をもつ社会では，戦士への賞賛が高まることで，集団間紛争の頻度が高くなっているという社会レベルの影響過程の存在が確認された（図４－５）。名誉の文化ではたしかに，戦争の頻度が高く，多くの戦争が行われやすかった。そして，その理由として，戦士への賞賛がなされていることが原因である可能性が示唆された。名誉の文化のもとでは戦うことや暴力的なことに高い価値がおかれ，集団内で賞賛される。そのため，公的な役割として暴力が求められる戦士や兵士には，とくに強い賞賛が与えられるのだろう。したがって，名誉の文化のもとでは，戦士が社会の中で賞賛を獲得しようと動機づけられ，戦争に積極的に従事することで，実際に戦争や集団間紛争の頻度が高まっていたのではないだろうか。

これらの筆者の研究は，標準比較社会サン

プルという文化人類学分野の前産業社会を中心としたデータベースを用いた分析結果であったが、同様の社会的プロセスは、現代社会でも同じく成り立つ。

たとえば、現代のアメリカの名誉の文化と戦争の関連を示した研究として、ダフォーらの研究[★43]が挙げられる。彼らの研究では、アメリカ南部出身の大統領は、アメリカ北部出身の大統領と比べて、二倍ほど軍事による武力行使を用いやすく、二倍ほど紛争状態が長引き、三倍ほど軍事的に勝利しやすいことを指摘した。これは、アメリカ南部が強さの評判が重視される名誉の文化であることから説明されている。つまり、名誉の文化が強い南部出身の軍事リーダーは、戦争を行いやすかったのだといえる。

また、現代のアメリカの名誉の文化と戦士への賞賛の関連性を検討した研究として、コーエンらの研究[★44]が挙げられる。この研究では、名誉の文化のあるアメリカ南部では、名誉の文化の低いアメリカ北部と比較して、軍事的名誉とその為政者への評価が関連していた。大統領を調べた研究（研究一）では、大統領の軍事的名誉をその大統領が達成した軍人としての階級を調べるとともに、大統領に対する歴史家や政治家による調査やランキングのデータにより大統領の評価を指標化した。その結果、南部出身の大統領では、軍事的に活躍した大統領が人格者だと高く評価されるが、非南部出身の大統領ではそのような効果は見られなかった。これは大統領のみならず、国会議員（研究二）や最高裁判事（研究三）の場合でも同様の南北差が見られた。南部出身の国会議員では、軍隊への所属歴や海外での戦争に参加歴がある人の方が、その政治家の腐敗度の評価が低かった。一方で、北部出身の国会議員にはそういった効果は見られず、むしろ逆方向の評価となっていた。最高裁判事でも、研究者による裁判官の評価をスコアリングしたところ、北部出身の最高裁判事は軍事的階級と最高裁判事としての評価に関連がない一方で、南部出身の最高裁判事では、軍事的階級が高い判事は、低い判事よりも、高い道徳的リーダーシップがあると評価されていた。このコーエンらの研究は、集団間紛争のリーダーに対する評判を調べた研究であるが、もちろん集団間紛争に従事している人はリーダー一人ではなく、多くの攻撃遂行者、つまり戦士や兵士が存在する。筆者が前産業社会のデータベースから示したのと同じように、おそらく現代社会においても、名誉の文化の下では、戦士や軍人全体もリーダーと同様に名誉ある人々として賞賛されるのだろう。

このように、前産業社会のみならず、現代社会においても同様に、名誉の文化と、戦士への賞賛、集団間紛争には密接な関連性があることが示されてきた。

現代日本における英雄型集団暴力

ここまで、暴力が賞賛される集団の下では、集団からの賞賛を求めて暴力が行われるということを、さまざまな場面の研究を通じて見てきた。

しかし、本章で挙げた多くの例が、前産業社会であったり、もしくは紛争地域におけるテロリストや特攻隊員だったりと、今の平和な日本とは、地理的・時間的な距離が感じられる場面だろう。アメリカ南部の名誉の文化も日本とはやはり文化的背景が異なっている。現代の日本国内の場面としては非行集団を取り上げたが、これも日本人の多数派とはいえない局所的な反社会的集団である。そのため、実証研究や事例から存在は理解できても、現実的な実感は少し乏しいかもしれない。

このことは次の重要な二つの点を意味している。

一つ目に、暴力が賞賛されない集団では、当然ながら、暴力はあまり行われないということである。

現代日本がここまで暴力だらけにはなっていない一つの理由は、暴力を賞賛しないような文化が一般的には根づいているためである。英雄型集団暴力が発生するのは、暴力を振るうことで集団から賞賛が得られるためである。逆にいえば、暴力を振るっても英雄視されないならば、暴力を振るうインセンティブはなく、暴力は行われない。現代日本を含む主要先進国では暴力は一貫して低下している。[★45]人々の心理面としても、文明化とともに暴力に対する拒否感はますます強くなり、その中で暴力が賞賛される場面はますます減っている。今後も、戦う男を賞賛する文化的土壌はますます減っていくことが考えられる。「暴力的なんてはやらない」「すぐ殴ることは真の男らしさではない」といった暴力を忌避する風潮が、暴力性を見せ合うチキンゲームのような社会風土を一掃していくだろう。暴力を賞賛する文化は、非行集団のように一部に局所的には残りながらも、長期的には世界全体で少しずつ低減していくのではないかと考えられる。このことは暴力と紛争の低減方略を考えるうえでもきわめて重要な視点となるため、第9章でもあらためて議論したい。

二点目として、一方で、現代日本人と英雄型集団暴力がまったく無関係かというとそうではないということである。なぜならば、英雄型集団暴力を引き起こすような心理的性質自体は、時代や社会が変わっても、人類にある程度普遍的に根づいているものだといえるからだ。筆者らの集団間報復実験では、同じ集団の仲間からの賞賛獲得を求めて、報復として大きな罰金を与えていた。これはもちろん現代の日本の大学生を対象とした罰金行動に示された実験場面であるが、そうであるからこそ、今の平和な日本人にも「賞賛獲得を求めて攻撃する」という心理的基盤自体は根づいていることを示しているだろう。今日、平和を求めるおとなしい人が、明日もそうだとは限らない。こうした局所的な暴力賞賛規範の中に放り込まれたときには、人前で強い自分を見せつけて英雄になるために集団暴力を振るうことも十分にありうるのである。「暴力に賞賛を与える集団規範や文化」と「賞賛獲得を求めた生存戦略型－集団モードのスイッチオン」の二つが重なったとき、現代の平和な日本人も例外ではなく英雄型集団暴力に積極的に加わることになるだろう。人はその人がおかれた社会的状況から大きく影響を受ける。あなたも私もけっして例外ではないことが、社会心理学が示してきた重要な事実なのである。

□まとめ

・本章では、自分の集団の中での立ち位置を気にして暴力を振るうという側面を、生存戦略型－集団モードの観点から検証した。

・生存戦略型－集団モードでは、自分の集団内の立ち位置をモニターしながら、自分の集団内で行動のとり方を調整していく。この心理的基盤には、集団の仲間からより高く評価されたいという「賞賛獲得」と、悪く評価されたくないという「拒否回避」の二種類がある。

・賞賛獲得を求めた集団暴力は、英雄型集団暴力である。まわりの仲間から英雄としてほめたたえられようとして攻撃的に振る舞う。

・戦士は集団内で実際に賞賛されている。そのために集団内で得られる賞賛を求めて人は戦いに積極的に従事する。

・暴力が賞賛される集団状況として、集団間紛争状況、非行集団、タフで粗暴な男らしさを重視する名誉の文化が挙げられる。

・拒否回避のための村八分回避型集団暴力は、次章。

第5章 拒否を回避するための暴力

村八分回避型集団暴力

本章では、「非国民」だと見なされて村八分となることを恐れた結果、集団暴力が行われるという側面を説明していく。いくつか前提となる拒否回避志向の生存戦略型－集団モードに関して説明した後で、実際に集団暴力を促進するプロセスをいくつかの場面での実証研究や事例から紹介していきたい。

Part 2：拒否回避を求めた村八分回避型集団暴力

攻撃に参加しない「非国民」が罰せられるとき

まず、もし集団暴力に参加しない人がいたときに、その人は集団からどのように評価され、扱われるのかという点から確認する。

協力行動の研究からは、集団に協力しないメンバーがいた場合、その非協力的なメンバーには他の集団メンバーから罰が与えられることが指摘されている。[★1] だからこそ、人は集団内で他者から罰せられることを恐れて、人は他者から非協力者だと見られないよう協力的に振る舞う。これは集団暴力場面にも同様にあてはまる。なぜならば、戦争などの集団暴力は、集団のメンバー同士で協力して集団単位で外集団へと攻撃するという点で、集団内協力行動としての側面があるためだ。つまり、戦争に積極的に参加しない人は、内集団成員から非協力者だと見なされることがある。

この典型的な例は、日本の戦時中の「非国民」という評価である。非国民とは、戦争に反対する、もしくは戦争に積極的に関わろうとしない国民に対する蔑称である。

中沢啓治の自伝的漫画『はだしのゲン』は、原爆を投下された広島を舞台に戦中戦後の時代を描いた名作であるが、この中で主人公ゲンの父が、戦争に反対する意見を公言したことによって、ゲンの父さらにはゲンの一家まで「非国民」だと見なされ、近隣の住民から迫害されてしまう(図5-1)。

「日本国民一億総火の玉となって戦争勝利の日までがんばっているのにきさま反対するとはなにごとだ」

「戦争に協力しない非国民めが」

と言われながら、警察に連行されたゲンの父は警官から竹刀で何度も殴られた。

また、

「おそろしい非国民ね」

「戦争に反対するなんて日本人としてはずかしくないのかね」

図 5-1　日本の戦時中の「非国民」の描写

（出典）　中沢啓治『はだしのゲン』第 1 巻，汐文社，pp. 32, 49 より許諾を得て掲載。

「あんな人とはぜったいつきあってはいけんよ」

と近所の婦人たちからゲンの母は噂話の対象として後ろ指をさされている。

このように戦時中には、戦争に非協力的な「非国民」だと見なされると、集団メンバーから後ろ指をさされ、ときには迫害を受けることもあった。お国のために戦わない非国民は村八分となる。だからこそ、人々はまわりから非国民だと見なされないように、たとえ戦争に参加したくない人さえも、少なくとも表向きには戦争に積極的に参加し、集団への忠誠的な協力者であると見られるように振舞っていた。

もちろん、こうした「非国民」への拒絶行動は、戦時中の日本に限られる話ではない。たとえば、前産業社会の紛争場面でも同様である。マシューとボイドは、東アフリカのトゥルカナという牧畜民を対象に集団略奪行動に関する調査を行った[★2]。トゥルカナの人々は平均三〇〇人規模の大規模集団を組んで、他の村へと牛などの略奪に向かうことがある。これは内集団協力に基づく外集団への略奪行動だといえる。略奪での死亡は、とくに若者においては最大の死因であった。そうした集団での略奪行為において、略奪に加わらなかった非協力者に対しては、集団から罰が加えられていた。強制的な略奪場面では、敵前逃亡者の四七パーセント、怖気づいた未参加者の六七パーセントに対して何らかの罰が加えられた。ここでいう罰とは、裏切り者だと罵声を浴びせられるだけではなく、ときには木にくくりつけられ体を打たれることもあった。もしくは、罰金として財産を剝奪されることもあった。こうした「非国民」への罰が存在するからこそ、戦争に参加しないというタダ乗りする者を生み出さずに、数百人といった大規模な集団で協力して外集団への略奪行為を成功させてきたのだともいえる。

このように、人はみずからの集団が行っている戦争や紛争に加わらないときに、内集団から罰を受けることがある。人間にはそうした集団からの拒否や罰を回避しようとするような生存戦略型－集団モードのスイッチがオンとなることがある。集団から拒否や罰を受けそうな場面では、事前に拒否回避志向の集団モードのスイッチがオンになり、仲間から排斥されないように行動する。つまり、非国民だと見なされて集団から拒否や罰を与えられそうな場面になると、拒否回避型の集団モードのスイッチがオンになり、人は集団暴力に協力することがあるのである。

拒否回避が集団暴力を引き起こすとき

ここから、集団からの拒否を回避しようとする集団モードのスイッチがオンになることで、本書のテーマである集団暴力を引き起こしていくことをいくつかの実証研究から紹介したい。どれもがまさに「非国民」の誹りを受けて村八分にならないように、本心では消極的ながら集団暴力に参加するといった村八分回避型集団暴力の場面である。

ⓐ　本心ではない差別の表明
ⓑ　内集団ひいき
ⓒ　集団暴行とジェノサイドの事例

ⓐ本心ではない差別の表明

人はまわりの目を非常に気にする生き物である。こうした人目を気にする心理傾向によって、人々はまわりに同調する形での差別の表明を引き起こすことがある。

外国人、同性愛者、障害者といった社会的なマイノリティに対する差別は大きな社会問題である。差別的な心理をもつことと、差別的な発言や行動をすることは異なるものだ。人はある種、心の奥底には大なり小なり差別的な心理を常に抱えている。しかし、人前では差別をせず公正に取り計らうことが現代社会の分別ある大人に求められる振る舞いだろう。

しかし、この逆パターンはどうだろうか。つまり、自分自身は差別的な心理をそれほど強くもっていないにもかかわらず、人前では本心でもない差別的な発言を行うという場合だ。こうした本心でもない差別行動が、拒否回避志向の生存戦略型 - 集団モードから引き起こされることを紹介したい。

筆者らは、中国人の反日的な態度に関して二〇一一年に質問紙調査を行った。[★3] 中国本土に在住の中国人大学生に依頼して、「日本好き度」を下記の三側面で尋ねた。①回答者本人の「日本好き度」、②他者（中国社会一般もしくは友人）の「日本好き度」の推測値、③回答者が他者の前で表明しようとする「日本好き度」である。

その結果、中国社会全体で流れるインタビュー場面を想定させるととくに顕著なのだが、③中国社会全体で流れるインタビューで日本を好きだと表明しようという程度は、①自分自身が個人的態度として日本を好きかどうかよりも、②中国社会全体が日本を好きかどうかの推測値から大きく影響されていた（図5 - 2上）。言い換えると、中国社会全般が日本を好きではないだろうと認識している中国人は、中国社会で流れるインタビューで日本を好きだとは言おうとはしなかった。中国人はまわりがどう思うと思うかで、他人に表明する「日本好き度」を大きく変えていた。

それに対して、中国人対象の調査と反転させて、日本人から見た「中国好き度」に関しても同様の

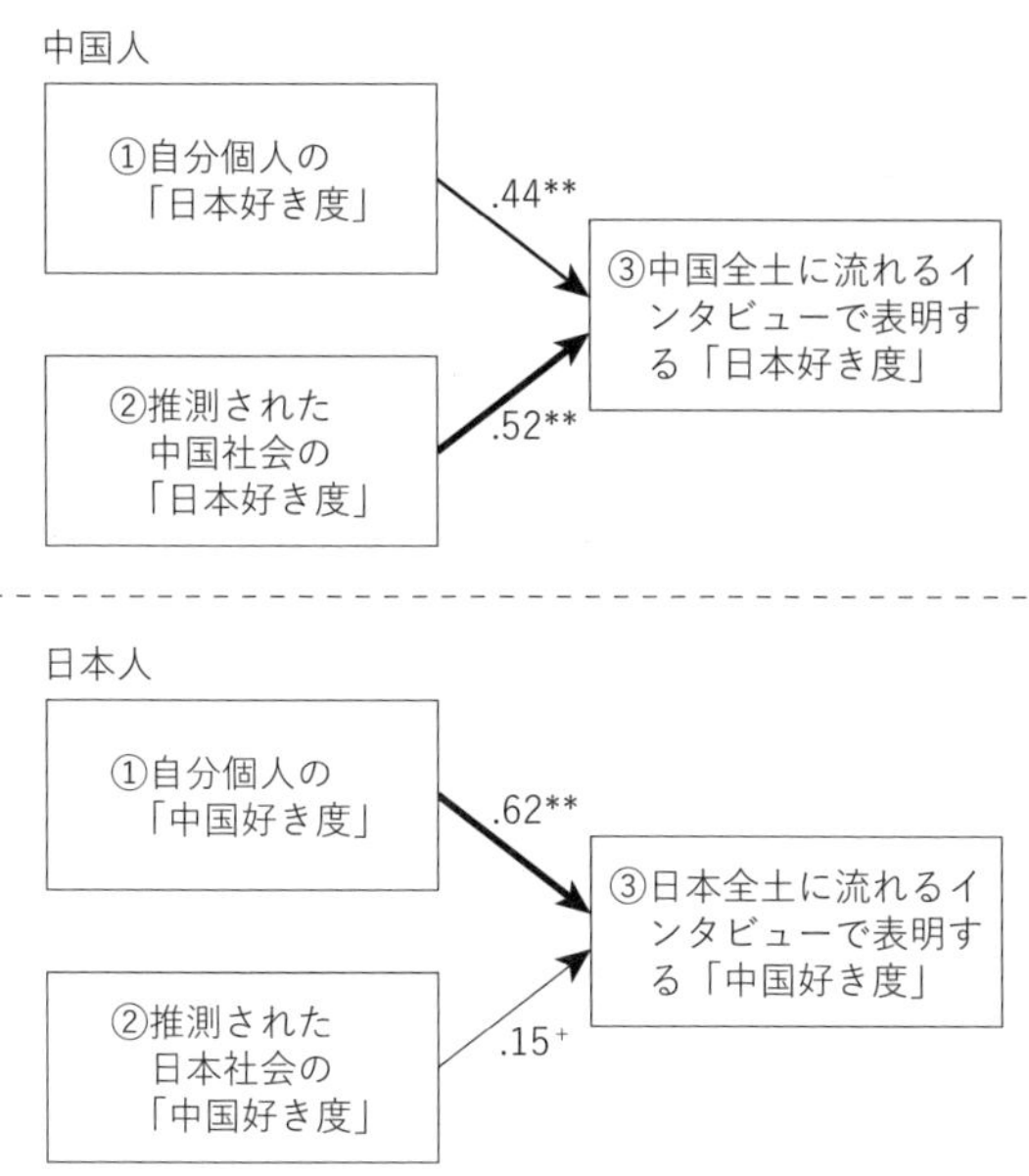

図 5-2 「日本／中国好き度」の表明意図に対する他者態度の影響

（注） パスに付された数字は標準化回帰係数。$^{+}p < .10$，$^{**}p < .01$。

（出典） Nawata et al.（2016）。

調査を行った。その結果、③日本人の「中国好き度」の表明は、①自分個人の「中国好き度」との関連が強く、②推測された日本社会の「中国好き度」からの影響をあまり受けなかった（図5－2下）。つまり、日本人はまわりがどう思おうが、自分自身の「中国好き度」を比較的そのまま表明しているといえる。

日本人からすると、日本を嫌いではない中国人も、人前でも思ったとおりに自分が日本を好きだと言えばよいのではないかと思われるかもしれない。しかし、まわりの中国人や中国社会が自分よりも日本を嫌いだと思っていたときに、その日本嫌いの他者の前で堂々と日本好きを表明するのはとても難しいことだ。ここにこそ拒否回避志向の生存戦略型－

集団モードが影響する。集団の仲間から拒否されないために、人は差別や攻撃さえも人前で行うことがありうるのである。

また、筆者らの別の調査では、中国人としての愛国心が強い人ほど、推測された他者態度と、他者の前での表明意図との関係が強くなっていた。[★4] つまり、愛国心の強い中国人においては、周囲の他者が日本を嫌いだと認識することで、日本を好きだと言えなくなる程度がとくに強かった。愛国心が強い人とは、集団モードがオンになった人だといえる。同じ中国人から拒否されないように動機づけられている程度も強いのだろう。そのために中国人としての愛国心の強い人は、他の中国人の態度に強く従う形で日本を好きだとはとくに言わなくなったのだと考えられる。

中国人なのに日本を好きだと言うなんて、まわりから「非国民」だと思われてしまうのではないか。こうした拒否回避の集団モードがオンになると、中国人は人前で日本好きを表明できなくなる。実際、先の調査では、「日本を好きだと思っていたとしても、中国では口に出してはいけないという雰囲気がある」といった三項目から「反日／反中国規範知覚」を測定していたが、中国人において感じられた反日規範の強さの方が、日本人において感じられた反中規範の強さよりも、ずっと高い値であった。つまり、少なくとも調査時点の二〇一一年の中国では、日本を好きだともし言ったら、集団から拒否されるような「空気」が蔓延していたことを示唆する結果である。

なお、こうした人目を気にした中国人の行動は、差別表明のみならず消費行動にも現れている。二〇一二年には石原慎太郎東京都知事（当時）の尖閣諸島購入をきっかけに、中国の各都市で反日デモが発生した。このときに、日本製品の不買運動も拡大した。こうした社会的情勢の下では、日本製品を買うことに対して社会的なプレッシャーが存在し、日本製品の購入意図が抑制されていたことが指摘されている。[★5] 質問紙調査の分析から、中国人における車や化粧品といった日本製品の購入意図の低さは、中国人本人が日本に対して感じる敵意の強さよりも、日本製品を買うことに対する社会的なプレッシャーの強さの主観的認識の方がより予測していた。これは、先ほど紹介した、個人的な「日本好き度」よりも、推測された中国社会の「日本好き度」の方が、反日態度を表出する意図をより強く予測するという筆者らの結果と対応する結果である。つまり、中国人が日本製品を買わない理由は、中国人本人が日本を嫌いだからというよりも、日本を嫌いであるまわりの中国人からの人目を気にしたからだといえる。中国では、もし人前で日本製品を使ったらまわりから「非国民」だと思われるのではないかという懸念があることで、日本製品を購入しなくなるのである。こうした効果は、韓国での日本製品購入やフランスでのドイツ製品購入においても同様のプロセスが存在することが指摘されている。[★6]

　ここでは反日規範への同調が、「日本好きを言えない」「日本製品を買えない」といった比較的軽微な側面を紹介した。しかし、場面次第では、こうした〝反日行動〟は軽微なものに留まらず、より攻撃的な「日本人への敵意と侮蔑を表明する」「日本製品を打ち壊す」といった行動さえも引き起こすかもしれない。それはおそらくたんなる程度問題であり、軽微なところからの地続きなのだろう。「日本を嫌い」だと言うことが中国では正しい、そういった「反日規範」が社会に広まったときには、集団の仲間である中国人から拒否されないように、本来は日本を嫌いではない人が、人前で忠実な中国人であることをアピールすべく、我先にと日本を非難することさえも生じるかもしれない。

　翻って日本人における中国への態度を考えたときにも、同じことが起きるかもしれない。筆者らの二〇一一年の調査結果では、日本人では「他者の反中態度」の効果はさほど強くはなかった。少なくとも当時は、反中国規範による日本人の差別表出の効果は見られなかったといえる。現在でも社会全体の趨勢として、反中国・反韓国的な機運が特別に高まっているわけではない。しかしその一方で、先にも述べた在特会やネット右翼によるヘイトスピーチは大きな社会問題となり、けっして看過できるものではない。日本でも同様に反中国規範が生まれうる可能性には十分に注意する必要があるだろう。

空気の読み間違いが差別や暴力を生むとき

ここまで記したように、人は集団のメンバーの差別的態度を敏感に感じ取って、それに同調する形で差別を表明することがある。これは集団から排除されないようにする拒否回避志向の生存戦略型－集団モードの作用の結果だと解釈できる。周囲のみなが差別心をもっているならば、私だけ差別しないことなどできない。

しかし、こうした「まわりに感じられた差別的な空気」そのものが、じつはそもそも存在しなかったとしたらどうだろうか。社会心理学の研究ではこうしたまわりの他者に知覚された差別的な空気そのものが勘違いかもしれないという指摘がある。こうした「空気」の読み間違いは、社会心理学で多元的無知（pluralistic ignorance）と呼ばれる現象である。[★7] まず、多元的無知という概念を少し説明する。

人間の集団には複雑な人間関係のダイナミックスが存在し、人はその集団の場の空気がどうなのか、他人がどう思っているのかを常に読みながら生きている。しかし、他人の気持ちを完全に読み取ることなどできず、ましてや社会全体の世論としての一般的な考えを推し量ることはもっと難しい。つまり、空気は容易に読み間違えられる。そして、空気が読み間違えられたときに、この誤解された空気にみなが同調した結果、集団全体で誰も望まない行動が行われるという現象が生じる。

たとえば、友達四人の集団で旅行に行く予定だったが、当日、土砂降りの雨が降ってしまったという場面を思い浮かべてもらいたい。このとき、私個人としては「雨では観光もできないし、中止したい」と思っている一方で、「周りの友達はみな、行きたいのだろう」と推測していたとしよう。このとき、みなが行きたいのだからと空気を読んで、私は旅行に参加した。しかし、このとき、四人全員が同じことを考えていたならばどうなるだろうか。四人ともが個人的には雨の中で旅行には行きたくない。しかし、他の人は行きたいのだろうと空気を読み間違えた結果、土砂降りの中、誰も行きたくない旅行にグループみなで行くことになる。

こうした「空気の読み間違い」による誰も望まない集団行動は社会の多くの場面で生じている。誰もが参加したくない社内懇親ソフトボール大会、自分だけがわかっていないのだろうと誰も質問しない難解な授業、お酒を飲んではしゃぎたい人しかいないように感じられる飲み会、といったものが挙げられるだろう。本当はソフトボール大会をやめたい人がほとんどなのかもしれないし、授業内容を理解した人はいないのかもしれないのに、みなが他人の考えを「自分とは違うのだ」と読み間違えた結果、みなで我慢しながらしたくもないことを行うことが生じているのかもしれない。このように、個人レベルでは、メンバー個々人が、1a：集団や社会全体の他者の態度を誤って推測し、1b：間違って推測された他者態度に同調する。その結果、集団レベルでは、2：集団全体としてじつは誰も望んでいないことを、嫌々ながらみんなでやってしまう。これが多元的無知である。

さて、こうした多元的無知がなぜ重要かというと、実際の集団差別や暴力さえも引き起こす可能性があるためである。これを外国人である〇〇人への差別として一般化して図示したものが図５－３で

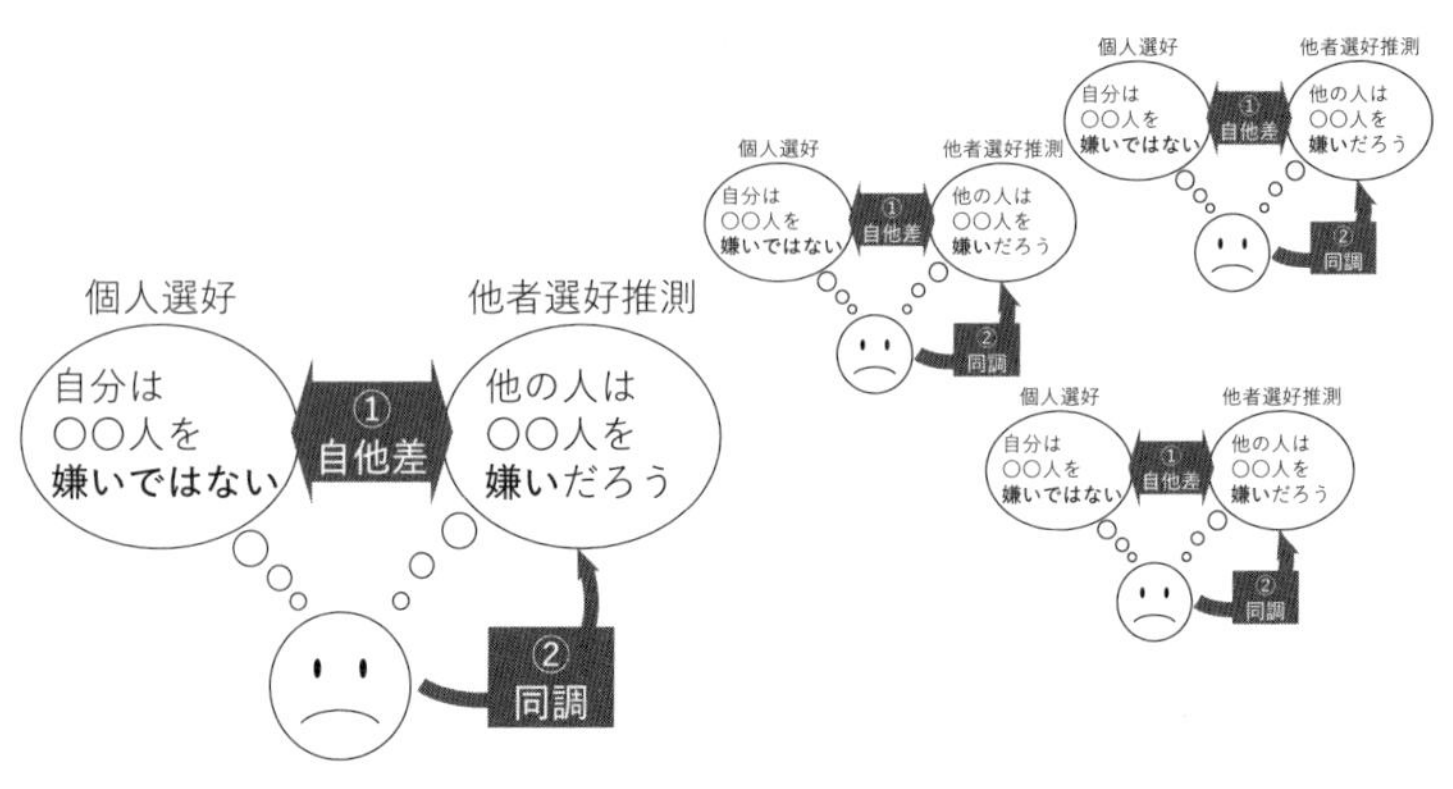

みな個人的には○○人を嫌いではないにもかかわらず，全員が他者を○○人嫌いだと誤って知覚し，それに同調した結果，社会全体での○○人嫌いが表明されうる

図 5-3　多元的無知による差別表明

ある。みな個人的には○○人を嫌いではなかったとしても、周囲の人が○○人を嫌いだと誤って推測したとしよう。このときには、この「○○人嫌い」への同調が生じる結果、社会全体で○○人嫌いが表明されるといったこともありうるのである。

実際に、先に紹介した「日本好き」を表明できない中国人に関しても、じつは空気の読み間違いによる多元的無知の側面があると考えられる。我々の調査結果でも、中国人の回答者は全体的に、自分自身の対日態度よりも、まわりの人や中国社会全般のもつ対日態度の方が否定的だろうと推測していた。そして、こうした中国社会全般の反日態度を高く見積もった人ほど、自身が人前で表明する態度を否定的なものとしていた。つまり、中国人は少なくとも自分と比べて、まわりの友人や中国社会全般は日本のことを好きではないだろうと見積もっており、それに釣られる形で実際よりも否定的な態度を表明しようとしたと解釈できる。「まわりの人は自分よりも日本嫌いだろう」と大半の人が推測している状態は、多元的無知を引き起こす「空気の読み間違い」である。そして、自分よりも反日的だと感じられた他人の態度に引きずられる形で、日本好きが表明できなくなることはすでに述べたとおりである。周囲が過度に反日的だと推測することで、中国人が日本好きを表明できなくなってしまう多元的無知現象がここに見られている。

差別場面における多元的無知は、中国人の反日態度のみで生じるわけではない。たとえば、一九六〇年代のアメリカにおける白人と黒人の人種分離政策に対する差別的態度に関しても同様に確認されている。オ・ゴーマンの研究[★8]では、アメリカ人の白人においては、回答者本人は、人種分離政策に反対している人が過半数であった。その一方で、まわりの他の人は大半が賛成しているのだろうという推測をしていた。つまり、実際には人種分離政策に賛成する人は多くはないのに、白人の人たちはまわりの人は分離政策に賛成に違いないと「空気」を読み間違えていた。このとき、多数派だと間違って推測された黒人差別支持者へと表面的に同調した結果、日本好きが言えない中国人と同様に、人種差別的態度の表明がなされる可能性がある。

さらには、差別的規範のみならず、暴力的規範である名誉の文化もまた、多元的無知としての側面があることが指摘されている。前章で述べたようにアメリカ南部に存在する名誉の文化の下では、他者からの侮辱に対して「弱い男」だと見なされないように、攻撃的に振る舞うことが文化的に支持される行動だとされる。しかし、ヴァンデロらの研究[★9]によると、こうしたアメリカ南部の名誉の文化にも多元的無知としての側面があるという。そもそもアメリカ南部の男性も、暴力的であることを必ずしもよしとしているわけではない。実際に、彼らの調査では、北部男性と南部男性で暴力に対する態度や、実際に自分が暴力を振るおうとする意図には違いが見られなかった。南北で違いが見られたのは、まわりの男たちの態度や振る舞い方の推測の方である。北部男性と違い、南部男性は「まわりの男たちは自分よりも暴力的に振る舞うだろうし、暴力を奨励するに違いない」と思っていることが実験や調査から示されている。つまり、南部男性は、本心では暴力が正しいと思っているわけでもない一方で、まわりの人は暴力を正しいと思っていると空気を読み間違えてしまっている。そのために、まわりの南部男性の前では、自分が臆病者だと見られないために、虚勢を張ってタフガイを演じるために暴力的に振る舞ってしまう。これが、アメリカ南部に名誉の文化が根づく原因となった牧畜生活や警察・司法制度の機能不全といった社会要因がすでに変わってしまっているにもかかわらず、今もなお名誉の文化が維持されている理由だとされている。こうした他者の暴力選好の読み間違いは、もしかすると日本の非行集団や暴力団などでも同様に見られるものかもしれない。

このように「空気を読んだ結果としての差別や暴力」では、集団の個々人は差別や攻撃を望んでいないかもしれない。しかし、誤って実際とは異なる差別的な空気や暴力的な空気を読み取ってしまうと、拒否回避志向の集団モードのスイッチがオンとなることで、仲間外れにされないように周囲に合わせなくてはと感じ、結果として本心では望んでいない差別や暴力を行うことがありうる。

そして、こうした暴力的・差別的な空気は自己成就的に維持される（図5-4）。なぜならば、そうした暴力的・差別的な集団規範を知覚した以上、そこにいる人たちは本心ではそれを望んでおらず、しぶしぶだったとしても、表面的には暴力や差別に同調する。そうすると、同調の結果であれなんであれ、実際の行動としてはまわりの人が暴力や差別をしているのを見ることとなり、人々は「やはり世の中には暴力や差別が正しく問題ないこととされているのだ」と確信を強めることとなる。結果として、実際に暴力や差別は正しく問題ないことだという集団規範がずっと維持されることとなるので

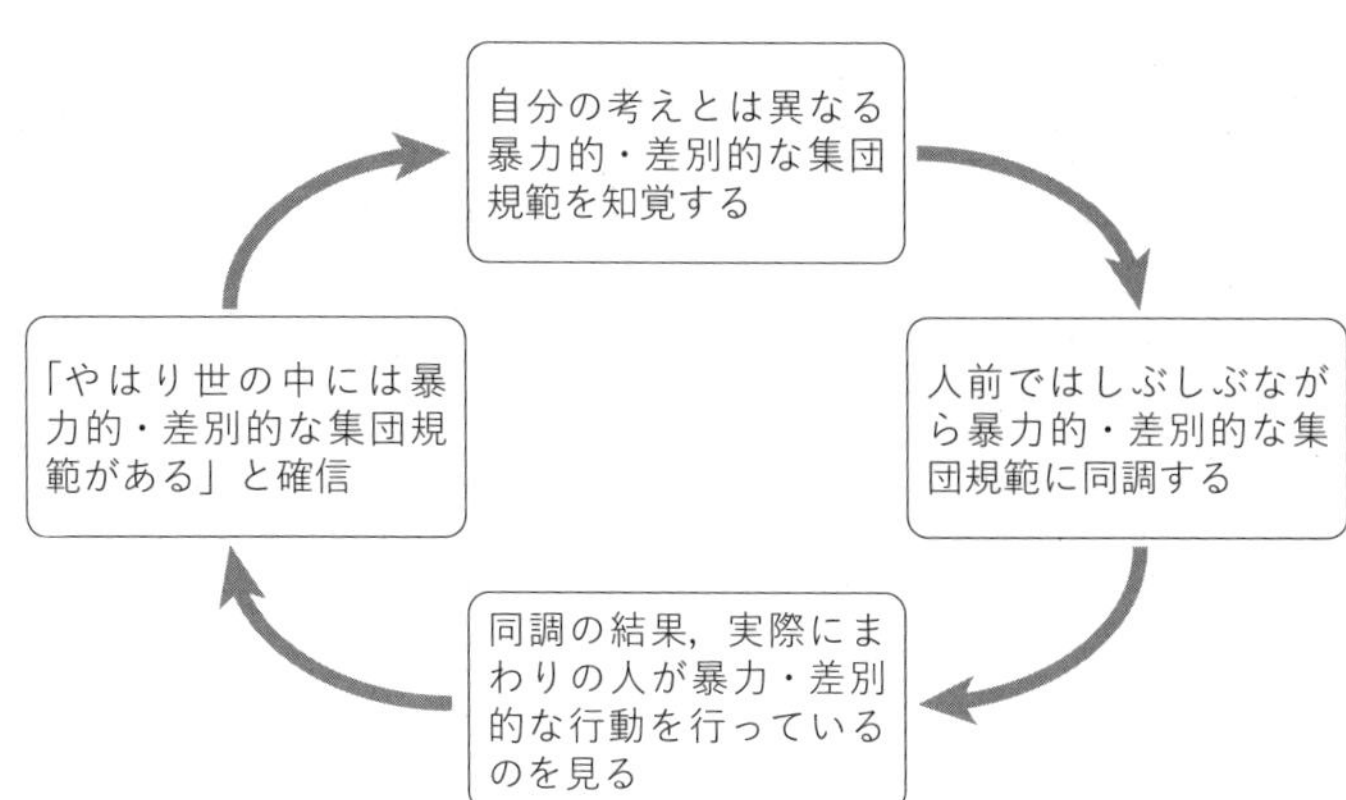
自分の考えとは異なる暴力的・差別的な集団規範を知覚する
人前ではしぶしぶながら暴力的・差別的な集団規範に同調する
同調の結果，実際にまわりの人が暴力・差別的な行動を行っているのを見る
「やはり世の中には暴力的・差別的な集団規範がある」と確信

図 5-4　多元的無知による暴力的・差別的集団規範の維持

ある。

もちろん反日規範や名誉の文化のすべてが多元的無知で説明できるというわけではない。実際にこうした文化的な価値観を内面化し、名誉の文化の下で粗暴な男らしさを、また反日規範の下で日本嫌いを、実際に心から強く抱いている人も当然多くいる。文化が成員にもたらす社会的影響には、その成員に文化固有の価値観が醸成されることで文化的価値観を本心から強く思う人々を増やすという内面化的側面と、そうした文化的価値観を心から信じていなくとも社会的に正しいと見なされる行動基準へと従う人々を増やすという生存戦略的側面の二つがある。本章では後者の生存戦略的側面をとくに取り出して描いたが、文化の影響を理解するうえでは両面ともを検討することが重要である。

ⓑ内集団ひいき

村八分回避型集団暴力の二点目として、集団の他者から拒否されないために、身内をひいきする場面を見ていこう。

故郷から離れた場所で出身地が同じ人を見つけると、途端にその人に親近感を覚えることがあるだろう。もしもその人が困っていたら、率先して助けてあげるかもしれない。また、企業や官僚組織の「学閥」では、出身大学ごとに派閥をつくり、同じ大学の出身者を優遇することがある。このように、人間は所属集団が同じ人を優遇しようとする心理傾向をもっている。こうした身内びいきは、社会心理学で内集団ひいき（ingroup favoritism）と呼ばれている。

内集団ひいきは、同じ集団だというだけでメンバー同士が好ましく思うことによって、集団の中での協力や社会統合が促進される。つまり、内集団ひいきにはメンバー同士の協力を促すポジティブな社会的機能がある。だからこそそのような心理傾向が人間には根づいたのだといえる。こうした内集団ひいきに関しては、最小条件集団と呼ばれる社会的に意味のない基準で分けられた集団間関係に基づく社会心理学の実験が多く研究されている。ここでの集団の分け方は「クレーの絵とカンディンスキーの絵のどちらが好きか」や「スクリーン上に多くの点を瞬間的に提示されたときに見積もった数が過大か過小か」といったものだ。コイントスの裏表で二つの集団に分けてもよい。現実世界で集団が形成される際には、何かしらの共通点がある人や共通の目標や意図がある場合が多いだろう。しかし、このような社会的に意味のない分け方で二つの集団に分けられた場合でさえ、人は内集団をひいきすることが社会心理学の実験で繰り返し示されてきた。

内集団ひいきはそれ自体としては協力を促進するというポジティブな面もあるが、それとともに集団暴力につながる危険性を同時にもっている。なぜならば、内集団ひいきは外集団差別と表裏一体の現象であるためである。同じ東京大学出身の身内をひいきして登用すれば、東京大学出身以外のたとえば京都大学や一橋大学のヨソ者は排除されることになる。外集団への差別や暴力を理解するためには、内集団ひいきの心理学的理解を深めることが重要となる。

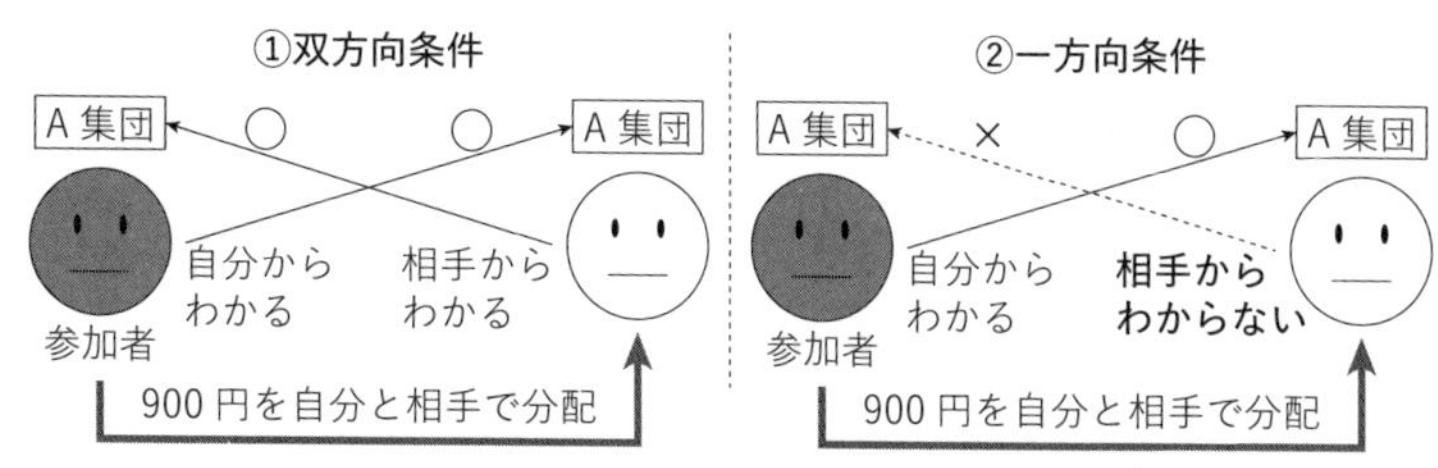

相手からも自分が身内だとバレている①双方向条件のみで，分配行動の内集団ひいきが起きた。反対に相手から身内だとバレない②一方向条件では，内集団ひいきは発生しなかった

図 5-5　相手からの自分の所属集団に関する情報を操作した際の実験結果

（出典）　Yamagishi & Mifune（2008）より作成。

では、内集団ひいきが生じる社会心理的なメカニズムはどのようなものなのか。いくつかのメカニズムが指摘されてきた。その一つに、拒否回避志向の生存戦略的‐集団モードが内集団ひいきに関わっていることが指摘されている。すなわち、仲間からの拒否を回避しようとする集団モードのスイッチがオンになることで、人は集団メンバーから「非国民」だと思われまいとして、内集団ひいき行動を行うという。

山岸と三船は金銭分配のゲーム課題による内集団ひいきの実験を行った。[★10] 用いられたゲーム課題は独裁者ゲームと呼ばれるものである。実験では二人組が形成され、実験参加者は相手と対面しないまま、くじ引きで提供者と受給者に分けられると伝えられた。ただし、実際には参加者は全員提供者に割り当てられた。提供者である自分に九〇〇円が与えられ、この九〇〇円を自分と相手で自由に分配を行ってもらった。平等に半々に分けてもよいし、自分が九〇〇円を独り占めすることもできる。この実験で興味深いのは、実験参加者と相手の所属集団に関する情報を実験的に操作した点である（図5‐5）。自分からは分配相手の所属集団（内集団／外集団）がわかる。その一方で、相手から参加者の所属集団がわかる条件（双方向条件）と相手からはわからない条件（一方向条件）の二つのどちらかに参加者は割り当てられた。

実験の結果、双方向条件つまり、相手が自分のことをどちらの集団のメンバーかわかっているときには、外集団成員に対してよりも内集団成員に対して分配金額が大きくなっていた。つまり、内集団ひいきが生起していた。

その一方で、一方向条件では、相手からは自分がどちらの集団のメンバーかはわからない。このときには、参加者が内集団成員に分配した金額は減少し、提供相手が内集団か外集団かで分配金額に違いは見られなくなった。言い換えると、同じ内集団相手だとバレないと認識していれば、人は内集団ひいきをしなかった。

人が内集団ひいきをする理由の一つは、仲間からの評判を気にすることである。非協力者だと見なされ、追放されないようにするためである。だから、相手から自分が同じ集団だとバレているならば、拒否回避志向の生存戦略型の集団モードのスイッチがオンになる。ここでは独裁者ゲームの実験結果を紹介したが、それ以外にも囚人のジレンマゲーム[★11]といったゲーム課題を用いた場合にも、また最小条件集団ではなく国籍集団[★12]の場合にも、同様に自分と同じ集団だと相手からバレないときには、内集団成員への協力率が低下し、内集団ひいきが見られなくなることが確認されている。人は仲間に見られているからこそ、自分たちは同じ集団だよねとアピールするかのように、身内をひいきするのである。

また、三船らの別の研究では、囚人のジレンマゲーム課題を用いた協力行動における内集団ひいき行動と、個人の性格特性との関連を検討した。相関関係を分析した結果、否定的評価を恐れる心理傾向がとくに強い個人ほど、内集団ひいきが強いことがわかった[★13]。

さらに、三船らは、「目の絵」を提示したときの、最小条件集団での内集団ひいき行動を調べた[★14]。この実験では、一方向条件という相手からは自分の所属集団がバレておらず、通常は内集団ひいきが生じない条件で実験を行った。その結果、目の絵がないときには、先の実験と同様に、実験参加者は内集団ひいきを起こさなかった。しかし、コンピュータ上の壁紙として「目の絵」が提示されながら実験参加者が分配額を意思決定したときには、もともとは内集団ひいきが起きないはずの一方向条件であったにもかかわらず、内集団ひいきが生じていた。「目の絵」があることは、監視の手がかりだとされる。これは「目の絵」があることで、拒否回避志向の生存戦略型‐集団モードが自動的にオンになった結果、内集団成員に対して協力的な振る舞いを増やしたのだと解釈できる。「目の絵」が協力行動を引き起こす効果の大きさに関しては現在議論がなされているが、内集団／外集団という文脈を取り入れることで理解できる部分もあるのかもしれない。

以上の三船と山岸らによる一連の研究から示された、内集団ひいきが生じる条件をもう一度振り返ろう。内集団ひいきが増えるのは、「自分の非協力行動が内集団成員にはバレないとき」「否定的な評価をとくに気にかける性格」「他者から見られている感覚が強まっているとき」といったものだ。いずれも、本章で検討している拒否回避型の評判を気にかける心理傾向が、内集団ひいきを強めることが示されているといえるだろう。

ただし、内集団ひいき≠外集団攻撃

とはいえ、ここで少し留意すべきなのは、内集団ひいきが常に外集団攻撃と結びついているわけではないことである。厳密には内集団ひいきと外集団攻撃はもともとは別の現象である。

ここで厳密な用語説明を行うと、内集団成員にプラスの優遇を与えることが「内集団ひいき」であり、外集団にマイナスの損失を与えることが「外集団攻撃」である。この両面を厳密に弁別して検討した実験研究では、とくに最小条件集団での集団間バイアスでは、内集団ひいきは見られるものの、外集団攻撃は見られないことが繰り返し指摘されている。[★15]

では、本書が対象とするような攻撃的側面を理解するためには、内集団ひいきの話は無関連かというとそうではない。なぜならば、心理的には別の現象であっても、現実社会の中ではすでに述べたように内集団ひいきと外集団攻撃は表裏一体で結びついていることが多いからだ。ゼロサム状況と呼ばれるような限られた資源を分け合う場面は世の中で多く存在するが、このとき内集団ひいきは外集団への差別的取り扱いと結びつく。先に挙げた例を再度取り上げると、新入社員を一人だけ採用する場面で、特定の大学の学生を身内だからと優遇すると、他大学の学生は採用してもらえないという損害を被ることになる。

社会心理学の実験によると、内集団への協力と外集団への攻撃とが表裏一体に結びついている場合には、人間には内集団へと協力しようという気持ちの方が上まわり、外集団に損害を与えてしまっても気にかからなくなってしまうようだ。言い換えると、身内びいきをしようとして、ヨソ者に損害が生じるような「不公平な」意思決定をしてしまうことがある。

こうした現象を端的に示した実験として、ハレヴィらによる集団間囚人のジレンマ－差異最大化ゲーム実験（IPD－MDゲーム）の研究[★16]が挙げられる。このゲーム実験では、参加者は最初にお金（と交換できるポイント）を渡され、次の三つの選択肢から一つを選んでもらった（図5－6）。

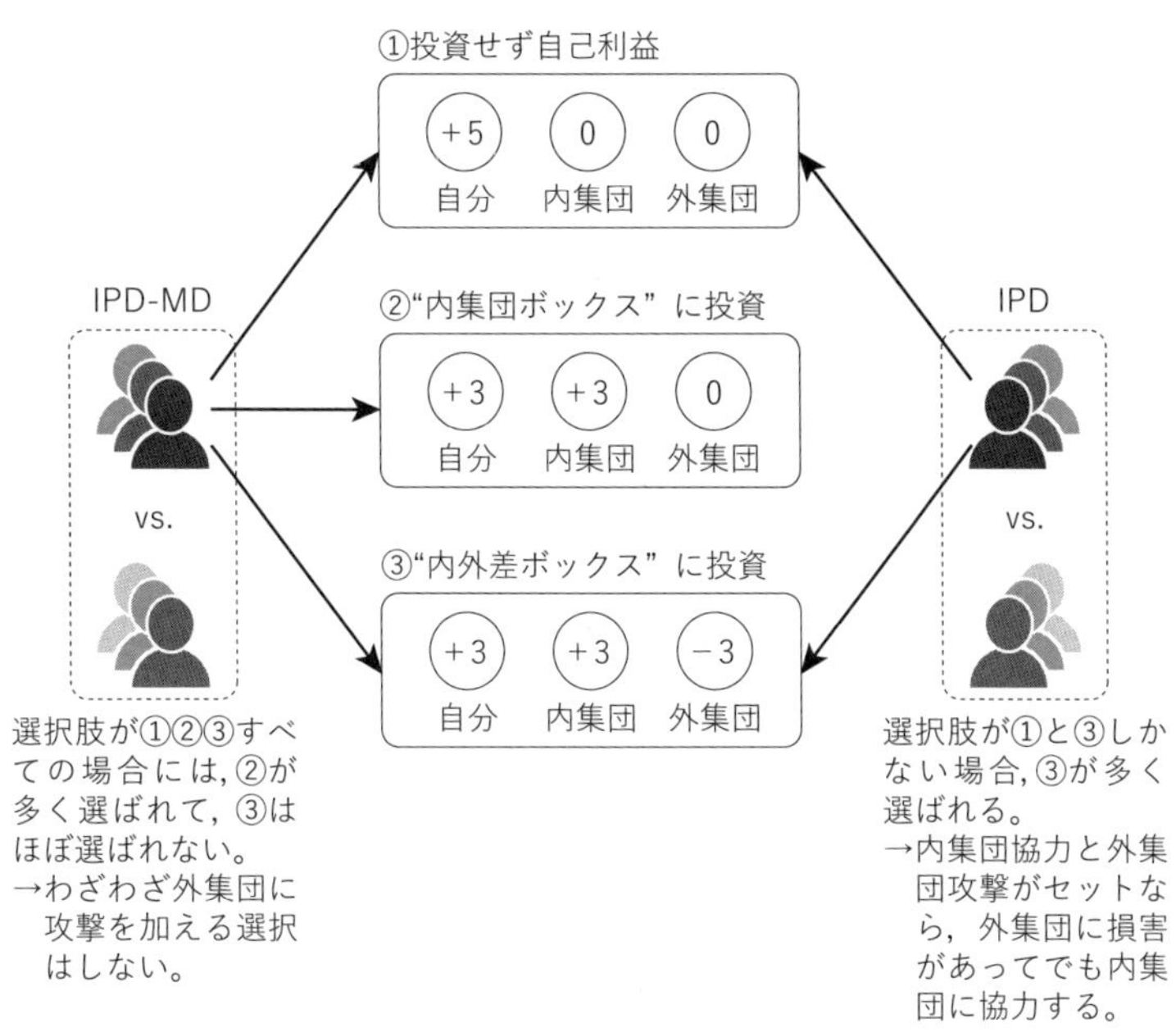
①投資せず自己利益
+5
0
0
自分
内集団
外集団
IPD-MD
②"内集団ボックス" に投資
IPD
+3
+3
0
自分
内集団
外集団
vs.
vs.
③"内外差ボックス" に投資
+3
+3
−3
自分
内集団
外集団
選択肢が①②③すべての場合には,②が多く選ばれて, ③はほぼ選ばれない。
→わざわざ外集団に攻撃を加える選択はしない。
選択肢が①と③しかない場合,③が多く選ばれる。
→内集団協力と外集団攻撃がセットなら, 外集団に損害があってでも内集団に協力する。

図 5-6　IPD-MD ゲームの模式図

（出典） Weisel & Zultan（2021）より作成。

① 投資せず自己利益：自分に与えられたお金をそのまま自分のものとすることで、自分個人にとってはプラスとなり、内集団にはプラスにならない（＝内集団に非協力）

② 〝内集団ボックス〟にお金を投資する：自分に与えられたお金をボックスに投資して、内集団にとってプラスとなる（＝内集団に協力）

③ 〝内外差ボックス〟にお金を投資する：自分に与えられたお金をボックスに投資して、内集団にとってプラスかつ外集団にマイナスとなる（＝内集団に協力＋外集団に攻撃）

（注） 〝内集団ボックス〟〝内外差

ボックス〟というのは、本書での説明用の名称であり、実際に実験参加者に見える名称ではなく、またもとの論文に記載されたものでもない。

この三つの選択肢から一つを選んでもらう実験を行うと（図5-6左側）、「③〝内外差ボックス〟に投資」を選ぶ人は五パーセント程度と非常に少なかった。それに対して、①と②はおよそ半数ずつ選択された。さらに、とくに集団内メンバーとコミュニケーションがとれるときには、「②〝内集団ボックス〟に投資」を選ぶ人がおよそ三分の二と多くなった。

「③〝内外差ボックス〟に投資」と「②〝内集団ボックス〟に投資」にはどちらにも「内集団への協力」の要素は含まれていた。一方で、「外集団に攻撃する」という要素は「③〝内外差ボックス〟に投資」のみに含まれていた。つまり、②〝内集団ボックス〟ではなく、③〝内外差ボックス〟を選択することはわざわざ外集団に損害を与えようとする選択となる。実験結果として、③はほとんど選ばれず、②を選ぶ人が多かったという点から、実験場面では意図的かつ積極的な外集団攻撃は生じなかったといえる。これ以外の同様の条件での実験でも同様に、③の選択肢は五パーセント以下の選択率であった。

では、実験場面では外集団攻撃が生じないかというと、場面次第で外集団攻撃が生じることもある。ハレヴィらの実験では、選択肢として②がなく、「①内集団に非協力」と「③内集団に協力＋外集団に攻撃」の二択の場合でも実験を行った（IPDゲームと呼ばれる：図5-6右側）。このときには、③を選ぶ人が顕著に増加し、とくに内集団成員とコミュニケーションがとれた条件では、「①内集団に非協力」よりも「③内集団に協力＋外集団に攻撃」を選ぶ人が多くなった。

以上の結果は次のことを示している。第一に、内集団協力と外集団攻撃は別物であり、人は、内集団協力は積極的に行う一方で、外集団攻撃を好んでわざわざ行うような心理は、少なくとも一時的につくり出した実験室場面の集団間関係ではほとんど見られないという点である。これは、内集団ひいき研究で繰り返し得られてきた結果と同様である。

しかし、繰り返しであるが、内集団ひいきは集団の攻撃性と関係がないわけではない。なぜならば、この実験が示したもう一つの重要な結果は、「内集団ひいきと外集団攻撃が両面でセットになっているときには、外集団に損害を与えてでも、内集団に利益を与えようとする」ということであった。内集団協力に外集団攻撃がセットとなっている場合、人は外集団に攻撃してでも内集団に協力しようとする。身内に協力をしようとする心理傾向が強いために、結果として外集団に損失を与えることを厭わなくなるともいえる。

現実社会では、身内びいきを強めることは、身内以外が苦しむことと表裏一体である場面も多い。拒否回避志向の生存戦略型－集団モードがオンになったとき、人は非国民呼ばわりを避けようと、内集団を優遇する。しかし、そのとき外集団はどうなるのだろうか。残念ながら、内集団を優遇することで、外集団を苦しめることが起きたとしても、そのことには十分に思いが至らない。だからこそ、内集団ひいきの研究は、集団間紛争の重要な一側面となるのである。

ⓒ集団暴行殺人、ジェノサイド、名誉殺人の事例

本章の最初にも、集団暴力に参加しない「非国民」に罰が与えられる例を挙げた。だからこそ、集団からの罰や拒否を回避しようとして、集団暴力に加担していくことがある。ここでは、①差別の表

明や②内集団ひいきよりもより暴力性の強い側面として、集団暴行殺人、ジェノサイド、名誉殺人に関して、事例から拒否回避志向の村八分回避型の集団暴力を見ていこう。

まず、集団暴行殺人において、暴行加害者のメンバーの中には、なぜこんなおとなしい子が加害行為を行ったのかというケースが散見される。彼らは日常的に攻撃性が高いわけではなく、また暴力行為そのものは問題になることを認識しながらも、しかしながら、残虐な集団暴行に加担してしまっている。その動機的には集団からの拒否回避志向が大きく関わっている。家裁調査官や裁判官、学校教員など一六名の有識者で集団暴行事件の五事例を共同検討した報告においても、集団暴行事件の、とりわけ犯行を主導したわけではない従犯格の少年には、仲間から見捨てられたくない、嫌われたくないという気持ちが強く、常に仲間の顔色をうかがっているという特徴が指摘されている。[17]

前章でも賞賛獲得志向に基づく英雄型の集団暴行として、ホームレス暴行殺人の加害少年の述べた言葉を紹介した。それに加えて、集団暴行事件の加害少年の面会場面では、拒否回避志向的な言葉もまた多く残されている。本章でも加害少年自身の面会での言葉を紹介する。

木曽川・長良川連続リンチ殺人事件と称される一連の暴行殺人事件がある。この事件では、一九九四年に当時一八〜一九歳の三人の少年を中心とする少年・少女の集団が、一一日間のうちに大阪・愛知・岐阜の三県にまたがって次々と四名の男性に集団リンチを加えて、殺害を行った。すべての犯行を主導したとされる三少年全員に死刑という判決が下された。この三名の犯人たちへの面会では、彼らはそれぞれ別の面会の席ながらも、犯行に関して異口同音に次のように口にしている。[18]

杉下（仮名）

「殺すつもりなんてなかったんです。でも、どこかで『やめよう』って言えなかった」

「仲間の中で、きちんとモノを言えなかったのが、一番の後悔です」

坂口（仮名）：犯行の主犯格
「（他にも）先輩や後輩、女の子もいたりとか…。だから、弱いところを見せられなかった」

〈出会ったばっかりなうえ、見栄とか虚勢があった？〉

「見せ合い…他の人間に対する見せ合いというか…」

「止めようとしたことは、それぞれ（三人）にあったと思います。でも、それが結局、全員の一致した意識として、持ち得ませんでした」

堀田（仮名）
「誰かが『やめよう』って言っていれば、止まったかもしれません…。でも、言えなかった。言えないままに、エスカレートしてしまいました」
〈なぜ、「やめよう」って言えなかったの？〉
「集団だったし、僕は下っ端でしたし…」

彼らの言葉は一種の責任逃れのようにも聞こえるが、それのみならず、彼らの本心も含まれているのではないだろうか。第２章の没個性化やＳＩＤＥモデルで示されるような、集団でのその場の空気に飲まれ、暴力集団へのコミット型－集団モードのスイッチが入ってしまった。それと同時に、とくに拒否回避志向の生存戦略型－集団モードのスイッチもどうやらオンになったようである。まわりに仲間たちがいる前で、弱い男だという悪評を回避しようとして、お互いに引くに引けなくなり、四人をも殺害するような短絡的な暴行殺人へとエスカレートしてしまった。犯行の主犯格であった坂口さえもが、そういった心理に陥っていたという点もまた重要な点だろう。主犯格さえもが見栄と虚勢で凄惨な暴力を行っていたのである。

同様に、ジェノサイド（大量虐殺）においても、同様に拒否回避の心理傾向が重要な役割を担っている。一九九四年のルワンダでのジェノサイドでは八〇万人以上の人が殺された。それ以前にはフツ族とツチ族が明確な区別もなく、ご近所同士で暮らしていたのだが、大統領暗殺を一つのきっかけに大規模なジェノサイドが発生した。このジェノサイドは、フツ族がツチ族をマチェーテと呼ばれるナタで次々と惨殺していくことが数カ月続くといった凄惨かつ大規模な殺戮事件であった。殺戮に参加したフツ族の殺人者へのインタビューの中でもこうした拒否回避による殺戮参加が見られている。[★19]ジェノサイドの中では、殺害に参加せず、こっそりと逃げ出そうとした者には、近所の人から告げ口され、罰金がとられたという。ときには、殺人を拒む男性への罰のために、その男性の妻が切り殺された例さえあった。[★20]

「はっきりと殺戮参加を断れば、隣人に口止めをしたとしても、それは命取りになった。もしツチに見知らぬ顔をする前に親切心を見せてしまえば、いくら地位が高かったり、運が良くても、死を逃れることはできなかったと思う。僕らにとって、ツチに対する親切な言葉は、当局に対する不正な言葉よりも致命的だった」

「お前はそれでもフツなのか」と仲間から非国民だと見なされることは過酷なジェノサイドの中では、きわめて危険なことだった。自分が虐殺の標的になる可能性さえある。だから、私は自分が殺されるのを避けるために、仕方なく参加したのだと。そうして最初は消極的ながら参加していた殺戮を繰り返すなかで、殺戮する感覚が麻痺していく過程がこのインタビューには描かれている。

以上では、集団暴行とジェノサイドを紹介したが、こうした拒否回避の心理が引き起こす集団暴力への参加は、さまざまな場面で見られるものである。たとえば、いじめでも自分がいじめの被害者になりたくないという理由で、いじめに参加する者がいる。集団の中での村八分という拒否を回避しようと、いじめという集団暴力に参加したのだといえるだろう。中世の魔女狩り裁判においても、自分が魔女でないことを示すためにも、告げ口を積極的にすることで、自分が集団の中での忠誠者であることを示そうとした。

女性差別的なイデオロギーそのもののように見える名誉殺人にも、集団からの拒否回避としての側面が見られている。名誉殺人とは、女性が不道徳な行為（たとえば、婚前の性関係、妻の不貞など）を行ったときに、その家族や集団にとって不名誉であるとされ、その名誉を回復する手段として、その女性が家族から殺される、イスラム圏で多く見られる地域因習である。もちろんこうした名誉殺人はきわめて女性差別的な因習であるが、その一方で、こうした文化が集団規範として根づいた社会集団の中では、その中で生存していくための戦略として、文化に従う必要がある。家庭内の女性に浮気されるという名誉を汚された状態では、一族がその文化の中で生きていくことはできない。婚前の性行為を行った娘を殺さないと、その妹たちまでもが結婚できなくなる。その結果、ある種の村八分を回避するための苦渋の決断として名誉殺人が行われることさえある。

さらに、テロリストにも同様の心理の存在が指摘できる。二〇一五年にはフランスでムハンマドを風刺する記事を発行したことを契機として週刊紙『シャルリー・エブド』への襲撃事件が起き、記者や編集者八名が死亡する事件が起きた。その実行犯兄弟の弟、シェリフ・クアシは、二〇〇五年時点でイラク渡航の直前に、強いためらいを見せ、使命感以上に仲間たちからのプレッシャーを強く感じていたという。逮捕後に捜査員に次のようにためらいを打ち明けたという。★21

「イラクで死にたくなかったけど、プライドがあるから出発することにした。もし怖じ気づいたら、卑怯者のレッテルを貼られてしまうから」

このシャルリー・エブド襲撃事件の一〇年前の時点では、イスラムのために命をかけて戦う覚悟は十分にできておらず、むしろ仲間からのメンツを気にかけて、拒否回避しようとすることこそが、ジハード参加の動機づけだった。

もちろん集団暴行、ジェノサイド、女性への名誉殺人、いじめ、テロリズムといった集団暴力のすべての側面が、集団からの拒否回避によるわけではない。ましてやこれらがすべて「空気の読み間違い」だということを述べたいのではない。しかし、集団で暴力を受けた人を、ツチ族を、女性を、いじめられる人を助けたいと願った一部の者も、暴力性をもつ社会集団の中で抗うことは困難なことだ。その社会集団の中で今後も生き続けていかなくてはならないためだ。自分だけが暴力を拒否することは、自分だけが「裏切り者」として名乗りを挙げる行為に等しい。

以上、事例ベースでの紹介を行った。拒否回避の心理が、結果的に集団暴行、ジェノサイド、名誉殺人といった過激な集団暴力を引き起こすことさえあるのである。

日本人は拒否回避志向がとくに強い

さて、拒否回避志向の集団モードが引き起こす集団暴力に関してここまで紹介してきた。こうしたビクビクと仲間外れを恐れるタイプの心理傾向であるが、とくに日本文化において強く見られることが指摘されている。

橋本と山岸は、他者と協調的・依存的な人間関係における自分自身の捉え方（相互協調的自己観）には、大きく二側面があると指摘した。[★22] 調和性追求（harmony seeking）と拒否回避である。後者の拒否回避は本書で述べているものとおおむね同義である。前者の調和性追求とは、協調的で仲良しであるような人間関係を重視する考え方である。

彼らは、質問紙調査によって、調和性追求と拒否回避の二側面それぞれに関して、日本人大学生とアメリカ人大学生の回答を比較した。その結果、調和性追求、つまり人間関係において調和的であることに関しては、日本人もアメリカ人もともに重視しており、その平均的な高さはむしろアメリカ人の方が高かった。つまり、日本人こそが調和的な人間関係を大事だと思っているとはこの結果からはいえない。

特徴的な違いが見られたのは、拒否回避の側面である。これは、まさに本書で述べているような、仲間外れにならないように、人間関係にビクビクしながら他者と接する側面である。こうした側面は、アメリカ人よりも日本人の方が有意に高かった。つまり、日本人の文化心理的な特徴は、他者から仲間外れにされないかをビクビク気にかける拒否回避の心理傾向の高さとして理解できる。

また、日本人の拒否回避志向の強い心理傾向は、日本社会では協調性に価値がおかれているという信念が広く共有されるなかで、社会規範として日本人自身を縛るようになったことから説明されている。同じく橋本が行った調査結果によると、★23 日本人は、自分自身が独立的であることを理想的だと考え、また独立的な他者を好ましく評価していた。その一方で、まわりの他者は独立的な人物よりも、協調的な人物の方を高く評価するだろうと推測していた。つまり、協調的な人の方がまわりから好まれるのだと日本人は信じていたのである。こうした逆転効果は、アメリカ人では見られなかった。

「まわりの人は協調的な人を好む」という信念が共有された日本社会では、そうした信念に合わせて、協調的な行動をとらないと、自分が拒否されてしまうのではないかとビクビクしながら暮らすことになる。日本人は拒否回避の心理傾向が強いと先に述べた。こうしたビクビク型の拒否回避志向は、自分のまわりのみなが、自分の意見をどんどん言うような独立的な人よりも、和をもって尊しとなすような協調的な人物を好んでいるのだという信念を基盤としている。

もちろん協調性それ自体は、社会的生物である人間が、人間たりうる重要な価値観の一つであり、悪いことではない。しかし、協調的なことが社会的な規範として根づき、わずかでも協調的でない人が集団内から排除されてしまう不寛容な社会の中では、拒否回避を求めた生存戦略型－集団モードのスイッチが常にオンになりやすい。みながみな、仲間外れにされないようにお互いに顔色をうかがいながら、人前で過敏なまでに協力的に振る舞うような人々だらけの社会となってしまう。

こうしたビクビク型の拒否回避志向は、本章で見てきたような、村八分回避型の集団暴力を強めるだろう。つまり、拒否回避を求めた村八分回避型集団暴力は、日本人でこそとくに強く現れることが考えられる。筆者の知る限り、他文化の人よりも、日本人において拒否回避志向の集団暴力が強いという直接的な実証的検証はなされていない。しかし、すでに紹介したような日本での集団暴行の事例や、戦時中の非国民呼ばわりなどを見る限り、実際に日本の拒否回避志向の集団暴力はおそらく他国よりも強いのではないかと考えられる。まさに、拒否回避的な集団主義が、暴力さえも引き起こすとすれば、拒否回避的な集団主義は、日本社会の負の側面であり、今後改善していくべき点だといえるだろう。

賞賛獲得型と拒否回避型とは混在しうる

以上、第4章と第5章で、生存戦略型－集団モードについて、賞賛獲得型と拒否回避型を弁別して二側面から紹介してきた。しかし、現実には両者が入り組んで重なり合っており、きれいに切り分けられるわけではないだろう。また、高く評価されるから積極的に英雄になろうと暴力的になる人もいれば、非国民呼ばわりされないように、しぶしぶ嫌々ながらに攻撃に乗る人もいるだろう。人にもよるし、場面にもよる。現実の暴力にはその両面が含まれていることが多く、混在する形で集団暴力が強められているのだといえるだろう。説明の便宜上、この二つを分けて対比的に議論してきたが、現実にはさまざまに混在しており、本人としても、また傍から見たときにも、明確に切り分けられないということも最後に指摘しておきたい。

排斥後に引き起こされる集団暴力

本章では拒否回避志向の生存戦略型－集団モードが引き起こす集団暴力に関して議論してきた。これは、つまり他者から拒否される前に、拒否されないように行われる集団暴力である。では、拒否が回避できずに、結果として実際に他者から拒否や排斥をされてしまったときには、集団暴力にはどのような影響があるのだろうか。最後に、「排斥後」の話にも少し触れておきたい。

仲間外れにならないように人間は振る舞う以上、もしも実際に拒否・排斥されてしまった後には、他人に利他的になったり、おべっかを使ったり、取り入ったりといったように、もう一度仲間に入れてもらえるように振る舞うことが考えられる。もちろんそういったこともあるのだろうが、多くの研究が、排斥後にはむしろ他者に対する利他行動が減り、暴力的行動が高まることを指摘している。

社会的排斥がとくに集団暴力を高める典型的な場面は、アメリカでのいじめられた人が引き起こす銃乱射事件である。

リアリーらは、一九九五年から二〇〇一年に起きた学校での銃乱射事件一五件の事例を分析し、そのうち一二件のケースで、犯人は事件前にからかいやいじめの対象となっていたことを示した。[★24] また、六件で恋愛での別れを経験していた。二件を除いて、ほとんどの重乱射事件のケースで犯人は何らかの排斥を受けていた。さらに、一三カ国の銃乱射事件一二六事例を分析した研究では、分析事例のおよそ七割で加害者は仲間からの排斥を受けていたという。[★25] 以上の事例分析の結果は、社会的排斥を受けることが、銃乱射事件の引き金となったことが見込まれる。

日本での、無差別殺傷事件、いわゆる「通り魔事件」も、排斥に対する復讐という形で犯行が行われることがある。たとえば、二〇〇八年に秋葉原の歩行者天国において、七名が死亡する無差別殺傷事件が起きた。その犯人は当時二五歳の加藤智大であった。加藤が凶行に手を染めた直接の引き金となったことは、会社を解雇されたことであった。また、職場で作業服が見当たらなかったことを仲間から嫌がらせをされたと感じ、さらに携帯サイトで無視されたと感じていた。[26] 供述でも加藤は繰り返しみずからの孤独感を口にしている。「肉体的な死には特に感じることはないが、社会的な死は恐怖であった」（二〇一〇年七月二七日、公判における供述）。少なくとも主観的には、彼は社会から排斥された存在であり、排斥による復讐心を強く抱き、自暴自棄に陥っていた。もちろん加藤個人の精神病理的側面も考慮すべきであり、排斥だけから事件を説明することはできないが、この排斥感が彼を無差別殺傷に駆り立てた原因の一つだとはいえるだろう。

このように社会的排斥を受けた人は、攻撃性を高めることが指摘されてきた。では社会的排斥はいったいなぜ攻撃性を高めるのだろうか。大渕は、積極的因子としての「報復と自己顕示」と、消極的因子としての「自己制御の低下」[27] の二つの動機づけ過程から整理している。[28] 本書でとくに注目したいのは、前者の報復の側面である。集団から排斥されたことによって、被害感が生まれ、敵意的認知も高まる。ドゥヴァールらは、社会的排斥は、敵意的認知を高めた結果として、攻撃性を高めるというプロセスがあることを複数の実験から示している。[29] さらに、こうした排斥後の報復的な襲撃事件で重要となる点は、もとのいじめの加害者本人のみならず、その学校の生徒全体が攻撃の対象となるという点である。こうした非当事者に向けた外集団への報復攻撃に関しては、第8章でより詳細を議論していく。

社会的排斥によって高められた攻撃行動は、当然ながら他者からの承認を損なう行為となる。仲間から拒否された結果、報復的に暴力を振るった本人はますます仲間から嫌われるという負のスパイラルが存在する。犯罪社会学では、安定した家族、夫婦、友人関係をもつことは犯罪を抑制するとする社会的絆理論が提唱され、実証的な支持を得てきた。逆にいうと、安定した社会的ネットワークが維持されない状態、すなわち仲間や家族から見捨てられ、排斥されたときには、犯罪行動リスクが上昇する。さらには、社会一般からの排斥の結果、非行集団や暴力団といった反社会的集団が社会からの被排斥者へと承認を与える受け皿となると、こうした反社会的集団で社会化するなかで犯罪行為を行う価値観が当人に根づいていくことにもなる。集団暴力の抑制という観点からも、社会から排斥されず、むしろ社会として積極的に集団の中に包摂していくことが重要だという指摘は、近年の社会的包摂（social inclusion）の議論でも指摘されている点である。

人はつい異質な他者を排斥してしまいがちだ。しかし、異質だからといって排斥された人は、犯罪や暴力への傾性を強めることで、結局の社会全体にとって大きな損失となる。そのためには、社会全体として、構成員を安易に排斥しないような、また排斥された場合にも再度包摂していくような制度的・心理的な土壌づくりを行っていくことが必要となるだろう。

□まとめ

- 本章では、生存戦略型－集団モードの二つ目である、集団から悪く評価されたくないという拒否回避志向による村八分回避型集団暴力を議論してきた。
- 人は、人目を気にして、人前であえて差別を表出することがある。だから、反日規範のある中国では、中国人は人前で日本を好きだと言わないし、日本製品も購入しにくい。
- 同じ集団のメンバーから悪く思われないように、人は身内をひいきするし、それによってヨソ者に被害が出ても気にしない。
- 集団暴行殺人やジェノサイド、名誉殺人においても、自分が内集団から拒絶されるのを恐れて、リンチや殺戮に参加することもある。
・とくに日本文化は、拒否回避志向である人目にビクビクするタイプの集団主義傾向が強い。
・人は、集団からの村八分に合わないように、自分がしたくもない集団暴力に加担することがあり、それはけっしてまれなことでもないだろう。

第Ⅱ部

外集団への認知と集団間相互作用過程

第6章

人間はヨソ者をどう見ているのか?

偏見の科学

ここまで第1章から第5章にかけて、第Ⅰ部として「内集団過程と集団モード」に関する議論を行ってきた。いわば、集団暴力や集団間紛争が生じる際に内集団の中での心理・社会過程を中心として説明を行ってきた。ここからは、第Ⅱ部「外集団への認知と集団間相互作用過程」として、こうして形成された内集団が「外集団」をどのように認識し、集団間関係として相互作用していくのかという話に移って議論を進めていく。とくに本章では、偏見、ステレオタイプ、認知バイアスの研究を中心に、外集団の見え方に関して社会心理学から得られた知見を紹介していこう。

集団モードのスイッチが入ることの作用の一つとして、我々以外の外集団成員、つまりヨソ者を見るときの見方が変わってしまうことが挙げられる。もっというと、ヨソ者を歪んだ見方で見てしまうようになる。人が幸せに世界を歪めて認識することについて、「バラ色のメガネ」をかけているという比喩が用いられる。これと同じように、人はヨソ者を見るとき「奴ら」「あいつら」という色メガネで歪めて見てしまうのである。本章では、こうした歪んだレンズを通した外集団の見え方を見ていきたい。

私は「たけのこ派」、奴らは「きのこ派」

お菓子会社の明治が発売している「たけのこの里」と「きのこの山」という二つのお菓子がある。このお菓子は類似したパッケージで姉妹商品として発売されているのだが、この二つのお菓子のどちらがおいしいのかで「たけのこ派」と「きのこ派」に分かれて、インターネット上では、たびたび〝争い〟が繰り広げられてきた。複数の「たけのこの里」が「きのこの山」を囲んで、一種の集団リンチをしているように見えるように配置をしたジョーク画像も掲載されていた。いわば、「たけのこ派」と「きのこ派」の間で〝集団間紛争〟が起きているのだ。

もちろんこれはちょっとしたネタとして消費される冗談である。筆者もそれは重々承知しているし、ネット上で言い争う人たちも、あくまでもお遊びとしてこうしたやりとりを楽しんでいる。しかし、である。こうしたお菓子の好みで派閥をつくって真似事で争い合うことの背後には、集団間紛争の原初的な心理メカニズムが透けて見えるともいえる。

たとえば、筆者は「きのこの山」の方が好きだ。そう書いた瞬間に、同じ「きのこ派」からは一種の「仲間」として親近感をもたれるかもしれない。一方で、対する「たけのこ派」からは「なんだこいつ、ヨソ者じゃないか」とわずかでも思われてしまう。たんなるお菓子の好みなのに、「××派」というラベルで派閥間対立の構図がもち込まれた時点で、「奴ら」としてヨソ者扱いで他人を見るようになってしまい、対立的な心理メカニズムが自動的に生起してしまうのだ。これは進化の過程で人間に植え付けられた根源的な本性だともいえる。ささいなお菓子の好みでさえ、心理的に二つの派閥

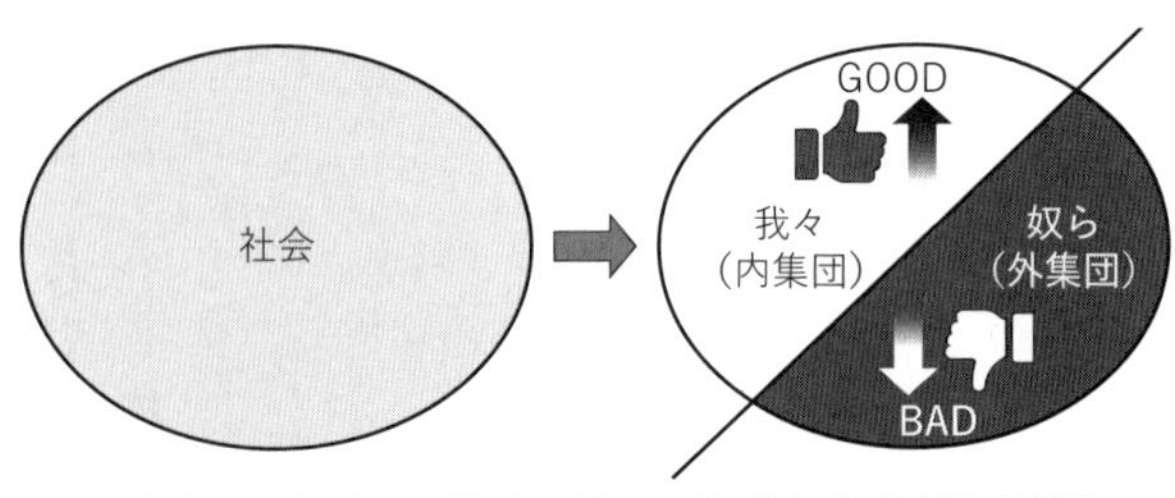
社会
GOOD
我々
（内集団）
奴ら
（外集団）
BAD
ウチ（内集団）とソト（外集団）で線引きを行って分断し，内集団を「good な我々」と高めて認識する一方で，外集団を「bad な奴ら」と低めて認識する

図 6-1 「good な内集団」と「bad な外集団」という認識

をつくることで、あっという間にちょっとした集団間紛争の縮図ができあがるという点がポイントなのである。

対立的集団間関係の捉え方の基本原理——内集団＝good、外集団＝bad

こうした集団間紛争が生じるための第一歩目は、なんといっても「我々」と「奴ら」を分け隔てて認識することである。こうした線引きを行い、集団と集団を別物として見なしていく心理過程は社会的カテゴリー化（social categorization）と呼ばれる。他者を外集団として差別の対象にすることは、社会的カテゴリー化が大前提となる。

社会的カテゴリー化によって、内集団と外集団の間に線引きがなされて、「我々」と「奴ら」を分けた後、「我々」と「奴ら」にはそれぞれ異なった評価がなされる。基本的には、内集団はよいものとして高めて認識し、外集団は悪いものとして貶められる傾向があることが対立的な集団間関係で非常に多い（図6－1）。その詳細な心理過程は今から三章分をかけて説明していくが、まずは基本的な集団間認知として「内集団＝good」であり「外集団＝bad」であると認識されることが多いのだという原理原則をま

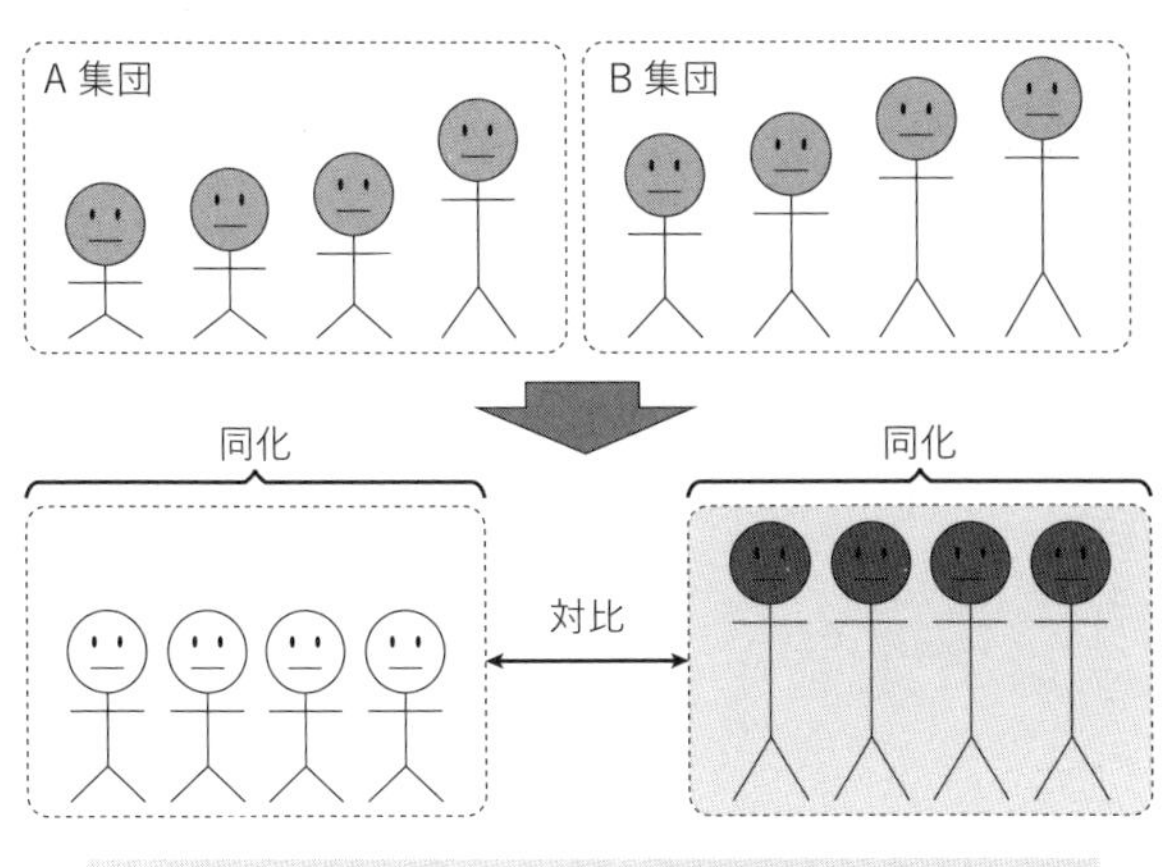

図 6-2　社会的カテゴリー化による同化と対比

ずは頭においたうえで、以下の話に進んでいただきたい。

社会的カテゴリー化による同化と対比

人は、内集団と外集団の間に心理的線引きを行い、集団を切り分けて認識する。この心理的線引きの過程で、二つの過程からなる集団カテゴリーの強調化が生じる★1（図6－2）。まず、同化（assimilation）効果によって、同じ集団カテゴリー内では成員の類似性が強調され、内集団成員同士は互いに似ているし、また外集団成員同士も互いに似ていると知覚される。次に、対比（contrast）効果によって、集団間の違いが強調され、内集団と外集団は互いに異なった存在として知覚される。その結果、内集団と外集団はそれぞれが異なるひとまとまりの集団として心理的線引きが行われる。

外集団成員が互いに類似して感じられることは、外集団均質化効果と呼ばれている。外集団成員同士は、みんな似たもの同士で、自分たち内集団とはずいぶん性質が違っているのだと人はつい思ってしまう。

注意すべきなのは、社会的カテゴリー化によって、誰を身内（内集団）として、誰を部外者（外集団）とするのかは、じつは主観や状況に依存するという点である。たとえば、大学のサークルの懇親会での会話場面を想像してみよう。大学の授業に関する話題では、「理系」と「文系」の間に心理的な線引きが引かれ、授業やゼミ活動の捉え方の違いに関して会話が行われるかもしれない。しかし、話題が恋愛に移ったらどうだろう。「男性」と「女性」の間に心理的線引きが行われ、「男は／女は、何を考えているのかわからない」といった会話がなされるかもしれない。このように、どのような線引きで集団が分かれるのかは、そのときの状況や主観によって変わるものである。

こうした状況次第で集団間の線引きがスイッチすることに関しては、カーズバンらの実験が重要である。[★2] この実験では、参加者は人種が混じった二つのバスケットボールチームの選手が言い争いをする場面の動画を見た後に、抜き打ちで誰がどのセリフを言ったのか記憶力テストを行った。二つのバスケットボールチームが明確に区別できない場面では、参加者は、もっぱら同じ人種の人同士で記憶の取り違えが起きていた一方で、異なる人種の人での記憶の取り違えは少なかった。このことは、記憶の中で自然と人種間で線引きが行われていたことを示している。その一方で、チームを表すユニフォームを着ると、同人種での取り違えは減り、逆に同じチーム内での記憶違いが増えた。つまり、ユニフォームによって明確にチーム基準のカテゴリーが提示されたときには、人種よりもチームという基準で二つに線引きすることが示された。このように場面でどの基準が目立つのかによって、集団の分け方はすぐに変化する。

ステレオタイプ――「枠」をはめて非難する

このように、人間は「我々」と「奴ら」に心理的線引きをして分け隔てる。そして、とくに「奴ら」を否定的に見てしまいがちだ。心理的線引きの結果、とくに外集団成員に対しては、「十把一絡げ」の認知がなされ、所属成員に共通の特徴やイメージが知覚される。これをステレオタイプ（stereotype）と呼ぶ。たとえば、「イタリア人は陽気だ」「黒人は身体能力が高い」「男性は暴力的だ」といったものである。

ステレオタイプの影響は非常に強いものである。ただし、ステレオタイプには有用な点もある。たとえば、「子どもは甘いお菓子が好きだ」というイメージを我々はもっているだろう。少し極端な例だが、これも一種のステレオタイプである。「子ども」というカテゴリー全般に「甘いお菓子を好き」という特徴を無意識にあてはめている。だからといって、「いや、待てよ、子どもだからといって、甘いお菓子を好きだとは限らないじゃないか」とわざわざ精査して、親戚の子どもにあげるちょっとしたプレゼントをいつまでも悩んでいては時間がいくらあっても足りない。十中八九甘いお菓子が好きだろうと直観的に判断し、それを行動に生かすことでたいていの場合は実際にうまくいく。このようにステレオタイプそのものは、判断をするうえであたることは多いし、有用であることも多い。つまり、ステレオタイプがあることで、多くの認知資源を必要とせずとも、他者の考えや行動のおおまかな予測が可能となり、適切な対人相互作用をとることが可能となるという役に立つ面も存在する[★3]。

一方で、問題なのは、ステレオタイプは否定的な評価感情と結びついていることが多いことだ。これが偏見や差別の温床となってしまう。たとえば、日本では在日コリアン（韓国人、朝鮮人）に対して、否定的なイメージをもつ人は多い。極端に攻撃的に振る舞い、敵意を表出した場合には、ヘイトスピーチとして社会問題となる。また、年長者は若者を「ゆとり」とばかにし、若者は年長者を「老害」と非難する。お互いに他の集団の相手を画一的なイメージで捉え、十把一絡げに否定している。

心理的線引きによって生み出されたたくさんの外集団には、しばしば否定的なステレオタイプが与えられ、そしてそれが偏見や差別の温床となってしまうのである。

目の色で差別してみると…――『青い目 茶色い目』

たとえその心理的線引きに、本来は意味がないものであったとしても、否定的なステレオタイプが付与され、差別が生じることがある。ここでは本来無意味な社会的カテゴリーに否定的な価値づけを行うことで、差別や紛争を引き起こした優れたドキュメンタリーとして、『青い目 茶色い目』[★4]を紹介しよう。

多くの西洋諸国では、黒人に対する根強い差別の歴史が存在するのは、ご存じのとおりである。黒人だけではなく、黄色人種に対しても同様である。世界の差別の歴史は、肌の色に基づくものは非常に多く、現在もなお根強く残り、社会問題となっている。

しかし、人の見た目に関する違いには、肌の色だけではなく、多様な違いが存在する。たとえば、目の色はどうだろう。日本でもそうだが、西洋でも同様に、目の色が茶色いからといって差別することはしない。しかし、先に示したとおり、人間はとくに理由がなくとも、二つの集団に心理的に線引きをすることで差別心が生まれる。では、普段は意識しない「目の色」を強調して、目の色をもとに二つの集団に分けることで、はたして差別は生まれるのだろうか。

この試みは、アメリカで一九六八年に行われたものである。アイオワ州のライスビルで小学校教師をしていたエリオットは、黒人公民権運動を主導していたキング牧師が暗殺されたことに危機感を覚えた。どうすれば社会から差別をなくすことができるだろう。彼女は、普段は差別される経験のない白人の児童に一方的な差別を経験させることを思いついた。彼女は、担任の小学三年生の白人児童を対象に、「優秀な青い目のグループ」と「劣った茶色い目のグループ」とに分け、子どもたちに人種差別ならぬ「目の色差別」を体験させる授業を行った。

エリオットは彼らが何か失敗をするたびに、「やっぱり茶色い目の連中はばかだ」と繰り返し、子どもたちの差別心をあおった。その結果、子どもたちの世界に「目の色差別」があっという間に生まれた。優れているとされた「青い目」の子どもは、「茶色い目」の子どもをばかにした。「茶色い目」と呼んでからかったのだ。ちょうど白人が黒人を「この黒人が」と呼んだのと同じであり、また、日本人が在日コリアンを「チョンが」「ザイニチが」と呼んだのと同じである。

この実験授業では、翌日には、「青い目」と「茶色い目」の優位性を逆転させた。「昨日、私がみなさんに教えたことは間違えていました、本当は茶色い目の子どもの方が優れています」と。すると、昨日は差別される側だった茶色い目の子どもたちは、あっという間に差別する側にまわった。昨日の自分のつらい気持ちは喉元過ぎれば忘れてしまったようだ。

この授業が一番恐ろしくかつ重要なのは、その一時間前まで仲の良いクラスメート同士だった子どもたちが、目の色という基準で社会的カテゴリーの線を引いて「青い目」「茶色い目」の集団に分けられ、そして先生が差別を煽ることで、簡単に差別する側にまわり、直前までの友達を差別する対象として認識してしまうことだろう。

一九九四年に数十万人規模のジェノサイドが起きたルワンダのツチ族とフツ族の間の関係性も同様

であり、この二つのグループに存在する違いは、ほとんど存在しない。見た目にも実質的な違いはない。旧宗主国であるフランスが統治をしやすくするために、二つの民族集団の違いを煽ったものだといわれている。だから、見た目ではツチ族とフツ族の区別はできない。きわめて政治的な意味合いで存在する区分である。それにもかかわらず、両者の違いを煽ることで、支配・被支配関係が生じ、その不満が噴出する形で近年まれに見るレベルのジェノサイドが発生してしまった。

結局のところ、二つの集団に実質的な違いを伴う必要は必ずしもない。二つの集団に分かれていること、そして、どちらの優越性が煽られ、もしくは次章で述べるような脅威や非人間化などの何らかの手がかりや正当化の理由があることによって、人は容易にヨソ者を差別し、最悪のケースではジェノサイドさえも起きてしまう。

偏見はなかなか修正できない――確証バイアスとサブタイプ化

偏見は間違っていたとしても、もしくは例外を多く含んでいたとしても、じつはなかなか修正されない。むしろさまざまな形で正当化がなされ、維持され続ける。この歪みは、簡単には矯正できないのである。とくに、確証バイアスとサブタイプ化の二つをもとに、外集団への偏見や差別がいつまでも維持されるプロセスを見ていきたい。

① 確証バイアス

まず、確証バイアスとは、自分のもともともっている知識やイメージに合致する情報ばかりに注目する一方で、自分のもともともつ知識やイメージに合致しない情報はほとんど目に入らないという認知バイアスである。このバイアスがあることで、人間は自分のもともつ知識やイメージが「やっぱり正しいんだ」という形で、確信をより強めてしまう。

スナイダーとキャンターは、「営業職＝外向的」「図書館司書＝内向的」というステレオタイプがあることを前提に、次のような実験を行った。[★5] 実験の参加者に、ある人物のプロフィールを読んでもらった。実験では職業志望に関する二つの条件があり、半分の参加者は一番上に「この人物が営業職を志望している」ということが書いてあり、残り半分の参加者は「この人物が図書館司書を志望している」ということが書いてあった。そしてその下には、その人の人物像として同じ内容が記述されていた。内容としては、外向的であること、内向的であること、両面が散りばめられており、この人物が外向的とも内向的ともどちらにでも判断できるものであった。その後、この人物に関してどのようなことが書いてあったのか尋ねた。

回答を分析した結果、本人の職業志望に関して前提知識を与えたうえで、人物像を読ませるとその人物に関する記憶が既存のステレオタイプに合致する方向に歪んでしまっていた。外向的なステレオタイプがある営業職志望だと書かれた人物像を読んだ参加者では、文章の中で外向的な特徴を示す行動ばかりが記憶に残っていた。その一方で、内向的なステレオタイプがある図書館司書志望だと書かれた人物像を読んだ参加者は、内向的な特徴を示す行動を記憶に残していた。

人間はありのままの目でその人を判断することは難しい。営業職だと事前に言われていると、〝営業職っぽい〟外向的な行動ばかりに注目してしまい、記憶に残す。逆に、図書館司書だと言われていると、〝司書っぽい〟内向的な行動ばかりに注目してしまう。そうした結果、「やっぱりこの人は営業っぽい／司書っぽい人だね」と自分のもともつ知識に合致するところばかりを見て、それを記憶し、ステレオタイプの確信度を強めるのである。

このように、人間には自分の思い込みを選択的に確認し、確信度を強める確証バイアスという心理傾向がある。確証バイアスがあることにより、ステレオタイプというもともともっているイメージに対して「やっぱりね」という形で確信を強めるのである。

しかもこうした確証バイアスは自己成就する傾向がある。そもそも偏見が強い人は、否定的に相手に向き合うことになる。たとえば、中国人に悪いイメージのある人は、中国人を嫌い、中国人には話しかけない。そうすると、人間関係は双方向のものであるため、回避された中国人側もまたそうした日本人には話しかけないだろう。そうした結果、距離をおかれた日本人側は、「やっぱり中国人は冷たい人ばかりで、仲良くする気がない連中だ」と自分のもともつ否定的なステレオタイプはより強化され、この二者関係は実際に否定的なものになってしまう。差別が差別を呼ぶのである。

② サブタイプ化

次に、ではステレオタイプに合致しない情報に触れた場合は、どうなるだろうか。確証バイアスの知見から示されていることは、そうした情報はそもそも目につかず、記憶にも残らないことだ。それに加えて、記憶に残った場合にも、例外事象として処理されてしまうことがある。これをサブタイプ化と呼ぶ。

サブタイプ化とは、ステレオタイプに合致しない事例に遭遇した際に、それを特別で例外な事例としてもともとの集団から切り離して扱うことである。こうした合致しない事例が、サブタイプ（下位集団）として切り離されることで、もともともっているステレオタイプ自体は維持され続ける。たと

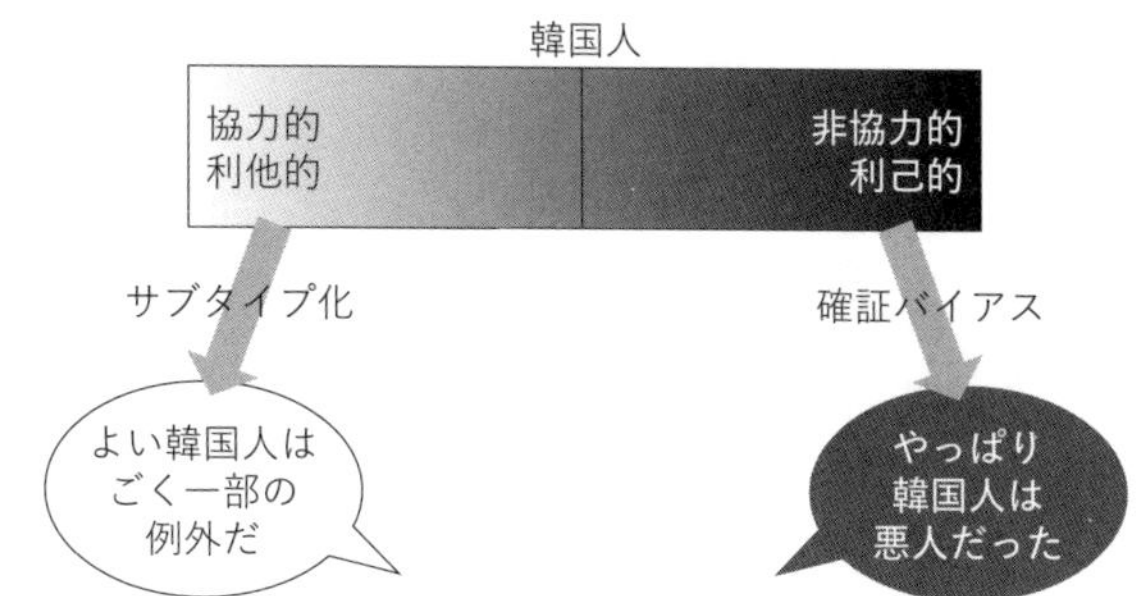

図 6-3　サブタイプ化と確証バイアスによる偏見の強化プロセス

えば、伝統的な性役割に基づいて、「女性＝おとなしい」というステレオタイプをもった人を考えてみよう。こういった人は、「活動的で主張的な女性」を見たときに、その女性を一種の例外として、たとえば「キャリアウーマン」といった別の特別なカテゴリーとして処理することがある。このようにステレオタイプに一致しない事例は、例外として処理され、結局もともとのステレオタイプ全般は維持され続ける。

こうした二つの認知傾向は、お互いに補い合いながら否定的なステレオタイプを維持し続ける役割がある。たとえば、近年のヘイトスピーチで問題となる「韓国人＝悪人」というステレオタイプをもっている場合を例に考えてみよう（図６－３）。

韓国人には、非協力的で利己的な人もいれば、協力的で利他的な人もいるだろう。もちろん、これは日本人を含め、どこの国の人でも同様である。では、韓国人に差別心をもった日本人は韓国人を見たときにどのように認識するだろうか。まず、非協力的で利己的な韓国人を見たときには、「ほら、やっぱり韓国人は悪い奴らだ」と認識する。これは確証バイアスである。一部の悪人を見て、自分がもともともつネガティブなイメージの確信を強める。一方で、その反対の協力的で利他的な韓国人を見た差別的な日本人は、どう思うだろう。ここで「なんだ、韓国人にもいい人はいるではないか」と自身の偏見を修正できればよいのだが、実際はそうはなりにくい。先述のサブタイプ化が生じ、こうした善人の韓国人に対しては例外処理がなされてしまう。「たしかによい韓国人もいるにはいるが、それはあくまでも一部で例外にすぎない」と認識されるのだ。こうした結果、「韓国人＝悪人」というステレオタイプはいつまでも維持され続ける。

ここでは韓国人を例に挙げたが、さまざまなステレオタイプ全般に生じる現象だ。たとえば、「女性＝おとなしい」というステレオタイプをもった人が、おとなしい女性と会ったときには、「やっぱり女性はおとなしいんだ」と確信を強め（確証バイアス）、逆に活動的な女性に会ったときには「あいつは例外にすぎない」と例外処理してしまう（サブタイプ化）。こうした結果、いつまでも「女性＝おとなしい」というイメージが維持され続ける。このように、確証バイアスとサブタイプ化は、ステレオタイプの維持に重要な役割を担うのである。

現代的な差別——奴らは不当な特権を得ているのか？

次に、近年の偏見の形の特徴の一つとして、現代的差別主義という概念を紹介したい。古典的な差別は、外集団を貶め、侮蔑する形のものが多かった。「黒人は／外国人は／被差別部落出身者は、劣っていて、愚かで、野蛮で、暴力的で……」といったものだ。これは古典的差別主義と呼ばれる。しかし、現代では世相は変わり、「差別は問題だ」という規範が広く浸透した。その中で、おおっぴらに差別的発言を行うことは世間で批判されるようになった。そうした社会変化の中で、現代では新しいタイプの差別の形が表れてきた。これは現代的差別主義と呼ばれている。[★6] 現代的差別主義では、

「すでに時代は変化し、差別はなくなった。それにもかかわらず、奴らは過剰な優遇を求め、不当な恩恵を受けている」という（誤った）認識のもと、この〝不平等〟な状態を〝批判〟する形で差別がなされる。こうした場合、これは批判であり、差別ではないという理由づけがなされるために、現代的差別を行っている本人もみずからの考えが差別的であることに気づかないことも多い。つまり、現代的差別は差別を正当化する機能をもっている。

こうした現代的差別主義の概念は、もともとは人種問題が横たわるアメリカでの黒人差別において、提唱された概念である。しかし、黒人差別のみならず、その他のさまざまな差別において利用されているロジックである。たとえば、近年、日本で大きな問題になっているヘイトスピーチもまさに現代的差別主義の形をとっている。たとえば、在日コリアン（韓国人・朝鮮人）への悪質なヘイトスピーチを行っていることが裁判で公的に認められた市民団体に「在日特権を許さない市民の会（在特会）」という会がある。この団体は名称どおり、在日コリアンが優遇されているということを主張しており、典型的な現代的差別主義の形であることがわかるだろう。しかし、こうした団体がデモ活動の中で「よい韓国人も悪い韓国人もどちらも殺せ」という醜いアジテーションに至るのだから、問題は本当に深刻である。

高は、在日コリアン差別に関する社会心理学的研究を近年多く報告している。高が行った質問紙調査では[★7]、在日コリアンが特権を得ているといった現代的差別主義を強くもつ回答者ほど、日本に在日コリアンの生活保護受給者がたくさんいると知覚していた。その一方で、在日コリアンへの古典的な差別の強い回答者ほど、日本に在日コリアンの「ヤクザ」が多く、知的労働者は少ないと知覚していた。また、ツイッターの書き込みのテキスト分析の結果では[★8]、在日コリアンが不当な生活保護を得ているといった現代的人種差別に基づく書き込みが、世の中の真実を暴く、広く周知を求める書き込み内容を伴っていることを示した。このように、在日コリアンに「特権」があるという信念は、現代日本の在日コリアンへの差別心と大きく関わっていることが示されている。

興味深い指摘として、現代の差別主義者は「私は黒人の／在日韓国人の友達がいる。だから自分は差別主義者ではない」と主張するそうだ。[★9]「差別はいけないこと」という一般原則は理解しながらも、みずからの差別心には目をつむり、「不平等への批判だから」という名目を無理やりつけて、正当化している。そうまでして人は差別をしたいのだろうか。

人間はそもそも不平等に対して、敏感な生き物である。自分だけズルいことをしている人を目ざとく見つけ、非難する。進化的な視点からは、タダ乗りする非協力者を処罰し、集団から締め出すなかで広く協力し合うためには適応的なことである。だからこそ、不平等な状態を嫌うのは、人間の本性として根づいたものである。こうした不平等への敏感さは、「あいつらはズルい」という形で外集団へと向かうこともある。それが、人間の奥底に眠る「外集団への差別心」と不平等を嫌う「ズルい奴らを非難する」とがセットになるなかで、何かズルく見える点を無理やりにでも見つけ出し、非難するという形で差別がなされているのだと理解できるだろう。

偏見が表出されるには正当化と非抑制が必要――偏見の正当化－抑制モデル

現代的差別主義ではみずからの差別が正当化されていた。現代では偏見は、社会的に問題ある行為として見なされているがために、偏見がそのまま社会の中で表出されるわけではない。素朴な偏見が社会の中で表出される際には、何らかの心理・社会過程を経て行われるものである。クランドールと

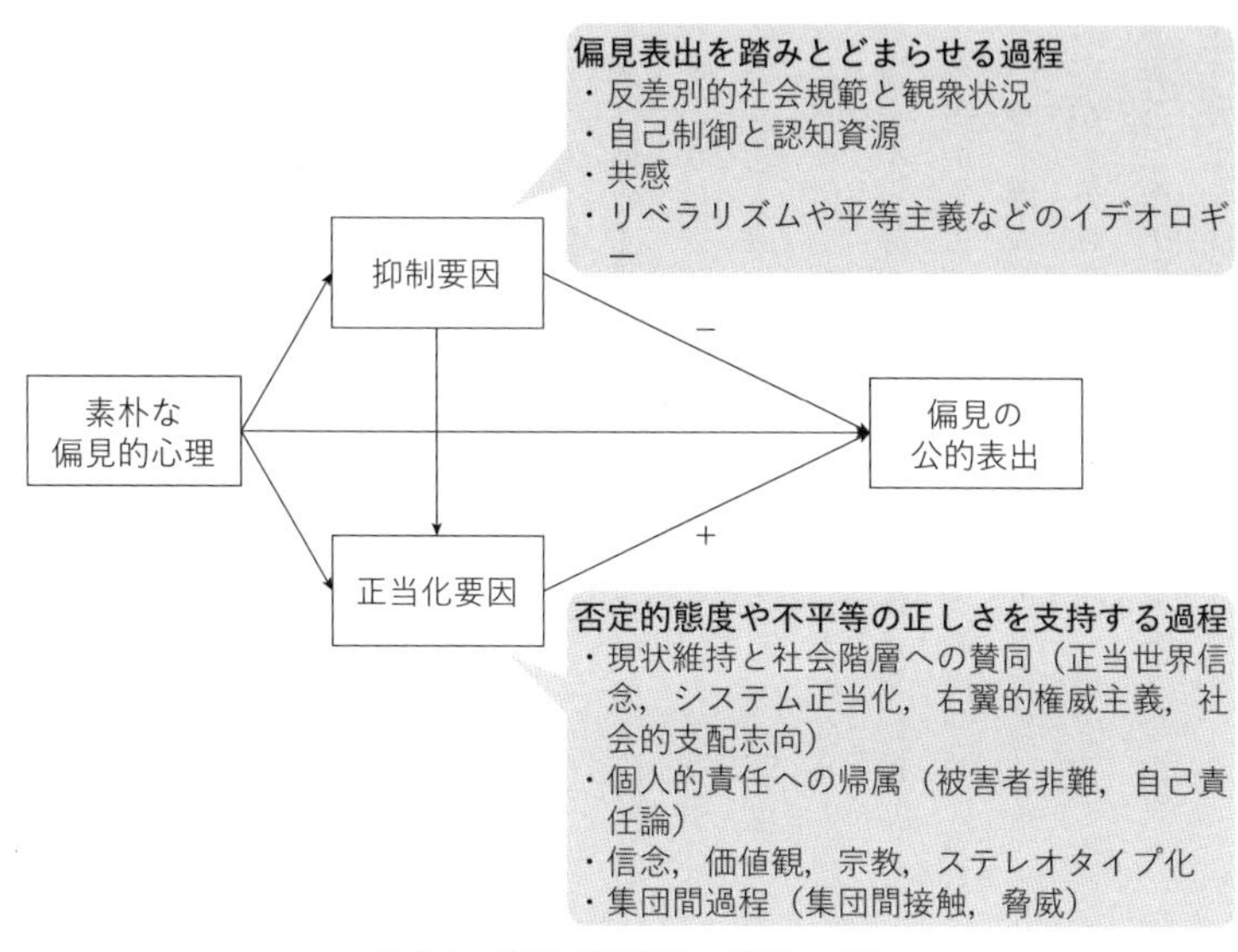

図 6-4　偏見の正当化 − 抑制モデル

（出典）　Crandall & Eshleman（2003）より作成。

エシュルマンは、こうした偏見表出に至る過程を「偏見の正当化 − 抑制モデル」として理論的に整理した[★10]（図6 − 4）。偏見の正当化 − 抑制モデルでは、素朴な偏見が偏見の公的表出へと至る過程には、①偏見表出を踏みとどまらせる過程である「抑制要因」と、②否定的態度や不平等の正しさを支持する過程である「正当化要因」の二つの過程が存在するという。

①　抑制要因

まず、抑制要因から見ていこう。抑制要因では、素朴には外集団に対する偏見を抱いたとしても、その偏見を公に表出することを踏みとどまらせる効果をもつ。抑制要因となりうるものは、まずは反差別的な社会規範である。そうした社会規範のもとでは、他者の目を気にして、観衆状況で公に差別を口にすることを避けるようになる。

さらに、そうした差別発言を口にしないようにしっかりと自己制御をしながら、発言内容に注意を向けて認知資源を割くことも必要となる。みずからの差別発言に傷つく他者の存在に思いを至らせる共感も重要な役割を担う。さらに、リベラリズムや平等主義などのイデオロギーも社会的な価値観として、素朴には抱いたかもしれない差別心を社会的に表出することを問題視させ、偏見表出の抑制へとつながる。

②　正当化要因

もう一つが正当化要因である。正当化要因は、自分たちが抱く意見は社会悪としての「偏見」などではなく、むしろ自分たちの「意見」は社会的に正しい行為なのだと正当化することで、偏見を公にする行為を促進する役割を担う。いわば偏見の解放装置である。もともと偏見は不適切で抑制すべきだという社会規範があるからこそ、その理由づけを求めて正当化がなされるという点で、抑制要因の後で生じる過程だとされる。正当化要因の最も重要なものの一つは、世界は正当で公正な場所であるという正当世界信念[★11]や、社会システムを正当化する動機づけ[★12]などの、現存する社会格差に賛同し、偏見や不平等が横行する社会的現状を維持しようとする動機づけが挙げられる。これによって、不公正な差別を受ける人の存在が社会的に問題ないものだと是認される。また、被害者非難や自己責任論といった個人的責任への帰属がなされる。このことは、社会的弱者はみずからの責任で苦境に陥ったのだからそれを甘受すべきだという形で弱者切り捨てを容認させる心理へとつながっていく。他にも既存の宗教的信念や外集団からの脅威や被害が、外集団への否定的態度をもつことを正当化させ、偏見の表出を促進しうる。

このように、偏見に関する抑制がなされなくなるとともに、偏見をもつことが正当化される結果として、素朴にもつ偏見が、公然と他者の前で表出されるようになる。さらに、こうした偏見表出に至る過程は、外集団に向けられるものだけに成り立つものではない。自分を含む内集団に向けられた偏見を自己概念として受け入れる際にも同様の過程があることもクランドールらは指摘している。

本章で示すような集団単位での否定的な態度やステレオタイプはある意味で、外集団に対して、さらには自分を含む内集団に対しても、人間が人間である以上、誰もが素朴に抱くものだともいえる。しかし、この偏見の正当化‐抑制モデルが示す重要な点は、偏見を社会の中で公的に表出する際には、抑制要因と正当化要因の二側面の過程が存在するということである。つまり、人間が素朴に差別心を抱いたとしても、さまざまな形でその表出を抑制し、また正当性を下げることで、偏見は社会の表には出されなくなることを示しているともいえる。差別心そのものは人間として誰もがもつある種の自然な心理過程だからこそ、それを公的な社会場面でどのように差別の表出を抑制し、差別を正当化するような言説を取り扱っていくかということこそが、社会として重要となる。

「自己中心的」ならぬ「自集団中心的」な歪んだ判断

以上のように、人は外集団を見る際にさまざまに歪んだ解釈や判断がなされ、外集団をつい否定的に見てしまいがちだ。では、その背景となる原因は何なのだろうか。その一つは、本書が注目する「集団モード」である。とくにコミット型‐集団モードのスイッチが入ることで、人間は「自己中心的」ならぬ、「自集団中心的」な判断をしてしまいがちだ。なぜかというと、集団アイデンティティの強い人は、大好きな自分の集団はよいもので、守りたいという動機づけが強い。そのため、とくに敵対的な関係にある集団間関係では、「自集団中心的」な考えのもと、自集団をひいきする歪んだ見方で外集団を見てしまうのである。そもそも人間というのは自己中心的な生き物だ。これまでの心理学の多くの研究が、人間が自分本位の生き物であり、自分以外の立場から物事を判断することがいかに困難であるかを示してきた。人間というのは、日常的に自分に都合のよいように世界を見ているものなのである。

そして、こうした自集団中心主義的な判断は、多くの集団間の認知バイアスを生み出す。とくに集団間関係に関連する認知バイアスとして本書では三つの認知バイアスを紹介する。なお、集団間関係のみならず紛争場面に関する認知バイアスは、大渕の著作[★13]にもくわしく記載されている。あわせてご覧いただきたい。

認知バイアス①——究極的帰属エラー

自分自身が行った行動と比べて、他人が行った行為は、性格や能力といった内的な属性に原因が帰属されがちである。これは基本的帰属のエラーと呼ばれ、これは自己‐他者間の認知バイアスである（一七ページ参照）。これを集団間関係（内集団‐外集団）に対して適用したものが究極的帰属エラーである[★14]。内集団や内集団成員が行った行為は「事情があった」「そういう状況だった」から行ったのだろうと状況要因が原因だと考えられやすい。一方で、外集団や外集団成員が行った行為は、能力や内面として捉えられがちであり、結果として偏見を強めてしまう。つまり、同じ行為であっても、それを行ったのが内集団成員か外集団成員かによって、推測される行為の原因が異なって捉えられてしまうのである。

ここで重要となるのは、集団間関係の究極的帰属のエラーはおもに否定的側面で機能するという点である。たとえば、ある外国人が銀行強盗をしたときには、その理由は外国人としての性格（国民性）や遺伝要因に結びつけて判断されがちである。しかし、その外国人がよいことをしたときにはそのように判断されることは少ない。外集団はデフォルトで悪い方向で原因が推測される傾向があるために、たとえよい行為を行ったときにも、先述のサブタイプ化がなされ、特別な例外ケースだと見なされるためである。この点で、内集団奉仕的かつ外集団蔑視的な原因帰属が行われるといえる。したがって、究極的帰属バイアスは、とくに集団間紛争場面では、外集団の偏見を強め、悪魔化を進める要因となってしまう。こうした究極的帰属のエラーの代表的な研究として、ハンターらの研究を紹介しよう。

ハンターらの研究[★15]では、カトリックとプロテスタント間の北アイルランド紛争を題材に実験を行った。実験参加者であるカトリックとプロテスタントそれぞれに、紛争場面での暴力行為のニュースを見てもらい、この暴行加害者がなぜそのような暴力行為を行ったと思うか、その理由を答えてもらった。

このとき、この暴行加害者が内集団のとき（カトリックから見たカトリック暴行者、プロテスタントから見たプロテスタント暴行者）には、暴力行為の理由は「被害への報復」「防衛行動」などの自分たちの外にあることが原因だと帰属され、正当化がされる傾向が見られた。

その一方で、暴行加害者が外集団のとき（カトリックから見たプロテスタント暴行者、プロテスタントから見たカトリック暴行者）には、暴力行為を行った理由は、加害者は「精神異常者」であり、「血に飢えている」連中だからだといったように、敵対集団の人々の性質のような形に内的帰属が行われ、加害者は攻撃的な存在であると解釈がなされた。

ここで重要となるのは、この外集団の悪魔化は合わせ鏡のようにお互いがお互いに対して行っているという点である。カトリックは、自分たちカトリック側の暴力は事情があると擁護して、一方で敵対したプロテスタントの暴力は心からの悪魔性が原因だと見なす。一方で、プロテスタントもまた同じように、プロテスタント側の暴力は事情があると擁護して、カトリックの暴力は加害的な本質として見なしている。どちらも内集団と外集団に対する見方という点では同じなのである。

これは日本人であっても同様であろう。国内のお店の入店時に「外国人お断り」の張り紙が貼られていたときに、日本人による「××人お断り」には「やむをえない事情」があったのだろうと考えてつい共感的に擁護してしまうかもしれない。一方でもしも外国旅行中に、その国の人によって書かれた「日本人お断り」の張り紙を見れば、「日本人への悪意や敵意」に基づくと感じられるだろう。同じ「外国人お断り」の張り紙であっても、自分がどちら側に位置するのによって判断と見方が変わってしまうのである。まずはこの非対称性に気づくことが非常に重要となる。

認知バイアス②——反発的低評価

次に紹介する認知バイアスの反発的低評価とは、紛争相手が提案した意見だというだけで、相手の提案や譲歩を低く評価する傾向である。これはとくに国家間対立や党派間対立の場面でよく見られるものである。

「自民党／共産党が出す案は全部ダメだ」

「韓国人の言うことは、自分たちに都合がよいものに決まっている」

我々は、内容そのものではなく、誰が言ったのかによって内容の評価が一八〇度変わってしまうことがある。

マオズらの研究[★16]では、イスラエル－パレスチナ紛争において、一九九二年のオスロ合意の和平案を題材にして、イスラエルの大学で学ぶ大学生を対象に次のような実験を行った。回答者には、アラブ系学生とユダヤ系学生とがそれぞれ存在した。実験者は、和平案をつくった起草者がイスラエル交渉団である場合と、パレスチナ交渉団である場合の二種類の和平合意案のいずれかを、参加者に配布し、イスラエルとパレスチナそれぞれにどのくらい有利な内容であるかを回答してもらった。

実験の結果、アラブ系学生は、自分たちの内集団側であるパレスチナ提案だと言われた合意案に対しては、およそ公平だと評価した。それに対して、外集団側であるイスラエル提案だと言われた合意案を読んだ場合には、外集団のイスラエル側に有利で、自分たちパレスチナ側には不利な合意案だと評価した。

翻って、ユダヤ系学生を見てみよう。ユダヤ系学生はタカ派（強硬派）とハト派（穏健派）に分けて分析されたのだが、ハト派においては、内集団側であるイスラエル提案の合意案に対しては、やはり公平な内容だと評価したのに対して、パレスチナ提案の合意案だと言われると、外集団のパレスチナ側に有利で、自分たちイスラエル側には不利な内容だと評価していた。なお、ユダヤ系タカ派では、どちらが提案しても、パレスチナ側に有利な内容だと評価していた。もともとタカ派はパレスチナへの強硬策以外は支持しないためだろうと解釈されている。

この実験では、和平合意案の内容自体は、どの条件でも同じである。異なっているのは、誰が書いたのかという点である。自分たち側か相手側か、それこそが評価のポイントになってしまう。内容それ自体を考慮することもなく、誰が書いたかによって見え方が一八〇度変わるのである。

こうした反発的低評価が生じる原因は、外集団の行為に対してはバイアスをかけて動機が推論されることだとされる。外集団に対しては根源的な不信感があり、外集団との関係性では、外集団は自分たちに対して敵意や悪意をもって行動してくるに違いないと感じてしまう。せっかくの和平合意案のような集団間関係を建設的なものへ向かわせる取り組みさえも、人々はついうがった見方で悪意をもって捉えてしまうことがあり、その伝え方には十分に注意することが必要である。

認知バイアス③——敵−味方分断思考

ここまで述べてきたとおり、内集団と外集団に分け隔てを行う社会的カテゴリー化は、集団間紛争の根源となる社会心理過程である。しかし、こうした社会的カテゴリー化のしやすさにも個人差があると考えられる。人によっては、すぐに他者を「ヨソ者扱い」さらには「敵扱い」する人もいるだろう。すなわち、世の中に心理的線引きを行い、内集団と外集団を分け隔てて、そして外集団は危害をもたらす「敵」だと見なす一方で、内集団を「味方」として見なす心理傾向が高い人だといえる。こうした心理傾向を筆者らは「敵−味方分断思考」と名づけて、調査を行った。[★17] この研究では、敵−味方分断思考は、次の二つの側面との関連があることが示された。一つが、陰謀論信奉であり、もう一つが移民や国防に関する政治的態度である。

まず、陰謀論とは、「重要な社会的・政治的出来事や状況の究極的な原因を、二人以上の力をもつ行為者による秘密の陰謀の主張から説明しようとする試み」と定義される。[★18] たとえば、アメリカでは、ケネディ大統領の暗殺や九・一一同時多発テロには隠れた〝黒幕〟がいることが一部の人々で信じられている。陰謀論では、巨大な利権をもつ企業や政府、もしくはユダヤ人や在日朝鮮人といった外国人や、フリーメイソンなどの秘密結社が、社会を牛耳る悪玉集団として描かれることが多い。

近年陰謀論が大きく注目されたのは、二〇二〇年のアメリカ大統領選挙のときである。当時の大統領であったトランプが、対立候補の現・大統領のバイデンが選挙で得た票を不正に操作したと根拠もなく主張した。そこではバイデン陣営や民主党による陰謀があるとされていた。その後押しとして大きな影響力となったのが、Qアノンと呼ばれる、「悪魔崇拝や小児性愛を行う民主党員やハリウッドのエリートたちからなる秘密結社（ディープステート）がアメリカを牛耳っている」というインターネット上の陰謀論である。Qアノンでは、トランプ氏はディープステートと戦う英雄として崇拝されていた。選挙敗退後の集会でトランプ氏によって煽られた支持者たち数百人が国会議事堂に乱入するという民主主義国家として前代未聞の事件さえ起きた。

こういった陰謀論信奉は、非合理的・非科学的であることがほとんどであるが、信奉者にとっては強固な信念として保持されることで、先に紹介したアメリカ国会議事堂襲撃のような過激主義に陥ることも少なくなく、近年重要性が指摘されているトピックである。

さて、話を戻して、筆者らは二〇二一年一月（新型コロナウイルス感染禍第二回緊急事態宣言時かつアメリカ大統領選挙の二カ月後）に質問票調査を行い、敵－味方分断思考と陰謀論への信奉度との関連を分析した。その結果、こうした各種の陰謀論への信奉度と敵－味方分断思考に一貫した関連が見られた。敵－味方分断思考が強い人ほど、各種の陰謀論を信奉していた。この調査では、陰謀論として多様な側面を調査した。調査時点で最も社会的重要性が高い関心事であった新型コロナウイルス感染症に関するものとしては、「日本政府が感染者数の大半を隠蔽している」というものや、「新型コロナウイルスは中国が作った生物兵器だ」といったものであった。また、時の政治的トピックとしては、先にも触れた「アメリカ大統領選挙で不正が行われた」というものや「政府は自分たちに都合の悪い報道が出るときに、薬物使用した芸能人を逮捕させて隠蔽を試みている」といった陰謀論を尋ねた。こういった政治的立場も幅広い八つの質問を準備した。そのいずれのトピックの陰謀論に対しても、敵－味方分断思考が強い人ほど、信奉度合いが高いという結果であった。つまり、敵－味方を分断して捉える心理傾向が強い人ほど、政治的立場などもバラバラであるどの陰謀論に対しても、「それはありそうなことだ」と判断していた。

なぜ敵－味方分断思考は、陰謀論信奉と関連していたのだろうか。それはまさに陰謀論は「敵」をつくり出す心理過程の中で信念が強くなるという特徴をもつためだと考えられる。陰謀論は、社会を牛耳る悪意をもった集団が陰謀を企てているという信念に基づくものである。したがって、敵－味方分断思考が強い人は、悪意をもった集団を世の中に見出しやすいために、さまざまな陰謀論に陥りやすいのだと解釈できるだろう。

もう一つ、敵－味方分断思考との関連性が示されたのは、外国に対する脅威やそれに関連する政策に対する政治的態度である。敵－味方分断思考が強い人ほど、外国に対する軍事的な脅威を覚え、また外国人が移民として日本にやってくることに脅威を感じていた。そして、政策に関しては、移民政策や永住外国人への地方参政権を支持しないという傾向が見られた。このように、敵－味方分断思考は、場面に依存しない一般的な敵集団と味方集団を見出しやすい心理傾向であるが、これが国家・民族レベルでの攻撃的・排斥的態度をもたらしうる可能性が示された。敵ー味方分断思考は、敵集団を過剰に見出す心理傾向である。外国もまた敵集団と見なすことで、攻撃的ないし回避的な行動をもたらしたのだと考えられる。

脅威に関しては、次章でより詳細に扱っていくが、外集団を恐ろしい敵として見なすことは、集団間紛争を強めるキーファクターとなる。敵ー味方分断思考はこうした脅威知覚も高めることが考えられる。この敵ー味方分断思考は、まだ走り始めたばかりの研究であるため、今後さらに検討を深めていくことが求められる。

＊

以上、本章では、基本的な社会的カテゴリー化のメカニズム、さらにはそこから生じる認知バイアスを三つほど取り上げて紹介した。次章では、より強い紛争場面で暴力性を高める「外集団への見方」として、脅威と非人間化を検討していきたい。

□まとめ

・私たちはヨソ者を見るときに特有の歪んだ見方をしており、否定的に見てしまう。これが偏見の原因となる。
・人は社会的カテゴリー化によって「我々」と「奴ら」の間に心理的な線引きを行い、「奴ら」を差別してしまいがちである。
・確証バイアス（「やっぱりね」）とサブタイプ化（「あれは例外だ」）は、もともともつ偏見をいつまでも維持する機能がある。

・現代の差別は、不当な恩恵を受けている奴らへの批判だという形で、心理的に正当化されることが多い。
・こうしたさまざまな外集団への認識が否定的な方向に歪んでしまう原因には、集団モードのスイッチが入り「自己中心的」ならぬ「自集団中心的」な見方をしてしまうことが挙げられる。

第7章 「敵」だと認定されるヨソ者

脅威と非人間化

『戦争プロパガンダ10の法則』という本がある。[★1] この本は、アンヌ・モレリという歴史学者が、近代以降の戦争の際に繰り返されてきた、戦争を正当化するプロパガンダを一〇の法則としてまとめたものだ。

この一〇の法則のうち四つが敵側に関するものである。

「敵側が一方的に戦争を望んだ」
「敵の指導者は悪魔のような人間だ」
「敵はわざと残虐行為に及んでいる」
「敵は卑劣な兵器や戦略を用いている」

これらを見ると、敵を悪魔化し、自集団に対する脅威として位置づけることで、戦争が正当化されているようだ。別のいい方をすると、人間は、外集団を脅威と感じ、人ではない悪魔のような存在として見なしたとき、その外集団への攻撃もやむをえない、むしろ必要なものだと思うのだといえる。

前章では集団間の対立的認知が生じる基本的な心理過程を見てきた。本章では、その中でもとくに紛争や暴力に大きな影響をもたらす「脅威」と「非人間化」の二側面をそれぞれ見ていこう。

脅　威

まず一つ目が「脅威」であり、外集団を恐ろしいものとして認識するプロセスである。人間がある集団を自分が所属していない「外集団」として見る、その認知過程自体において、そもそも過剰に否定的な方向に歪めた認識が生じやすい。「我々 対 奴ら」という枠組みで現象を捉えてしまうがために、人は外集団を自分たちに危害を及ぼす恐ろしい脅威として見なしてしまいがちだ。外集団に脅威が知覚されるバイアスは、人間の根源的な認知として根づいていることが指摘されるようになった。潜在認知、すなわち非意識の心理学実験では、どうやら外集団は脅威と脳内で結びついているようだ。まずは、潜在認知研究ならびに神経科学研究を参照しながら見ていこう。

「外集団＝怖い」？

近年では、外集団に脅威が知覚されるバイアスは、人間の基礎的認知に根づいていることも指摘され始めた。本人も気がつかない非意識を扱う潜在認知の研究によると、どうやら外集団は脅威と認知的な連合が形成されているようだ。

学習心理学における恐怖条件づけの原理を用いた実験を紹介しよう。[★2] 恐怖条件づけでは、たとえば、恐怖を感じる大きな音といった恐怖喚起刺激と中性的な刺激であるウサギとが繰り返し一緒に提示されることで、「ウサギ＝恐怖」という感情喚起の条件づけが成立する。こうした恐怖条件づけの手続きを応用して、白人にとっての黒人、すなわち異人種に対して恐怖条件づけを形成した。つまり、異人種と恐怖喚起刺激が何度も一緒に見せられることで、「異人種＝恐怖」という連合が頭の中にできあがる。通常、こうした条件づけは時間が経つとともに少しずつ消えていく（消去）。そのため、恐怖条件づけも通常は時間の経過とともに消えていく。しかし、この実験によると、同人種に形成された恐怖条件づけと比べて、異人種に形成された恐怖は時間が経っても消えなかった。これは「異人種＝恐怖」という連合が頭の中にもともと根づいていたがために、その連合を強める恐怖条件づけが消去されなかったのだと解釈されている。

また、潜在連合テスト（ＩＡＴ）を用いた実験を紹介する。潜在連合テストとは、出てきた単語を右側か左側へと分類していく課題を用いて、どの単語カテゴリーが人間の頭の中で潜在的に強く結びついているのかを調べる課題である。たとえば、虫カテゴリーの「バッタ」と「嫌い」をともに右に分類するときには素早く分類できるが、「バッタ」と「好き」をともに右に分類するときには反応が遅くなるとしよう。これは「虫＝嫌い」はすぐに処理できるが、「虫＝好き」は処理しにくいことを指しており、この実験参加者には「虫－嫌い」という潜在連合が頭の中にできていると解釈される。

さて、シャラーらの実験では、白人の実験参加者を対象として、個人差として世界が危険なところだと考えているかどうかを測定するとともに、部屋が暗いか明るいかを状況として操作したうえで、「黒人－危険」という潜在連合をＩＡＴによって検討した。[★3] その結果、世界が危険なところだと考えている人は、部屋の暗さという危険の手がかりがあるときに、「黒人－危険」という潜在連合が強くなっていた。つまり、暗くて脅威に敏感になる状況では、とくに世界が怖いと思いがちな人は、「黒人＝危険」だと認識を強めたのだといえる。

このように、外集団は認知の奥底では脅威と結びついている。「奴ら」は怖いのである。

外集団を見ると恐怖を感じる脳部位が活動する

また、近年盛んになっている神経科学研究でも「外集団＝脅威」という連合が形成されていることが示されている。いくつか紹介していく。

脳の中でも、情動、とくに恐怖などの不快情動との関連が示されている部位が扁桃体である。ハートらの実験[★4]では、白人と黒人の参加者に対して、同人種もしくは異人種の見知らぬ人の顔写真を繰り返し見せた。このとき、同人種の写真は、繰り返し提示されることで慣れが生じ（馴化）、最初は反応した扁桃体の活動がだんだんと低下した。しかし、異人種（白人における黒人、黒人における白人）の顔写真を繰り返して見ても馴化が生じにくく、扁桃体の活動が強い状態が長く持続した。

また、白人参加者を対象に行われた実験では、黒人の顔写真を見たときの扁桃体の活動が強い人ほど、先に紹介したＩＡＴにおける「黒人－ネガティブ」の潜在連合が強いことが示されている[★5]。さらに、別の研究では、白人参加者において、提示する顔写真の人種と顔の肌の明るさを操作した検討を行ったところ、同人種である白人に対しては、肌が明るいときには扁桃体が賦活しなかったのに対して、異人種である黒人に対しては、肌の明るさと関係なく扁桃体が賦活した[★6]。

以上のように、白人－黒人という人種的外集団に関して、異人種の顔を見るだけで脅威と関連した扁桃体が自動的に活動することが示されてきた。異人種というのは外見から人種的外集団が判別しやすく、また歴史的・社会的な差別構造が存在するために、外集団への認知の対象として多く用いられてきた。

ただし、留意すべき点として、外集団とは人種における外集団とは限らないという点である。非意識的なレベルでの、もしくは神経科学レベルでの脅威は必ずしも異人種に対してのみ生じるわけではない。むしろ場面によっては、異人種に対する扁桃体の活動は見られなくなる。重要となるのは、その状況で、どういった集団間関係が顕現化されているのかによる。たとえば、バスケットボール場面でチーム成員性と人種による扁桃体への影響を同時に検討した実験では[★7]、チームの成員性が顕現化されたときには、扁桃体は相手チームに対して反応した。一方で、異人種に対する扁桃体の反応は見られなかった。また、人種に注目させない課題を行わせたときには、異人種の顔を見ても扁桃体の反応が見られないことが指摘されている。したがって、異人種だから人は恐怖を抱くのではなく、その状況で「外集団」だと見なされた相手集団に対して恐怖を抱くのである。つまり、どの集団間関係が状況的に顕現化されているのかによって、どれが外集団だと見なされるのかが変わり、ひいては脳の中の脅威反応が変わってくるのである。

脅威の二側面──現実的脅威と象徴的脅威

さて、ここまで「脅威」を一次元として説明してきたが、とくに国家間・民族間関係の脅威研究では、脅威には二側面あることが示されている[★8]。

一つは現実的脅威である。安全、経済、政治、心身の健康といった実際的な事柄に関する脅威である。これは、利害関係の対立から集団間紛争が生起するという現実的利害対立理論からも説明されてきた。もう一つは、象徴的脅威である。これは、価値観、基準、信念、道徳といった内集団の世界観に対する脅威である。自分たちとは異なる外集団の価値観が入ってくることで、元来の自分たちの価値観が変容・消滅してしまうのではないかと脅威が感じられる。

これらの二側面はそれぞれ外集団に対して否定的態度を引き起こすことが知られている。たとえば、国民と移民[9]、白人－黒人間関係[10]、さらには男女関係[11]といったさまざまな集団間関係に関して適用されてきた。そして、その結果、影響の程度の差はあれ、一貫して現実的脅威と象徴的脅威の二側面が否定的態度を強めることが指摘されてきた[12]。つまり、外集団は自分たちの政治、経済、軍事といった実際的な脅威が感じられると同時に、自分たちの価値観や文化が侵害される脅威を感じられることで、外集団への否定的態度が強くなるのである。

筆者らが行った日中関係における研究では、脅威の両側面と集団間攻撃との関連性を検討した[13]。日本人と中国人両国民を対象に、相互にどのような態度をもっているのかを質問紙調査によって検証した。その結果、両国民において、象徴的脅威と現実的脅威が、相手が自分たちに危害意図をもっていると知覚しているかどうかという敵意帰属知覚を経由して、攻撃的政策支持を強めるという影響が示された（図7－1）。つまり、日本人において、中国に象徴的脅威と現実的脅威を感じている人ほど、中国から自分たちへの危害意図を知覚し、その結果、中国に対する攻撃的政策を支持するようになった。そして、これは、中国人から日本に対しても、まったく同様の鏡写しのプロセスが成り立っていた。なお、象徴的脅威、現実的脅威の先行要因として、昔ながらの伝統を重視する価値観である伝統主義は脅威を強める関係が見られた一方で、正義や平等、世界平和といった普遍的な価値観を重視する価値観である普遍主義は脅威を弱める関係が見られた。

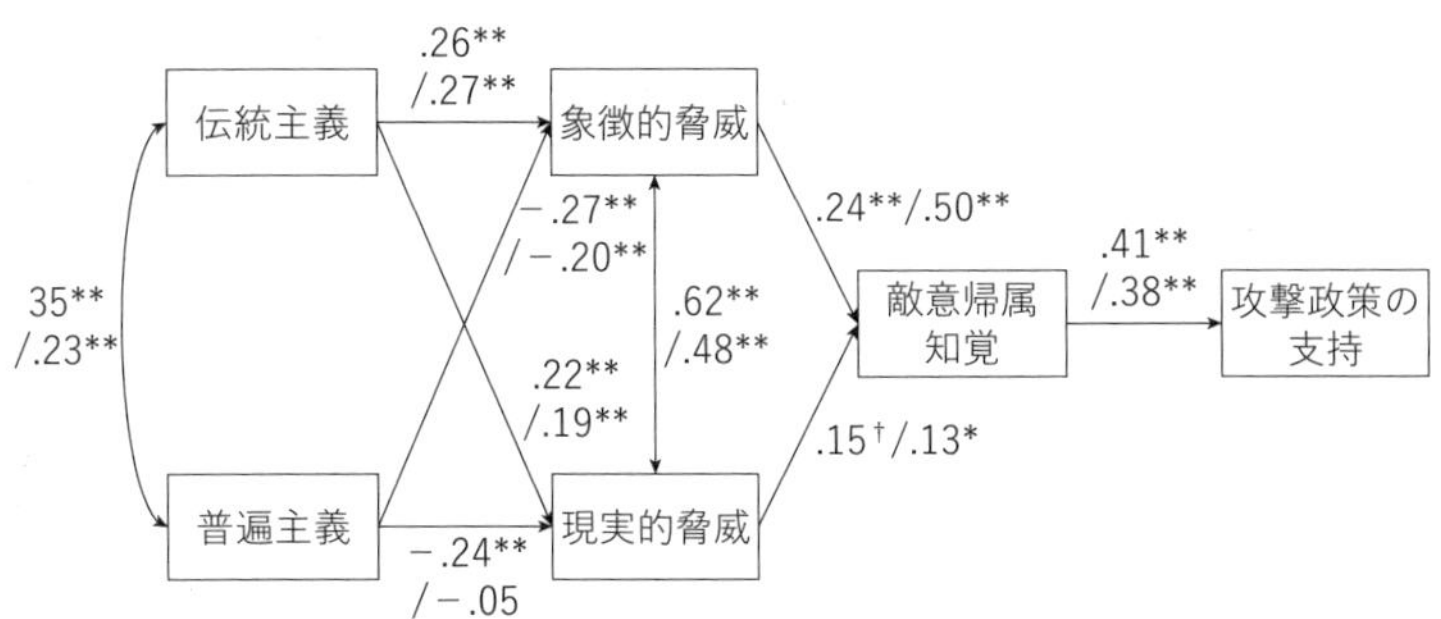

図 7-1　日中関係における象徴的脅威と現実的脅威の役割

（注）　パスに付された値は標準化回帰係数であり，左が中国人サンプル，右が日本人サンプルの結果を示している。$^{+}p < .10$，$^{**}p < .01$。

（出典）　Huang et al.（2015）より作成。

これを言い換えると、日本人と中国人の両国民どちらも、価値観、文化に関する脅威や経済的、軍事的、政治的な脅威を感じた結果、相手国は自分の国に危害を加えるのではと疑心暗鬼になり、攻撃的な反応をとろうとすることを意味している。

どちらも鏡写しのように類似したプロセスなのが重要な点である。矢印に付された数値はパス係数といい、関係性の強さを表すのであるが、若干の違いはあれども、右と左の数値はかなり似ている（左が中国人、右が日本人）。つまり、日本人から見た中国でも、中国人から見た日本でも、象徴的脅威と現実的脅威が集団間攻撃を引き起こす影響のプロセスはおおむね似ているのである。

そのため、日本人から見たときの中国人も、中国人から見たときの日本人も、どちらも等しく、外集団はいつだって「脅威の対象」に見えてしまう。あなたが外国人に脅威を覗くとき、外国人もまたあなたに脅威を覗いているのである。

保守主義者の脅威過敏性

脅威は政治イデオロギーとも関連が深い。政治イデオロギーの代表的な軸は、「右」と「左」という軸であろう。右が「保守」であり、左が「リベラル」や「革新」である。政治イデオロギーによって、社会の理想形態が異なっているために、支持する政策が異なってくる。右派（保守主義者）は昔ながらの伝統的な考え方や社会制度を尊重し、国家・集団志向的である。一方で、左派（リベラル、革新主義者）は、とくに平等を重視し、弱者救済に向けた福祉政策を重視し、個人志向的である。日本であれば、右派（保守主義者）は、日本固有の伝統や文化、天皇制を重視し、憲法を改定することで国防強化を志向する。一方で、左派（リベラル）は、自由と平等を重視し、女性や同性愛者といった弱者の権利を保護する福祉政策を推進することを志向し、国防強化を望まない。もちろん政治イデオロギーの「左－右」という軸は大雑把に簡略化されたものであるものの、その汎用性と説明力から最も広く用いられてきた。

これまでの社会心理学、政治心理学の研究では、政治的な右派、つまり保守主義者の方が外国に対して攻撃的・排外的な態度をもちやすいことが繰り返し示されてきた。保守主義者は、本来は孤立志向的であるが、国家の利害が関わるときには、外国に対して攻撃的な態度をとりやすい。アメリカのトランプ前大統領はまさにその典型である。

保守主義者の集団間攻撃性が高い理由には、国家主義的な態度の強さなど[★14]（第1章も参照）、いくつか挙げられるが、ここで注目したい理由の一つが、保守主義者の脅威過敏性である。

もともと人間は、脅威に対して、安全と安心を求める。その傾向がとくに強いのは保守主義者である。メタ分析でも、保守主義の程度と主観的な脅威知覚の各側面とは正の関連性が確認されてきた。[★15]

保守主義者は、世界を危険だと捉えやすく、テロリズムなどの外的な脅威を知覚しやすい。神経反応としても不安が高い。死の恐怖も感じやすい。保守主義傾向は、死によって自分の存在が消えることといった実存的な脅威とも関連しているが、とくに、世界が危険で自分が危害や損害を受ける可能性を感じるといった、もっと実際的で物理的な脅威との関連性が強いことも指摘されている。[★16]

このように、脅威と保守主義とが相互に結びついているがために、状況的な脅威が高まると、人々の保守主義傾向が強まるというプロセスも見られる。ネイルらの研究[★17]では、政治的にリベラルなアメリカ人を対象に、さまざまな脅威を与える実験を行った。研究一では、もともとは政治的に保守的な人と比べてリベラルな人々は、アメリカ賛成記事をアメリカ反対記事より好む傾向は見られなかった。しかし、エンロンの破綻に関する記事を読ませ社会的不公正に関する脅威を高めると、リベラルな人も、保守的な人と変わらないくらい、アメリカ賛成記事を好むようになった。研究二、研究三でも同様に、死の脅威を高めることで、リベラルに特徴的な心理傾向をもつ人が、保守主義者と同じように、確実性を好み、曖昧さを嫌う信念をもつようになったり、反同性愛傾向を強めたりするようになった。つまり、脅威が高まると、それに対する防衛反応として、人は保守主義的な心理傾向を強めるといえる。

一方で、逆に脅威が低くなると、人はリベラルになる。物理的安全性を高めてやることで、保守主義者が社会的にリベラルな考え方を支持するようになり、変化への抵抗感も低くなった。[★18]つまり、状況的な脅威次第で、人は保守になったりリベラルになったりと変わりうるのである。

今の日本でも同様に、保守主義者は、近隣諸国からの脅威を強調しがちだ。だからこそ、「防衛」を政策として重視する。外国は日本の脅威にほかならないからである。しかし、その根底にはどうやらそもそもの脅威への過敏性の存在が指摘できる。逆に、脅威が低減していくことで、国全体の政治的なイデオロギーも変化していくと考えられる。

脅威が引き起こす防衛的先制攻撃

二〇〇一年の九・一一テロの後、当時のジョージ・ブッシュ大統領は、テロリストや大量破壊兵器を拡散させる「ならず者国家」に対して、先制的自衛権を主張した。自国が攻撃されてからでは遅い、先に殲滅してしまえとばかりにアメリカが戦争へと突き進んだことはご存じのとおりである。

このように、外集団が脅威であるときには、防衛的反応として先制攻撃が行われることがある。「やられる前にやる」もしくは「先手必勝」といった言葉で端的に表されるように、外集団が脅威である場合、先に攻撃して相手を倒してしまえば、内集団の被害は最小限で済む。そう考えて自己防衛のために先制攻撃を仕掛けることがある。

こうした防衛意図に基づく先制攻撃を実験室状況で調べるために、三船らは「先制攻撃ゲーム」と名づけた一連の実験を行った[★19]。

先制攻撃ゲーム実験のおおまかな枠組みは次のようなものだ。二者のプレイヤーが実験室に呼び出され、両者に五〇〇円ずつが与えられる。パソコンの画面上には赤いボタンがあり、両者ともがボタンを押さずに三〇秒待つことができれば、二人とも五〇〇円がもらえる。しかし、三〇秒の間にどちらかが先に赤ボタンを押したとしよう。この場合、押した側は「マイナス一〇〇円」である四〇〇円の報酬を得る。そして、相手に先に押された側は「マイナス四〇〇円」となり、一〇〇円しか報酬を得られない。つまり、二人で一緒に三〇秒ほど待てば五〇〇円もらえるが、先にボタンを押しても一

○○円減るだけで自分も相手も押した側にはメリットはない。

では、どんなときに自分の報酬さえも減ってしまうこのボタンを押すのだろうか。それは、相手がボタンを押すように感じられたときである。もしも相手が自分たちに危害を加えてくる意図をもつと感じられたとしよう。そのときには、自分が「マイナス四○○円」を食らって報酬が一○○円になってしまうよりも、むしろ先に防衛的にボタンを押すことで、自分が一○○円減ってでも四○○円を確定させた方が得である。つまり、相手が攻撃してくるという脅威を感じる場合には、損をしてでも先に攻撃を仕掛けるボタンを押すことが起こりうる。

実際に、実験を行った結果によると、相手から攻撃される可能性があることによって、半分の人は赤ボタンを押し、先制攻撃を行うようだ。

これはあくまでも一対一の関係性である。では集団 対 集団の関係性では、防衛的な先制攻撃は生じるのだろうか。三船らはまた別の実験の中で、絵の好みというほとんど意味のない基準で二つの集団に分けるという最小条件集団の手続きをもとに先制攻撃ゲーム実験を行った[20]。実験の結果、相手が内集団成員でも外集団成員でもボタンを押す割合に違いは見られなかった。つまり、内集団成員よりも外集団成員に対して赤ボタンを先に押し、先制攻撃をしやすいという効果はなかった。

また、三船らは別の実験を行い、個人間関係（一対一）よりも集団間関係（集団 対 集団）の方が競争的・攻撃的になりやすいという個人間－集団間不連続効果の知見に基づき、「一対一」という個人間関係よりも、「三対三」の集団間関係では、先制攻撃が行われやすいという効果があるのかを調べた[21]。実験の結果、「一対一」と「三対三」とでは先制攻撃率は同程度であり、防衛的先制攻撃においては集団間関係の方が個人間関係よりも攻撃的になりやすいという個人間－集団間不連続効果は見られなかった。ただし、自分が集団で相手が個人という「三対一」の場合に、防衛的先制攻撃が行われやすかったが、その理由は十分には理解できていない。

以上の結果は、最小条件集団のような社会的な意味のない集団や単純に実験室につくり出した一時的な集団では、外集団だからといって防衛的な先制攻撃が必ずしも見られるわけではないことを示している。これは最小条件集団や実験室の一時的な外集団には脅威があまり感じられないためだと考えられる。

では、内集団よりも外集団への先制攻撃が見られるのはどのようなときだろうか。ここからは防衛的先制攻撃が高まる場面として、同じく三船らによる二つの実験結果を紹介しよう。どちらの実験場面も外集団脅威がとくに強い場面だと解釈できる。

一つ目に、三船は、攻撃力が非対称な場面で実験を行った[★22]。この実験では、絵の好みで二つの集団に分ける最小条件集団の実験枠組みを引き続き用いるとともに、ボタンを押したときに「押された側が減る金額」が操作された。実験の結果、相手側が自分よりも先にボタンを押したときに強い攻撃ができる場合、つまり相手が先にボタンを押したときに自分の損害が大きいという脅威を強く感じる場面では、とくに外集団の相手に対して、先にボタンを押し、防衛的な先制攻撃を行うことが示された。

また、競争的な国家間関係という現実的な集団間紛争場面を用いた場合には、外集団への防衛的な先制攻撃がより多く生じた[★23]。この研究では日本、アメリカ、中国の三カ国の参加者が、各三カ国のいずれかの相手と先制攻撃ゲームを行ってもらった。

実験の結果、アメリカ人は、先制攻撃を行う割合に、相手の国籍による違いは見られなかった。重要なのは、日本人と中国人の結果である。日本人も中国人も、相手がアメリカ人のときには、相手が自国人のときとボタンを押す割合は変わらない。しかし、日本人が中国人とゲームを行うとき、もしくは中国人が日本人とゲームを行うときには、ボタンを押す人の割合が高くなり、防衛的な先制攻撃が多く行われていた。これはとくに相手の国民（日本人から見た中国人、中国人から見た日本人）が「冷たい」人々だというステレオタイプをもっているほど、相手に先制攻撃をより行う傾向が見られた。

日本、アメリカ、中国という三カ国の国家間関係では、アメリカは中立であり、日本と中国は関係が悪いと認識されている。そのため、アメリカ人参加者は日本人や中国人を相手に先制攻撃を行わない。また日本人や中国人参加者もまた、アメリカ人のパートナーを対象に、先制攻撃は行わない。しかし、日本と中国という歴史的な経緯からも国家間対立関係が日常的に存在する場面では、相手が攻撃してくる「脅威」を強く感じた結果、防衛的な先制攻撃を行ったのだと解釈できる。

まとめると、相手が自分に大きな損害を与えられるほど攻撃力が高いときや、現実の対立的な国家間の国民同士がゲームを行うときといった集団間脅威がとくに高まる場面では、外集団に対して防衛的な先制攻撃が見られるようだ。外集団が「怖い」ときには「やられる前にやってしまえ」と外集団への防衛的な先制攻撃が行われるのである。

黒人やイスラム教徒は〝怖い〟から撃たれやすい――狙撃手バイアス

脅威が引き起こす防衛的攻撃反応として、もう一つ紹介したいのが、狙撃手バイアス（shooter bias）と呼ばれる現象である。この実験では、「武器を持った悪人を見分けて、その悪人に銃を撃つ」というゲームをコンピュータ上で行ってもらう。画面に次々と男性が現れるのだが、この人物が武器を持っているときには「撃つ」ボタンを押して銃を撃ち、逆に武器以外のもの（たとえば、水筒）を持っているときには「撃たない」ボタンを押す。こうした課題をできるだけ正確かつ素早く行ってもらった。

この実験では、白人参加者において、ターゲットとして出てくる人物が黒人の場合やイスラムの象徴であるターバンを被っている場合に、より早い反応時間で撃たれるとともに、より多く撃ち間違えられていた。[★24]その理由は、そうした相手に脅威が知覚されやすいためだと説明できる。つまり、白人参加者にとっては、イスラム教徒や黒人は、武器を持っていなくても、見た瞬間に「怖い」という認知が自動的に活性化して、まるで武器を持っているかのような錯覚を抱き、誤って銃撃してしまう。

こうした狙撃手バイアスは、たんに実験ゲーム上の話ではなく、アメリカ社会で実際に起きていることだ。実際のアメリカの社会統計を見たときにも、黒人の容疑者は白人の容疑者よりも、警官から五倍ほど銃撃されている。[★25]また、二〇〇五年にはロンドン爆破テロを捜査中の警察官が、テロ事件とは無関係のブラジル人男性を誤って射殺した事件もあった。日本人も無関係ではない。一九九二年には、アメリカにおいて日本人留学生がハロウィンパーティで訪れた家で、その家の住人から射殺される事件もあった。「Please（どうぞ）」と「Freeze（動くな）」を聞き間違えたためだと当時は説明されたが、住人から見て異人種の青年であったことが住人の脅威知覚を高めていたことが原因の一つとして考えられる。銃撃ではないが、二〇二〇年のアメリカでＢＬＭ（Black Lives Matter：黒人の命も大事だ）運動の契機になったのは、警察から逃亡した黒人が白人警察官による過剰な取り押さえの結果、窒息死させられたことであった。こうした殺害してしまうほどの過剰な取り押さえも脅威への過敏反応として理解できるのかもしれない。こうした誤射に、また過剰な防衛的攻撃行動に、外集団への人種差別的感情と脅威反応が色濃く反映されるのである。

敵なら殺してもよい?――非人間化

ここからは非人間化に関して説明していく。外集団に対する認知バイアスは脅威だけではない。最も深刻な結果を引き起こすものとして、非人間化(dehumanization)が挙げられる。

非人間化とは、他者を、命をもち、家族や友人に囲まれた血と心の通った人間としては見なさず、他の動物や物体のような人間以下のものとして見てしまう心理現象を指す。とくに、外集団に対する非人間化は、民族浄化やジェノサイドといった、深刻な民族間の暴力を引き起こす原因であることが指摘されてきた。[★26]

多くの集団間紛争や差別の中で、外集団を動物や虫にたとえるという非人間化が行われてきた。たとえば、一九九四年にルワンダで起きたフツ族によるツチ族への八〇万人以上ものジェノサイドが発生した。そこでは、フツ族がツチ族を「ゴキブリ」と呼び、ジェノサイドの発端となったラジオでは「ゴキブリをみな殺しにしろ」とジェノサイドが煽動された。実際に、ラジオが受信できた地域ほど、殺戮への参加者が多いことも示されている。[★27]

もしくは、第二次世界大戦時の日本では、戦争相手であるアメリカ人とイギリス人は「鬼畜米英」と呼ばれ、「鬼」や「畜生」という人間以下の存在であることが繰り返し印象づけられていた。残念ながら現在においても、日本における新大久保のコリアンタウンで行われた在日コリアンへのヘイトスピーチでも、「ゴキブリ」「ウジ虫」という表現を使って在日コリアンへの差別的表現が用いられてきた。二〇一九年には香港で大規模な民主化デモが起きたが、デモの鎮圧を試みる香港警察の機動隊

図 7-2　モンスターとして描かれるナチスと日本人
（出典） Wikimedia Commons。

は、デモ隊をやはり同様に「ゴキブリ」と呼んでいたという。

旧日本軍の満州七三一部隊では、日本の研究者・医者が毒ガスや細菌兵器の研究のために、外国人捕虜に対して生きたまま生体実験を行っていた。きわめて非人道的な行いである。このとき、現地の医者たちは、人体実験を行う外国人捕虜を「マルタ（丸太）」と呼んでいた。あくまでも人間ではなく「木材」だと正当化していたのである。

通常は抵抗が生じるような残虐な行為であっても、非人間化がなされた他者に対しては心を痛めることなく行われる。人間以下の存在であれば残虐行為の心理的ハードルが下がってしまうのだ。

メディアのプロパガンダの中では、敵国民や異人種は人間以下の存在として描かれてきた。こうした表現は、非人間化のレッテル貼り（ラベリング）を行うことで、暴力や差別意識を煽ることを目的として作成されたものである。松田行正『HATE!――真実の敵は憎悪である。★28』という本では、人種差別

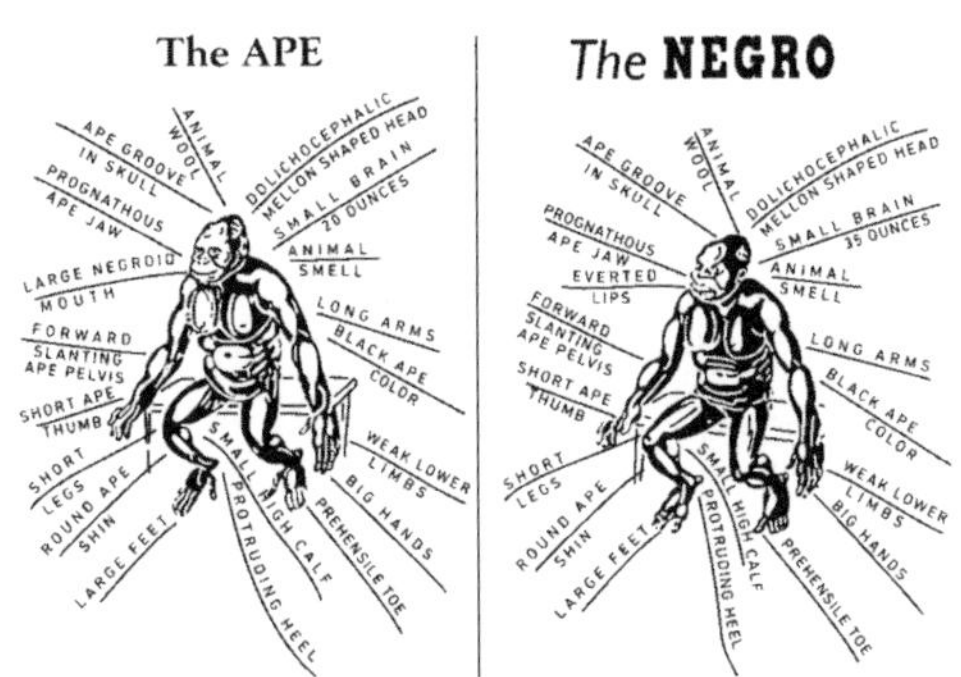

図 7-3　白人至上主義団体による「サルと黒人との共通点」を描くパンフレット
（出典） National States' Rights Party のパンフレット。

に関するポスターやパンフレットが収集されており、その中には非人間化された表現も数多く載せられている。二点ほど紹介しよう。

たとえば、図7－2は、太平洋戦争時のアメリカのポスターであり、日本やナチスはモンスターとして描かれている。ナチスと日本兵の双頭の形でのモンスターが血塗れのナイフを持ち、牙だらけの口からは血を垂らしている。そして、ポスターの下部には「これがあなたの戦争だ！（This is YOUR war!）」という戦争の煽り文句が記されている。

また、図7－3は白人至上主義団体NSRPが一九五九年に作ったパンフレットに載せられたイラストである。ここでは黒人とサルの共通点が描かれている。長い腕や大きい手、大きな唇、動物のような臭いといった点が挙げられ、下には大きく「科学者によると黒人はいまだサルの段階だ。人種はけっして平等ではない」といった過激なコピーが記されている。

このように、外国人や異人種を悪魔・動物として描くことで、外集団を人間以下の存在であることを植えつけようとするプロパガンダが行われてきた。

非人間化と暴力反応

非人間化が紛争において重要となるのは、攻撃を促進するためである。このことを示す最初期の実験研究として、バンデューラらが行った実験を紹介しよう。この実験では、非人間化された対象に対して、より強い電気ショックが行われることが示された。[★29]

実験では、参加者は三人一組で「監督チーム」を形成してもらい、他大学の学生からなる「意思決定チーム」が集団で話し合いをして意思決定を行う様子をインターホンで聞いてもらう。そして、監督チームは彼らが意思決定を間違えたときに、この意思決定チーム三人に電気ショックを与えて罰してもらう。このときに選んだ電気ショックの強さを攻撃性の指標にした（意思決定チームのメンバーはサクラである）。

実験では、三つの条件が準備され、各監督チームはいずれかに割り当てられた。実験参加者は、相手である意思決定チームが記入したアンケートに関して実験実施者（研究者）同士で話しているのをインターホン越しに聞かされる。このとき、電気ショックを与える対象である意思決定チームに関する情報が操作されていた。①非人間化条件に割り当てられた参加者は、意思決定チームの人たちは、「ケダモノみたいな腐った連中」だと、実験実施者が話しているのを聞いた。それに対して、②人間化条件では、「明晰で、理解力があり、人間味あふれる面々」だとされた。③統制条件では意思決定チームに関する情報を受け取らなかった。

実験の結果、①ケダモノだと非人間的なラベリング（レッテル貼り）がなされたチームに対しては、最も強い電気ショックが与えられていた。最も電気ショックが弱かったのは②人間化条件であり、③統制条件ではその中間であった。つまり、非人間的なラベルづけがなされることで、その相手集団に対して攻撃が強く行われたのである。

なお、この実験では、責任の分散も実験条件として同時に操作されていた。相手チームに与えた電気ショックのレベルが自分を含む自チーム三人の平均だと知らされている場合には、各自が選択する電気ショックのレベルが高くなった。言い換えると、自分が電気ショックを与えた責任が分散されたときには、より強い電気ショックを与えるようになったということである。相手が〝人間以下の存在〟であり、なおかつその責任も問われないのならば、暴力の歯止めはかからなくなるのだといえる。

日本国内の実験研究でも同様の結果が示されている。田村と大渕が行った攻撃実験では、他者に対して人間以下だという非人間化のラベリングを行うことが攻撃行動に及ぼす効果を実験室実験で検証した。[★30]実験参加者は、格闘ゲームの対戦を行ってもらい、勝ったときに相手に好きな大きさのノイズ音を選んで与えた。実験の結果、対戦相手が「ゴミ」という名前であると非人間的ラベリングが行われたときには、対戦相手への共感的配慮が低くなっていた。そして、このことが間接的ながら攻撃としてのノイズ音を強めることが示唆されている。

集団間攻撃と非人間化

非人間化は、個人のみならず、外集団に対して行われやすい。先に挙げたルワンダのジェノサイドや旧日本軍の人体実験の事例は、まさに他民族や敵国民といった外集団を相手に行われたものである。実際に、個人の暴力のみならず、非人間化が集団間攻撃を高めることも実証されてきた。

調査研究の多くが、非人間化と集団間攻撃を支持する態度との関連性を示している。たとえば、ストラックとシュワルツの調査[★31]では、外集団の特徴となる価値観に関して非人間化がなされることが、集団間攻撃を支持する態度と正の関連があることを指摘した。また、レイドナーらの研究では、パレスチナ人とユダヤ系イスラエル人の両者において調査を行った[★32]。パレスチナ人もイスラエル人も両者ともに、相手集団を他者の苦しみに共感する気持ちをもたない存在として非人間化して捉えているほど、相手を罰するという報復的な形で正義を実現しようと考えた結果、相手集団への軍事攻撃や暴力を支持する態度が高まることが示された。

さらに、ヴィキらの研究は、非人間化が戦争時の外国人捕虜への虐待をもたらすことを示唆する[★33]。彼らは、イギリス人キリスト教徒に対して、次のような調査を行った。まず、人間性に関する言葉(人間性、人、市民など)が含まれる合計二〇の言葉から、イスラム教徒の特徴として、あてはまると思うものを八~一〇個ほど選んでもらった。ここで回答者が、人間関連の言葉を選んだ数を人間性の評価とした。また、イスラム教徒への虐待嗜癖性として、アブグレイブ刑務所で行われた虐待の写真を見せながら、もしあなたが軍人としてこの場にいたら、どのくらい楽しいか、どのくらい同じように振る舞ったと思うか、といったことを尋ねた。分析の結果、イスラム教徒の人間性を低く評価した人ほど、イスラム教徒の捕虜への虐待嗜癖性が強かった。また、続く研究では、イスラムに対する脅威を強く感じている人ほど、人間性評価と虐待嗜癖性の結びつきが強かった。つまり、戦争などの集団間脅威の状況下でこそ、イスラム教徒が非人間化されるほど、捕虜への虐待も「楽しい」ものだと感じられる可能性を示唆している。

黒人差別の文脈でもまた非人間化は暴力を正当化する役割をもつ。ゴフらは、「黒人は類人猿に近い存在だと認識されている」というアメリカの歴史的な差別文脈を踏まえて、警察官が容疑者を暴行している場面を参加者に見せて評価させる実験を行った。[★34] 実験の一環として「ゴリラ」「チンパンジー」といった類人猿に関する言葉に繰り返し触れて、潜在的に思い起こしやすくしたときには（こうした操作をプライミングと呼ぶ）、警察官が取り囲んで暴行を加えている相手が、白人よりも黒人である場合によりその暴行を正当化しやすかった。重要なのは、こうした白人よりも黒人への暴行を正当化する効果は、「ライオン」「トラ」といった大型ネコ科動物を潜在的に思い起こしやすくした場合には生じなかった。つまり、「ゴリラ」「チンパンジー」といった類人猿を思い浮かべやすくすると、黒人容疑者は過剰に殴られても当然の存在だと見えてしまったのである。

非人間化はいかにして危害を促進するか？

このように非人間化はさまざまな形で暴力と結びついているのだが、非人間化が危害を促進するプロセスはどのようなものだろうか。

非人間化が集団暴力を促進するプロセスには、大きく二つのものが考えられる。[★35] 一つは可能化であり、もう一つが正当化である。

まず非人間化における可能化を見てみよう。通常は、残虐行為には道徳的な制限がかかっているものだ。他者に対して人間は攻撃するのを嫌うようにできていると序章でも述べた。人はもともと他者への危害を忌避する。しかし、攻撃する相手が「人間」でなければどうだろうか。このとき、とくに心は傷まず、部屋にいる蚊を殺すのと、変わらない。つまり、非人間化は人間に対しては常に機能している道徳的抑制を解放する機能があるといえる。[★36] また、これと関連してオポトウも、非人間化の一側面として道徳的排除（moral exclusion）という現象を指摘している。★37 これは、ある個人や集団を、道徳的な価値観やルールの外側へと追いやってしまうことである。これによって、人間であれば適用される平等やケアといった道徳原理が、対象となった個人や集団には適用されなくなる。つまり、非人間化の結果、人間ではない相手は道徳で保護すべき対象外として知覚され、危害や不平等もやむなしだと知覚されるのである。このように、非人間化は、本来は人間に対しては感じられるような道徳的抑制を下げ、暴力を可能とするような機能をもっているのだといえる。

とはいえ、可能化のプロセスのみでは抑制要素をなくすことにはつながるが、積極的な促進要因までには至っていない。つまり、非人間化にはもう一段階強い、より積極的に暴力を肯定するプロセスもありうる。これがもう一つの道徳的に攻撃を正当化（justify）するプロセスである。第6章で紹介した偏見の正当化－抑制モデルでも指摘されるように、偏見や差別、集団間紛争において正当化は中核的な役割を担っている。非人間化された相手は、ときに邪悪な存在として描かれがちである。これは悪魔化とも呼ばれる。悪魔や獣であれば、むしろ存在自体が害悪であり、積極的に排除が推奨される。先にも述べたとおり、ルワンダでは「ツチはゴキブリだ、排除しろ」とラジオで繰り返し煽られていた。新大久保でのヘイトスピーチでも「ゴキブリ朝鮮人を叩き出せ」と叫びながら道路を練り歩く人々がいた。外集団は「害虫」であり、積極的に駆除しなければならない相手となるのである。非人間化さらには悪魔化によって、共感が低下するにとどまらず、積極的な攻撃が正当化されるのである。

抑制の低下と慢性化

いったん殺害が始められると、殺害はますます容易に行われる。その結果、集団間紛争は最悪の結果に至ってしまう。一人殺せば、後は何人殺しても同じだ。一度、行われた暴力は、そこから抑制が低下し、暴力の慢性化が起きてしまう。

マーテンスらの実験は、実際に「虫けら」殺しがエスカレートしていくことを示している。[★38] この実験は興味深い手続きで行われた。この実験では実験参加者に「虫殺し」を実際に行ってもらう。参加者はコーヒーミルを改造してつくった「虫すり潰し機」にダンゴムシを入れて殺してもらう（ただし、実際には虫は死なない）。実験では、実験参加者に二〇秒間などの所定の時間内に、「虫すり潰し機」にダンゴムシを次々に入れていってもらい、自分のペースで虫を殺してもらう。

実験の結果、最初に自分で一匹をコーヒーミルで殺しておいた後と比べて、最初に自分で五匹を殺しておいた後の方が、虫を殺すペースが速くなり、多くの虫を殺していた。そして、興味深いことに、この違いは、虫と人間の違いが大きいと思っている人ほど、自分で五匹殺害することによる促進効果は顕著となった。

これは最初に何匹か虫を入れることによる練習効果ではない。たんなる模擬場面だと参加者が知っているときには、五匹最初に入れたとしても、一匹最初に入れた場合よりも、すり潰した虫の数は増えなかった。あくまでも本当に自分が殺していることを信じていることで、その後の殺害数が増えていたのである。[★39] また、その殺害のペースも、一セット目よりも、二セット目の方がさらに速くなっていた。[★40]

暴力を繰り返し経験するなかで慣れてしまい、感覚が麻痺してしまう。その結果、暴力に歯止めがかからなくなり、一種の流れ作業のように、次々と暴力がエスカレートし、被害は拡大する。ここで紹介した実験は、あくまでも「虫殺し」場面であるものの、その萌芽的形態が確認されたのだといえる。

同様の効果がメディア暴力視聴でも見られるとされる。暴力的なテレビゲーム、テレビ番組、映画への接触によって、人は若干ながら暴力的となる。その理由の一つは、鈍麻化（desentization）である。暴力的なメディア刺激に慢性的に晒されるなかで、暴力に対して慣れが生じてしまい、ちょっとした暴力刺激では生理的・心理的に反応しなくなってしまう。その結果、共感性や罪悪感が生じず、自身が行う暴力もエスカレートしてしまう。実際に、実験参加者に二〇分ほど暴力的なテレビゲームもしくは非暴力的なテレビゲームをしてもらった後に、現実の暴力に関する一シーンを見てもらった。その結果、非暴力的なテレビゲームを行った参加者と比べて、暴力的なテレビゲームを行った参加者は、暴力動画を見ているときの心拍数が増えず、皮膚電位反応も高まらなかった。[41]

ミルグラムの服従実験（第3章参照）でも、電気ショックを一五Vずつと、段階的に強めていったことが服従率を高めたのだと指摘されている。[42] もしもいきなり最後の「四五〇Vを押しなさい」と指示していたならば、服従率はもっと低かっただろう。一段階ずつ段階的に電気ショックが強くなっていったからこそ、さっきとほとんど変わらないと押し続けるなかで、いつの間にか四五〇Vを押すことになっている。その頃には、電気ショックを押すことに感覚が麻痺して、慣れてしまう。〝ゆでガエル〟の論理と同じである。しかし、ふと気がついたときには、もう手遅れなのである。

外集団は人間らしい感情をもたない――人間性希薄化

非人間化には、他にもさまざまな形が存在する。近年の研究では、民族紛争や戦争といった破壊的関係だけでなく、一般的な集団間関係においても、内集団成員よりも外集団成員は人間性が低い存在だと見なされることが明らかとなってきた。とくに感情面に関して、人間性希薄化（infrahumanization）と呼ばれる一連の研究が行われてきた[43]。

人間性希薄化とは、対象となる人物が抱く感情に関する非人間化である。感情は大きく二種類に分けられるとされる。一つは、一次感情（primary emotions）と呼ばれる、他の動物と人間で共通にもっている単純で原初的な感情である。具体的には、怒り、喜び、恐れ、苦しみが挙げられる。どれも人間だけではなく、ネコやウマ、ネズミももつと考えられる感情である。もう一つは、二次感情（secondary emotions）と呼ばれ、人間しかもっていないとされる複雑で高次の感情である。具体的には、希望、後悔、罪悪感、羞恥が挙げられる。そのため、一次感情しかもっていないと感じられる相手は人間性が低く感じられており、二次感情ももっている相手はより人間性が高く感じられているといえる。

リエンズらは、内集団と比べて、外集団は複雑な感情である二次感情をあまりもたず、動物ももつ一次感情ばかりを経験していると認知しやすいことを示した[44]。つまり、外集団は単純な感情しかもっていない、いわば動物に近い集団であり、逆に内集団は複雑な感情をもった、より人間らしい集団だと認知しがちである。

こうした感情認知における人間性希薄化現象は、必ずしも明確な紛争状態にないような国家間関係でも生じること[45]、さらには潜在認知[46]レベルでも生じることが確認されてきた。

外集団に対する人間性希薄化は、外集団への差別を増加させ[47]、援助行動を低下させ[48]、さらには赦しを低下させることが示されてきた[49]。やはり感情面での人間性希薄化に関しても、外集団への攻撃性を高め、向社会性を低めてしまう。

図 7-4　露骨的非人間化を測定する“人間の向上”尺度

（出典）　Kteily et al.（2015）。

なんだか外国人は単純な感情しかもっていないように感じられないだろうか。それに対して、日本人は奥ゆかしく繊細で複雑な感情をもっているとは思っていないだろうか。しかし、外国人からは、日本人こそが感情が表には見えにくく、複雑で人間らしい感情などもっているようには見えないのかもしれない。こうした他者の感情を認知する際にも「人間らしさ」が知覚され、そしてそれが否定的態度や差別を引き起こしうるのだといえる。

露骨な形の非人間化

さらに、近年ではより直接的な形の非人間化も検討されている。外集団は、「進化が十分ではなく、文明化されていない」と認識される非人間化である[★50]。これは露骨的非人間化（blatant dehumanization）と呼ばれる。こうした露骨的非人間化は、動物的な非人間化の一種であるといえる。とくに文化的生活様式が異なり、自分たちよりも社会における地位が低いと感じられる外集団に対して生じやすいものである。

この研究では、人類の進化に伴う図7－4のような図を見せる。人類の祖先にあたる、いわばサルに近い左端が０点、そこからだんだんと直立二足歩行となり、石器を持ち、そして、現代の人類のような形に到達すると一〇〇点である。これに〇から一〇〇点でそれぞれの社会集団の人々がどの進化段階に位置するかをコンピュータ上のスライドバーを動かす形で回答してもらった。

その結果、アメリカ人は、アメリカ人自身、さらにはヨーロッパ人、日本人、オーストラリア人を評価したときには、いずれも九〇点程度と高い得点をつけ、「進化した人類」だと見なしていた。問題は、イスラム教徒とメキシコ移民に対する評価である。それぞれ平均七八点、七六点と、人類として十分に進化しきれていないと評価していた。さらには、ISIS（イスラム過激派組織「イスラム国」）のメンバーは五三点と非常に低く評価されていた。すなわち、イスラム教徒、メキシコ移民、ISISのメンバーは、まだ人間になりきれていない、「野蛮」で「未開」な「人でなし」として扱われていたのである。

もちろんアメリカ人だけがこのような露骨的非人間化を行うわけではない。イギリス人から見た黒人（七四点）やイスラム教徒（六六点）に対する見方も、露骨的非人間化を行っていた。ハンガリー人から見たイスラム教徒（六六点）、ロマ族（ジプシー、五〇点）も同様であった。さらには、紛争の最中にあるイスラエル－パレスチナ間関係でも、イスラエル人は、パレスチナ人を平均四四点と、露骨に人間になりきれていない集団だと見なしていた。

露骨的非人間化は、その集団に対する敵意や攻撃性と強く結びついている。「サルに近い低い進化度」として評価した人ほど、アメリカ人ではイスラム教徒やアラブ人に対する拷問を支持していた。また、ハンガリー人ではロマ族に対する居住地や教育の差別を支持していた。イスラエル人ではパレスチナ人に集合的な罰を加えてもよいと判断していた。人間以下の存在には差別や攻撃が許されるの

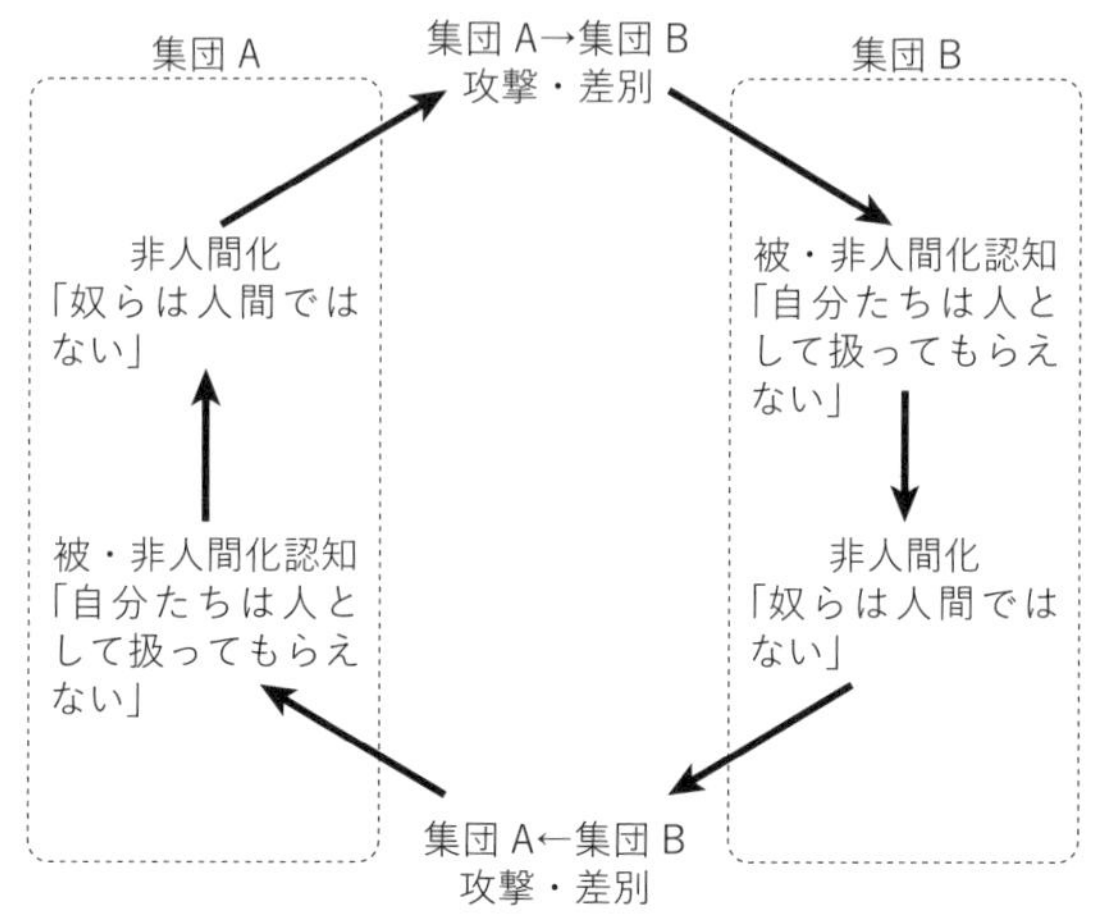

図 7-5　非人間化と攻撃・差別の連鎖サイクル

（出典）　Kteily & Bruneau（2017）より作成。

である。

では、露骨的非人間化はいかにして生じるのだろうか。その促進要因の一つとして、露骨的非人間化は、相手から自分たちに対して非人間化が行われたと知覚することで強まることが指摘されている。★51 したがって、非人間化は攻撃・差別を生み出し、そして攻撃・差別を受けた側は、「自分たちは人間として扱われていない」という、被差別意識の一つである「被・非人間化認知」を高めるだろう。これは被害者側から加害者側への非人間化を生み出す。いわば、非人間化の応酬という形となってしまう。こうしてお互いに奴らは人間ではない、攻撃してもかまわないという悪循環に陥ってしまう（図7-5）。こうした相互報復的な悪循環は、第8章で被害と報復としてより詳細に議論するので、あわせて参照していただきたい。

現代では、兵器や通信手段が発達しており、戦争で戦う人々さえ、直接相手と対面することがないことも多い。かつての戦争では、目の前の敵に対して銃を発砲していた。このとき、相手の殺害は直接自分の手を下す形で行われており、殺害相手は自分の目の前で家族を殺された怒りや殺される恐怖を示していただろう。自分で手を下す際には強い拒否感が生じることも序章で述べた。しかし、現代の戦争では、すでに戦闘機にパイロットが乗り込む必要さえなくなり、無人航空機を遠隔で操縦して、敵地を爆撃攻撃することさえも可能となっている。つまり、現代の戦争では、苦しむ被害者を目の当たりにすることなく、離れた場所からスイッチを押すだけで、一瞬で何千人もの人を殺害することが可能である。このとき、自分が殺した相手が、自分と同じように愛情にあふれ、大切にした家族や生活があり、そして死ぬときには苦しみや恐怖を覚える、「人間的な存在」であることは意識されない。非人間化は、ますます促進されるだろう。外集団に対する非人間化の影響の解明は、現代においてますます重要だといえる。

□まとめ

- 人はヨソ者を見ると脅威を感じる。それは潜在認知レベルでも神経科学レベルでも生じる人間の根源的な反応である可能性が高い。
- そして、外集団に感じられた脅威は、防衛反応としての攻撃を引き起こす。
- また、外集団には「人間」と見なされにくい非人間化が生じやすい。「ゴキブリ」「鬼畜」といったレッテル貼りにより、非人間化は促進される。
- 非人間化は、とくに暴力を可能化もしくは正当化することで、ジェノサイドなどの過激な暴力の原因となる。

第8章

報復が引き起こす紛争の激化

この章では報復や復讐について扱っていく。集団間関係の中では、外集団から被害を受けて、それに対する報復が生じることがある。こういった集団間報復行動は、個人間の報復とはやや異なる特徴をもっている。この点からまず見ていこう。

集団間関係において生じる報復とは？

一対一の個人間関係で生じる報復では、加害者に対して被害者が仕返しを行う。あいつが俺に危害を加えたから、俺があいつに仕返しをする。つまり、当たり前ながら、本人たち同士でやったりやられたりするのが報復であり、その関係性は加害者－被害者という二者間に閉じている。

それに対して、集団間紛争場面ではどうだろう。集団間紛争場面における報復は、とくに非当事者間で代理による報復が生じやすい。これは集団間代理報復（intergroup vicarious retribution）と呼ばれる。★1

集団間代理報復の場面を、図8－1を見ながら考えてみよう。ここに集団Aと集団Bの二つの集団

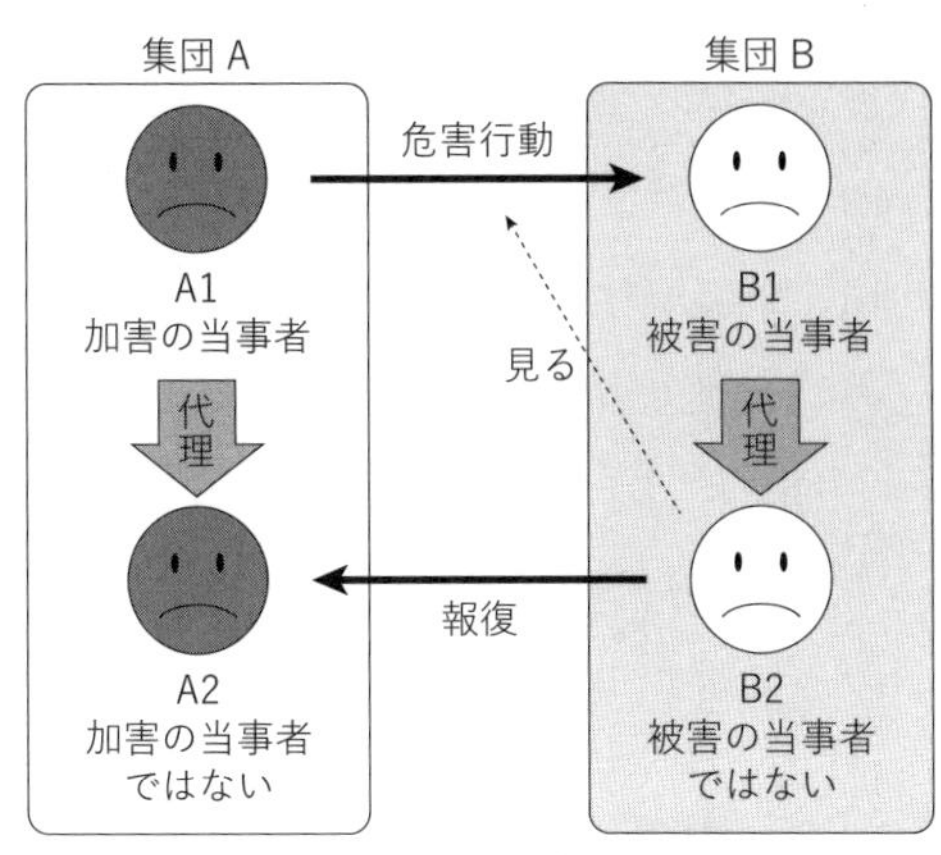

図 8-1　集団間代理報復

が存在する。ここで、集団AのA1さんが集団BのB1さんに危害を加えたとする。このとき、被害者B1さんと同じ集団BのB2さんが仕返しをすることがあるだろう。しかも、そのとき相手はもともとの加害者本人A1さんではなく、同じ集団AのA2さんであることがある。

具体的な紛争場面を例に挙げると、イスラエル－パレスチナ間紛争において、あるイスラエル人があるパレスチナ人に暴行を加えたときに、それを知った別のパレスチナ人が、また別のイスラエル人を仕返しのために暴行したり、さらには自爆テロを行ったりといった場面が考えられる。

これはよくよく考えると奇妙なことである。なぜならば、もとの危害においては被害者本人でもない人が、加害者本人でもない相手に対して報復している。報復の加害者（B2）は、もともとの危害行動において直接の被害を被っているわけではない。当人は同集団メンバーが被害を受けたのを見ただけである。また、報復の被害者（A2）も、もともとの危害の加害者本人ではない。自分が加害行為を行った本人でもないのに、その加害者と同じ集団であることで、報復の危害を被っているのである。集団間代理報復では、もとの加害－被害関係にはない非当事者の間で仕返しが生じているというのが重要なポイントになる。逆にいうと、このような仕返しが生じる背景には、もとの加害－被害が「他人事」ではないと感じられる心理メカニズムが関わっている。

集団間代理報復は紛争場面のみならず、さまざまな場面で発生する現象である。たとえば、新作映画に関するインタビューを受けたハリウッド映画俳優が、親しい女性に性的暴行を告白されたときの話として、次のように語ったという。[★2]

「女性から、加害者は知り合いではなく黒人だったと聞き『こん棒を持って1週間ほど歩き回った。「黒人のくそやろう」がどこかのパブから出てきて自分に絡んでこないかと願いながら。そうすれば、その男を殺せるから』などと話した」

もちろんこの俳優は実際にはこん棒で黒人を殴りつけたりはしなかった。しかし、ここでの彼の心理と行動は典型的な集団間代理報復そのものである。俳優本人は被害者ではない。被害者は、おそらく彼の内集団である「白人」の女性である。この白人女性への黒人からの性的暴行というきわめて大きな被害を知り、彼は犯人個人のみならず、黒人集団であれば誰でもいいから報復してやりたいと思ったのである。

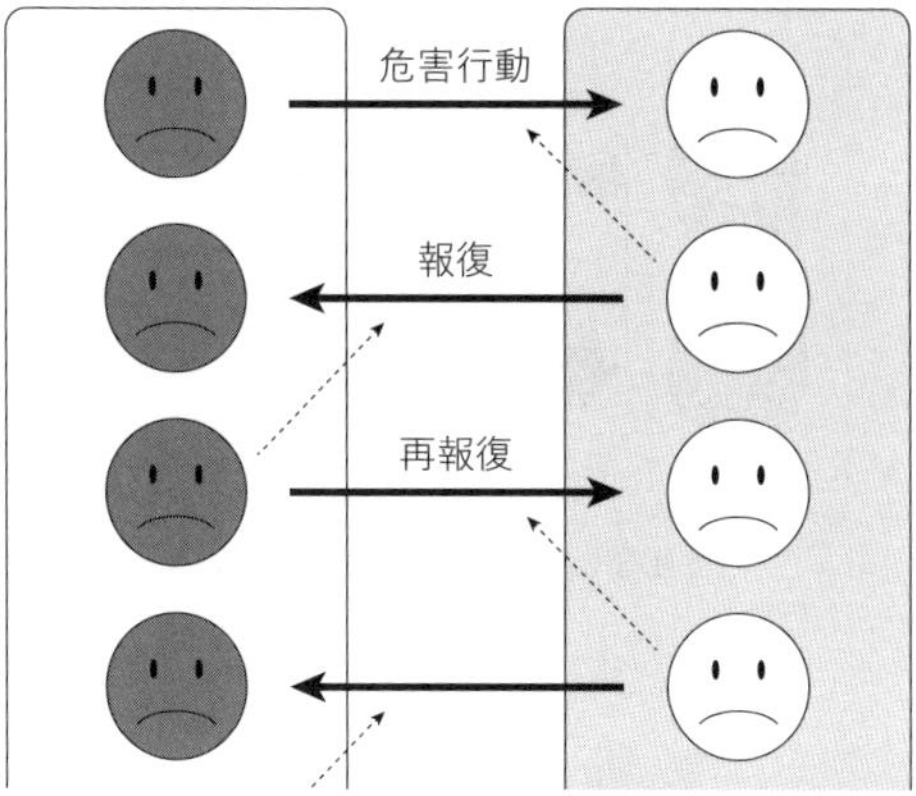

図 8-2　代理報復の連鎖による集団間紛争の拡大

代理報復の連鎖による集団間紛争の拡大

集団間代理報復が当事者以外の個人同士で生じるという特徴は、集団間紛争の拡大を引き起こす。個人間の報復は、加害者・被害者の二者間のみに閉じられた現象である。それに対して、集団間代理報復は非当事者同士で生じる。そのため、集団間紛争は雪だるま式に無関係な人を巻き込みながら連鎖的に拡大していくことが考えられる（図8－2）。その結果、集団間関係は、いわゆる「報復が報復を呼ぶ」という負のスパイラルへと陥ってしまい、紛争状態はさらに拡大・激化してしまう。逆にいうと、集団間紛争の拡大の根底には集団間代理報復を生起させるような心理過程が潜んでいるといえる。

こうした負の連鎖は両集団にとって損失であり、どこかで歯止めをかけるべきである。個人レベルの攻撃であれば、さらなる報復が怖いからという理由で報復しない人は多いだろう。しかし、集団レベルの代理報復の場合には、代理報復の加害者個人は、必ずしも次なる相手集団成員による再代理報復の対象となるわけではない。したがって、集団レベルでの代理報復がもつ非当事者間で

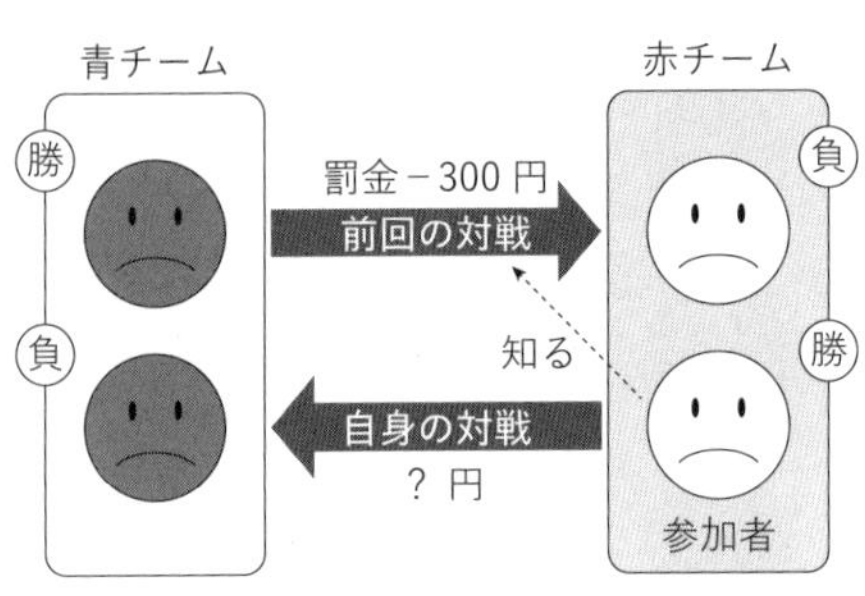

図8-3　実験の基本パラダイム

生じるという特徴のために、集団レベルの紛争では再報復のリスクを軽んじてしまい、歯止めが効きにくいということが考えられるのである。

集団間代理報復の実験枠組み

では、こうした集団間代理報復はどのような集団間関係で生じるのだろうか。その基礎的なプロセスを確認するために、筆者らは最初に、原初的な集団間関係を対象に実験研究を行った。すなわち、初対面同士で集まった一時集団であっても、集団間代理報復ははたして生起するのだろうか？

実験の流れは次のとおりである。この実験は筆者が行った別の実験でも一貫して用いられる実験枠組みであるため、全体の流れを少し丁寧に説明する（図8－3）。

(1)　実験開始場面

まず、初対面の三人一組で実験室に集合してもらった。この三人集団は「赤チーム」である。そして、少し離れた別の部屋に、同じく三人一組の「青チーム」が存在することを告げる。ただし、実際には青チームはいなかった。ダミーの名前を示して、知り合いではないか参加者に事前に確認しているため、参加者たちは青チームに自分の知り合いはいないと認識している。

(2) 集団形成

一つ目の課題として、赤チーム三人だけでトランプゲーム（話し合いながら神経衰弱ゲーム）を行ってもらい、集団形成を行う。

(3) 対戦ゲームのルール説明

二つ目の課題として、対戦ゲームを始めていく。この対戦ゲームでは赤チーム、青チームをあわせた全六人が参加し、一対一の対戦ゲームを行ってもらう（実際には青チームはおらず、組まれたプログラムで勝敗のみが提示される）。ゲームはパソコンのネットワーク上で、対戦モグラ叩きゲームを行ってもらい、三〇匹のモグラを叩き終わる時間が早い方が勝者となる。

全部で六人なので、一対一では第一回戦から第三回戦までゲームが行われる。六人から対戦はランダムで割り当てられ、赤チーム同士・青チーム同士の対戦もありうることが参加者には告げられた。ただし、実際には、同チーム同士の対戦は存在せず、参加者も同じ赤チームのメンバーも青チームの相手と対戦を行った。

ここで勝者は敗者に罰金を与えることができる。対戦相手がもらえるはずだった実験報酬五〇〇円を、罰金を与えて自由に〇円から五〇〇円まで自由に減らすことができた。ここで対戦相手に与えた罰金額を攻撃の強さの指標とした。なお、ここで相手から減らした罰金分は自分が得ることができるわけではなく、純粋に相手の利益を減らすだけの「嫌がらせ」であった。また、報酬はあくまでも個人に与えられ、他の赤チームメンバーがもらった金額（つまり、受けた罰金額）は自身の報酬金額とは関係がなかった。

(4) 対戦ゲーム開始と内集団成員への被害

以上のルール説明の後、参加者は同じ部屋の中で一人ひとりが仕切られた個別のブースに着席し、パソコン上でゲームに参加した。参加者は、パソコン上でのくじ引きの結果として、実際には全員が「赤チーム②」として、「第三回戦」で「青チーム①」との対戦に割り当てられた。

ここで、実験ごとに少しパラダイムは異なるものの、二つの条件のどちらかに分けられた。

ⓐ 内集団被害条件：参加者は、対戦ゲームの前に、自分の前回の対戦結果を知らされる。このとき前回の対戦では「青チーム③が赤チーム①に三〇〇円の罰金を与えた」という情報を知る。つまり、他チームメンバーから同じチームの仲間が、三〇〇円というそれなりに大きい罰金を与えられたことを知ることになる。

ⓑ 被害不明条件：こちらでは、同じく三〇〇円の罰金であるものの、「勝者が敗者に罰金を与えた」という情報が知らされた。この場合、誰が誰に罰金を与えたという情報がなく、代理報復が生起しない統制条件として設定されていた。

(5) 参加者の勝利と罰金額の決定

その後に、参加者は「赤チーム②（自分）対 青チーム①」との対戦に参加するのだが、ここでは参加者は必ずモグラ叩き対戦に勝つように仕組まれている。一つ前の対戦では、同じ赤チームの仲間が青チームのメンバーから罰金三〇〇円を与えられたことを知っている。さて、ここで勝者となった参加者が青チーム①にいったいいくらの罰金を与えたのかを、攻撃の強さの指標とした（つまり、ⓐ内集団被害条件では、集団間代理報復の強さの指標となる）。

少し入り組んでいたので、もう一度、ⓐ内集団被害条件の実験参加者視点でポイントを整理しよう。前回の対戦で、同じチームのメンバーが、他チーム（青）のメンバーから罰金を与えられた。つまり、仲間が危害を加えられたことを参加者は知る。その次に自身の対戦の番では自分が勝者となり、前回の対戦の加害者本人ではないが、青チームのメンバーに対して、仕返しとして罰金を与えることができる。このとき実験参加者はいくらの罰金を〝仕返し〟するのだろうか。

初対面集団での実験結果

さて、こうした枠組みを用いて、先に述べたとおり、筆者らは初対面同士から形成される一時集団であっても、集団間代理報復が生じるのかを検証した（図8－4）。

繰り返しとなるが、実験では、ⓐ内集団被害条件とⓑ被害不明条件の二つがあり、参加者はそのどちらかにランダムで割り当てられた。

ⓐ内集団被害条件とは、前回の対戦において「青チーム③が赤チーム①に罰金三〇〇円を与えた」という情報が参加者に示される条件である（図8－4左側）。先に説明した実験パラダイムはこの内集団被害条件のものであった。つまり、同じ集団の仲間が三〇〇円の罰金を与えられてしまったという

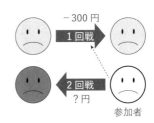

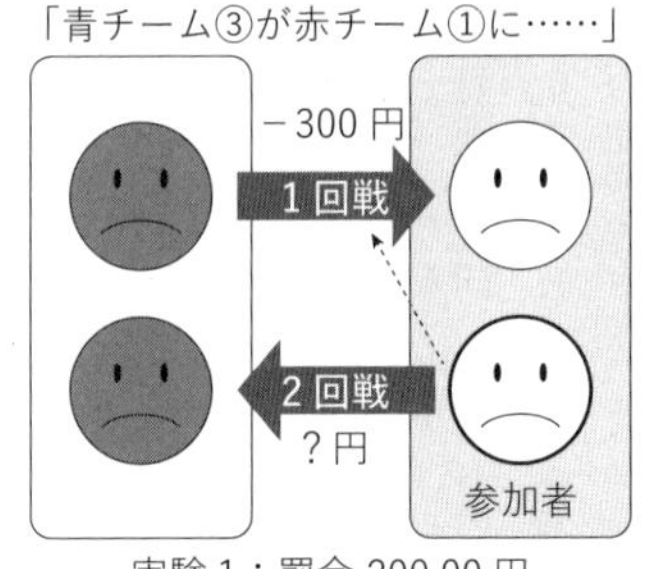

図 8-4　一時集団における集団間代理報復の萌芽的生起

（出典）　縄田・山口（2011a）より作成。

場面である。集団間代理報復が生じる可能性のある条件として設定した。

それに対して、ⓑ被害不明条件では、勝者が敗者に罰金三〇〇円を与えたという情報が参加者に示された（図8-4右側）。しかし、その罰金の与え手と受け手の所属集団はわからなかった。つまり、誰が加害者で誰が被害者なのかがわからず、報復しようとは思わない条件として設定した。

以上の前回の対戦と罰金額を提示したうえで、参加者自身（赤チーム②）が青チーム①との対戦ゲームで勝ち、いくらの罰金を与えるか決定してもらった。このとき、ⓐ内集団被害条件とⓑ被害不明条件において、参加者がいくらの罰金を与えたのかを比較した。

実験の結果、同じ赤チームの仲間が被害者になったⓐ内集団被害条件の方が、それがわからないⓑ被害不明条件よりも、参加者が大きな罰金を与えたことが明らかになった。また、対戦ゲーム後に質問紙で尋ねて測定した報復したいという動機づけの強さも内集団被害条件の方が強かった。さらに、相関分析の結果からも、内集団被害条件では、報復したいという動機づけが強い人ほど、大きな罰金を相手に与えていたことが示された。

以上の結果から、どうやら初対面の人々からなる一時集団であっても集団間代理報復が生起することがわかった。

とはいえ、ここで見られた集団間代理報復はあくまでも原初的、萌芽的な形である。平均値で見たときには二〇〇円程度である。仲間の被害金額である三〇〇円と同じかそれ以上の罰金を選んだのは、内集団被害条件でも四〇名中一四名（実験一と実験二の合計人数）であった。三〇〇円以上の金額を選ぶ人は半分に満たないのである。ただし、被害不明条件では三〇〇円以上の罰金額を選択した人は二名しかおらず、差は明白であった。

以上より、大学生を対象とした実験室実験から、こうした集団間代理報復の基礎的な心理・行動傾向が人間に備わっていることが明らかにされた。

集団間代理報復のメカニズム

では、集団間代理報復はどのような心理・行動メカニズムで生起するのだろうか。

本書では、集団暴力を引き起こす二つの心理プロセスとして、コミット型－集団モードと生存戦略型－集団モードの二つを提唱した。じつは、集団間代理報復のメカニズムも、同様にこれら二つの視点から解釈できる。それぞれ見ていこう。

メカニズム①——「社会的カテゴリー化」というコミット型－集団モードからの説明

本来の危害行動の被害者でも加害者でもない無関係な成員同士で報復が生起するのはいったいなぜ

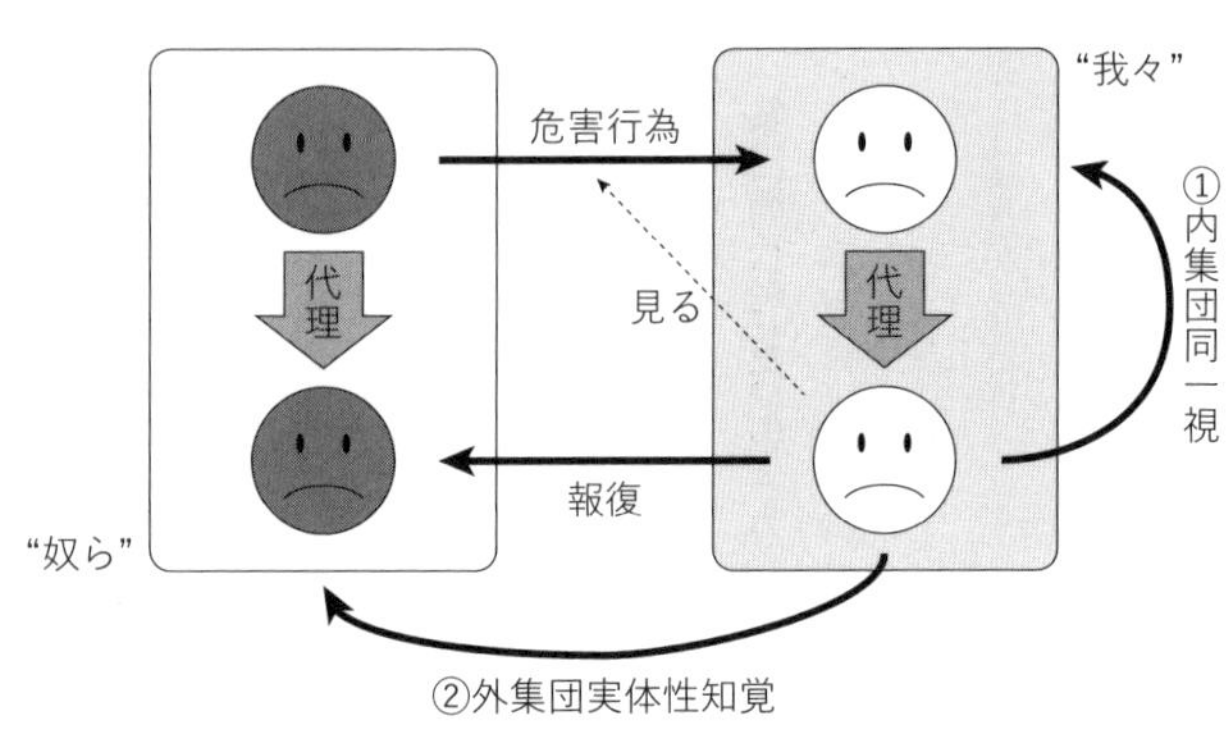

図 8-5　集団間代理報復における社会的カテゴリー化過程

なのだろうか。リッケルらは、集団間代理報復が発生するメカニズムとして、社会的カテゴリー化の観点から、①内集団同一視（内集団アイデンティティ）、②外集団実体性知覚が重要な役割を担っていることを指摘した★3（図８－５）。まさに個人対個人の関係性の中から、そこに心理的な線引きを行って内集団と外集団を切り出すなかで非当事者間で報復が生じていくプロセスである。

社会的カテゴリー化によって、二段階の一般化が行われる。

①　内集団同一視：被害者個人から内集団全体へ
②　外集団実体性知覚：加害者個人から外集団全体へ

コミット型－集団モードのスイッチがオンになることで、同じ内集団成員に対しては、内集団同一視を行い、「我々」が危害を受けた被害者だと認識する。そして、外集団は加害者個人ではなく、「奴ら」という外集団全体の実体性を高く知覚するために、外集団に所属する成員であれば誰でも集団間代理報復の対象となる。つまり、集団間代理報復は、個人間の危害ではなく、「我々対奴ら」という社会的カテゴリー化によって、集団間代理報復が行われるようになるのである。もう少し詳細を見ていこう。

①内集団同一視（内集団アイデンティティ）――被害者個人から内集団全体へ

まず、なぜ自身に危害が加えられたわけでもないにもかかわらず、被害者本人ではない人が代理報復を行うのかという点は、内集団同一視から説明できる。これは第1章で述べた集団間感情理論における怒り感情と同様のプロセスである。

集団間感情理論を、もう一度簡単に振り返ると、人は内集団同一視によって、自分自身と内集団を重なり合うものとして知覚し、自分の所属する「日本」や「我が社」が「自分そのもの」のように感じられる。このとき、何か内集団や内集団成員に対する出来事が生じたことで、自分自身に生じた出来事と同じように、さまざまな感情が生起する。この内集団同一視とは、コミット型－集団モードと本書が呼ぶものとおおむね同義である。内集団同一視によりコミット型－集団モードのスイッチがオンになったとき、人は自分＝内集団成員としての知覚が強くなり、まるで自分が被害を受けたのと同じように感じられる。

集団間感情理論に基づいて、集団間代理報復における内集団同一視の役割を考えてみよう。集団間代理報復の「引き金」となるのは、内集団成員が外集団成員から危害を加えられること、つまり「仲間がやられた」ことである。集団間における危害出来事が生じたときに、内集団同一視が高まっている場合には、この危害はあたかも自身へと加えられた危害であるかのように感じられる。その結果、まるで我がことのように怒りを感じ、代理報復を行う。これを第1章の図1－2（三五ページ）から抜き出す形で示したものが、図8－6である。

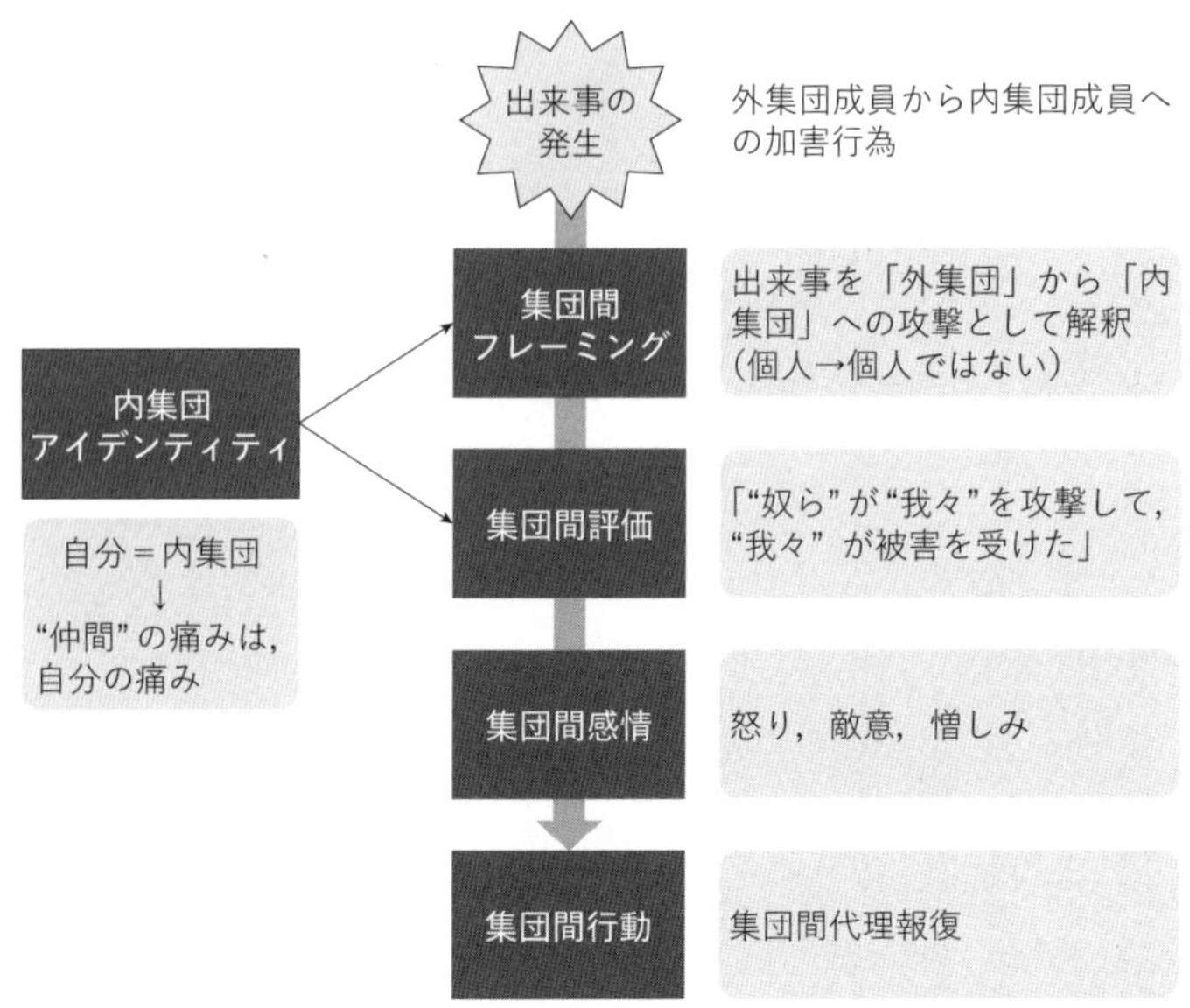

図 8-6　集団間感情理論による集団間代理報復の生起過程と内集団同一視の役割

第1章でも述べたとおり、外集団成員が内集団成員へと危害を与えたことが顕現化されると、外集団に対しての怒り感情が高まる。[★4] そして、集団間の怒り感情は、危害を加えた集団に攻撃しようという動機づけを高める。[★5]

筆者らの実験研究と類似した実験室実験によって、熊谷らは、内集団同一視が代理報復に及ぼす影響を直接検討した。熊谷らは、内集団成員が不公平な分配による被害を受けた場面において、外集団成員に報復としてどのくらいの大きさのノイズ音を相手に加えるかを実験的に検討した。内集団成員との協力経験[★6]や、集団内の公正な分配[★7]といった、内集団同一視を高めるさまざまな実験的操作によって、被害者本人ではない参加者が報復としてより強いノイズ音を外集団成員へと与えるようになった。つまり、内集団同一視が高まることで、実験場面でより強い代理報復が行われていたといえる。

②外集団実体性知覚——加害者個人から外集団全体へ

前項では内集団同一視により、外集団成員からの内集団成員への危害がどのように怒りを感じさせ、報復を動機づけるかを説明した。しかし、これは「被害者以外が報復すること」は説明できても、「加害者本人でない相手に報復すること」は説明できない。こうした対象の集団性に関しては、外集団実体性[★8]（outgroup entitativity）知覚によって〝奴ら〟全体の認知表象を形成することが重要となる。外集団に実体性が知覚されることで、加害者本人に対してのみならず、加害者と同集団に所属する外集団成員に対して、報復がなされるようになる。

集団の実体性とは、集団が現実に実体を伴う存在だと知覚され、集団がまさに〝集団〟だと感じられる程度のことである。[★9] 集団というのは直接目で見たり触れたりするものではない。逆にいうと、人間が集団を実体ある集団として知覚するプロセスがそこに介在する。言い換えると、外集団は心理的線引きを行ってはじめて知覚されるともいえる。たとえば、第6章で紹介した『青い目 茶色い目』では、子どもたちは「青い目集団」「茶色い目集団」のことなどそれまで考えたこともなかった。しかし、エリオット先生から目の色を基準とした〝区別〟を教えられ、そして茶色い目の相手をばかにしたり、差別したりといった否定的な集団間相互作用を行うなかで、まさに実体を伴った集団間関係として「青い目集団 対 茶色い目集団」という紛争状態が喚起されたのだといえる。

集団間代理報復では、もとの加害者本人ではなくとも、その同集団メンバーを対象に報復が行われる。それは、外集団実体性が次のような認知的機能をもつためである。大きく三点を指摘したい。

(1) 個人から集団全体への印象の一般化と極化

外集団に実体性が高く知覚されることで、その外集団成員個々人に関する印象が、集団全体への印象へと一般化されて知覚される。[★10] 本来は異なる個々人であっても、外集団への集団実体性が高く知覚される集団のメンバーはお互いに交換可能な存在として知覚される。[★11] とくに、否定的ステレオタイプが根づいた外集団においては、外集団個人の否定的行動は、外集団全体へと一般化がなされやすい。[★12]

また、実体性知覚には、その集団に対する既存のイメージや評価をより強める極化の効果がある。たとえば、カスタノらの研究によると、[★13] 外国に対して敵対的なイメージをもたれている場合には、実体性が高く知覚されるほど、その国に対して脅威が高く知覚されるという。その一方で、友好的なイメージをもたられている場合には、実体性が高く知覚されるほど、その国への脅威は低く知覚された。外集団実体性があることで、肯定的にせよ否定的にせよ、既存のイメージがより極端に知覚される。

したがって、実体性が高く知覚された外集団では、外集団の加害者個人に対するネガティブな印象が、その加害者が所属する集団全体へと一般化され、さらに既存のステレオタイプに沿った否定的イメージがより極端になることで、敵集団である外集団の成員であれば誰でもよいという形で、外集団成員が代理報復の対象として知覚されやすくなる。

(2) 集合的責任の帰属

また、実体性知覚によって、外集団全体へと責任が高く帰属される。すなわち、外集団に実体性が高く知覚されることで、外集団成員個人が行った行動であっても、集団全体で責任を負うべきだと見なされる。いわゆる、連帯責任である。メンバー一人が悪いことをやったのだから、集団のメンバー全体も一緒に責任を負うべきだと知覚されるのである。

リッケルらは、アメリカで一九九九年に起きたコロンバイン高校の銃乱射事件を題材に、実体性と集合的責任の関連性を検討した。★14 犯人の少年と関わりのある集団（両親、友人集団、「トレンチコート・マフィア」、教師やカウンセラー、警察など）に対して、一般の人がどのような態度をもつかを調査した。その結果、実体性が高く感じられる集団（たとえば、両親や友人集団）に対しては、銃乱射事件の責任を一緒に負うべきだと責任が帰属されていた。

このように、一種の連帯責任として集合的責任が所属集団には知覚されるために、加害者と同様に責任を追うべき所属集団のメンバー全体が報復の対象とされてしまうのである。

(3) 行為者性の知覚

実体性が高く知覚されると、外集団に行為者性（agency）が知覚され、ひとまとまりとなった集団全体が意図や動機をもって行為する主体だと感じられるようになる。したがって、外集団実体性が知覚されることで、外集団成員個人ではなく、あたかも意図や動機をもつ外集団というひとまとまりの実体が危害を加えてきたかのように感じられるのである。

＊

以上のような認知過程の結果、当初の加害者個人ではなく、外集団全体に対して集団間代理報復が生じるのである。

実際に外集団実体性があることが代理報復を高めることが示されてきた。ロウェル・ガートナーらは、社会的排斥と外集団実体性が、その外集団全体への攻撃性を引き起こすことを実験室実験によって示した。[★15] この実験では、参加者は心理学の集団実験参加に来たときに、一つ目の実験では、その場に四人が集まったが、それは誤りで一人多すぎたという場面に遭遇する。そのときに、残り三名が同じバレーボールチームのTシャツを着た実体性の高い集団の一人から、「この人が出ていくべきだ」と自分が仲間外れにされるような発言を受けた。その後、先ほどの「仲間外れ」発言を行った人物を含む三名にノイズ音を浴びせる機会があった。このときに、残り三名が同じバレーボールチームのシャツを着ておらず集団実体性が低い場合や、もしくは仲間外れ発言を受けていない場合と比較して、参加者はとくに強いノイズ音を浴びせた。つまり、社会的排斥という外集団からの危害を受けた仕返しとして攻撃する際に、その危害を行ってきた実体性の高い集団全体に対してより強い攻撃が行われたのである。

また、同じくガートナーらは、高校生に対して質問紙調査を行った。[★16] この調査では、高校の在校生を対象に、実際の高校に存在する集団に対する質問が尋ねられた。その結果、その集団から排斥経験が多く、かつその集団に実体性を高く知覚した人ほど、その集団の成員に対して殴ったり、銃撃したりといった攻撃的空想を多く行っていることが示された。いじめられた人は、いじめた本人のみならず、学級集団・学校集団全体に仕返しすべく、銃乱射を行う。その心理的基盤を示唆する研究だといえるだろう（社会的排斥と集団暴力に関しては、第5章の「排斥後に引き起こされる集団暴力」の項〔一七七ページ〕もあわせて参照していただきたい）。

より直接に代理報復と実体性の効果を検証した研究も紹介しよう。この研究[★17]では、他者から危害を受けた自身の過去の経験を振り返ってもらった。そしてこのときに、加害者本人もしくは加害者が所属する集団の別のメンバーに自分が仕返しした場面を想像してもらい、その場合に感じられるであろう満足度を測定した。

その結果、その加害者本人が、メンバー同士がお互いに関わりが低い、実体性の低い集団に所属していると教示されたときには、直接加害者本人に仕返ししたときよりも、加害者本人ではない同集団メンバーに報復したときに、満足度が低くなった。関係ないと思う人に報復してもやはり満足はできない。

一方で、もとの加害者の所属集団がメンバー同士が密に関わっている、つまり実体性が高い集団だと教示されたときには、加害者本人ではない同集団メンバーに報復したときにも、加害者本人を対象とした報復と同程度に高い満足感を感じていた。これはつまり、実体性が高い集団であるときには、仕返しの相手はもとの加害者本人でなくとも、その集団メンバーであれば誰でもよくなり、その報復に満足することを示している。

このように、外集団に実体性が高く知覚されると、外集団成員個人が行った行動であっても、その行動から推測される印象が外集団全体に一般化され、外集団成員の誰もが同じような特性をもっていると感じられるようになる。さらには集団全体へと責任が帰属されてしまう。その結果、加害者本人ではなくとも、仕返しの対象に選ばれてしまうのである。

内集団同一視と外集団実体性知覚

このように、内集団同一視と外集団実体性知覚はどちらも集団間代理報復には欠かせないキーファクターである。最後に両者を同時に検討した研究を二つ紹介したい。一つ目はステンストロムらの研究である。[★18] この研究一では、自分のこれまでの実際の個人経験として、外集団成員が内集団成員に危害を加えた場面を思い出してもらった。このときに内集団同一視と外集団実体性知覚が報復意図にどう影響しているかが検討された。その結果、内集団同一視と外集団実体性知覚はともに集団全体への報復意図と正の関連があることが示された。また、研究二では、共和党対民主党という政党集団間関係に基づいて、二〇〇四年のアメリカ大統領選挙の一週間後に実験が行われた。実験参加者は、自分の支持する政党の候補者をある政治評論家が侮辱した場面を読み、その後そういった政治キャンペーンに罰金や罰則をどの程度適用すべきかを尋ねられた。この罰支持の程度を報復意図の強さと見なした。その結果、研究一と同様に、内集団同一視と外集団実体性知覚が、それぞれ報復意図を高める関係があることが示された。

もう一つの研究としてヴァスケスらの研究[★19]では、ロンドンのギャング集団（非行集団）の構成員とそうでない少年集団を対象に調査を行った。シナリオ上でライバル集団のメンバーから自集団のメンバーが攻撃を受けた場面を思い浮かべてもらい、もともとの加害者本人ではないが、そのライバル集団の他メンバーを見つけた際に、どの程度報復したいかを尋ねた。つまり、非行集団間での代理報復の意図を「もしも……ならば」というシナリオ場面で尋ねた。ここで、内集団同一視と外集団実体性知覚が集団ベースの報復行動に及ぼす影響が分析された。三五八名の質問紙回答を分析した結果によると、ギャング集団のメンバーにおいては、内集団同一視と外集団実体性の両者がともに高いときに、報復攻撃意図が高まっていた。一方で、ギャング集団メンバーでない少年集団の場合、そのような傾向は確認されなかった。つまり、ギャング集団という暴力性の高い集団でこそ、内集団同一視と外集団実体性知覚の両者が揃うことで、集団間報復行動が強く見られたのである。

両研究ともに、内集団同一視と外集団実体性が集団間報復行動に重要な役割があることを示している。

以上より、再度整理しよう。社会的カテゴリー化による集団間代理報復のプロセスは次のものだといえる。まず、①内集団同一視を行い、〝我々〟という認知表象が形成される。これにより、内集団成員への危害であっても、あたかも自身が危害を受けたかのように知覚され、報復が動機づけられる。次に、②外集団実体性が知覚され、〝奴ら〟という認知表象が形成される。これにより、実際の加害者である外集団成員と、その同一集団に所属する外集団全員が、交換可能なものとして一体視され、報復の対象として知覚される。その結果、同じ集団に所属した成員であることを理由に、本来無関係な者同士で集団間代理報復が生起する。つまり、本来は個人間の危害であったものから「我々 対 奴ら」という十把一絡げの認知がなさるようになった結果だといえるだろう。

メカニズム②――「英雄になろうとして報復する」という生存戦略型－集団モードからの説明

報復の実行者が、社会から喝采を浴びることがある。日本では、忠臣蔵が今もなお人気があるが、これはまさに仇討ちがテーマである。二〇一三年のドラマ『半沢直樹』でも「やられたらやり返す。倍返しだ」という主人公の決めゼリフが流行語となった。悪に制裁を加え、仕返しする。「溜飲を下げる」「胸がすく思い」、もしくは「スカッとする」という表現にあるように、報復や制裁に対して人は満足を覚え、報復の実行者を人は賞賛するのである。

報復者への賞賛は、集団間紛争状態では、なおさら高まるだろう。とくに、コミット型－集団モー

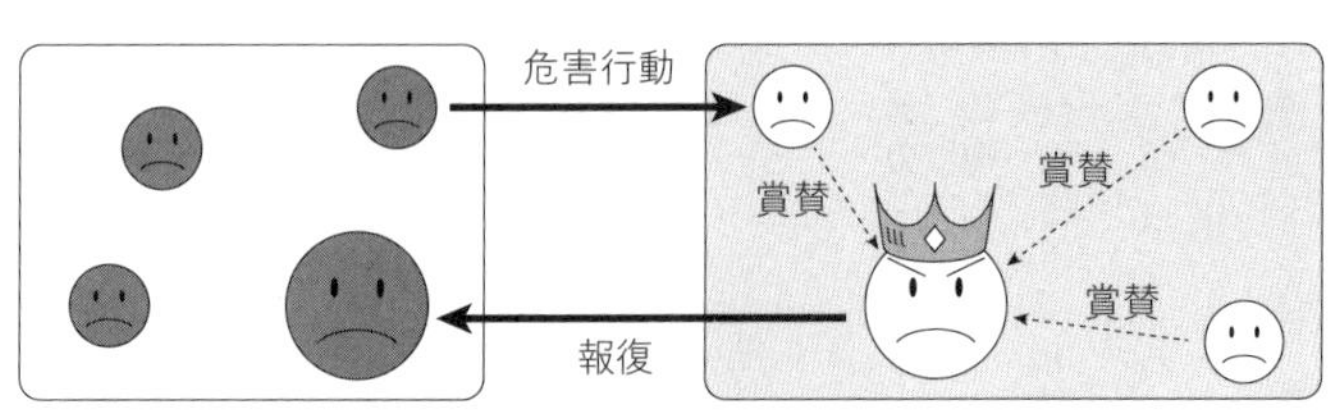

図 8-7　内集団からの賞賛獲得を求めた集団間代理報復 ── 生存戦略型－集団モードから

ドがオンになったときには、内集団が危害を受けたときに、まるで自分が危害を受けているのと同じように感じられるのは、すでに述べたとおりである。

そのため、敵対集団へと報復が成功したとき、人は「よくやった！」と快哉を叫ぶ。九・一一テロの首謀者ビンラーディンを殺害したことが報道されたとき、多くのアメリカ人が仇討ちの成功に狂喜乱舞した。集団間報復の成功を喜び、その内集団成員は報復実行者を賞賛するのである。

さて翻って、集団間報復の実行者側に立って見てみよう。仇討ちの実行者は、内集団成員から「よくやった！」と賞賛される。人は所属欲求、承認欲求をもつため、同じ集団のメンバーから凄いと言われ、高い地位を得たいと考えている。こうした集団内での賞賛という社会的報酬を求めて、人は集団間攻撃を行うことがある。これは第4章で述べてきたとおりだ。つまり、集団内の賞賛を求めて、集団間報復に従事する可能性があるのである。これはつまり、生存戦略型－集団モードに基づく集団間代理報復であるといえる（図8－7）。

こうした考え方に基づいて、筆者の博士論文では、先に述べた集団間代理報復の実験によって、「英雄になろうとして代理報復を行う」という仮説を検証していた。大学院生時代に自分の中で「俺は英雄仮説」などとこっそりと名づけて、筆者は研究を進めていた。ここでは、筆者自身が行った二つの実験を紹介したい。

①内集団観衆の効果

筆者らは、先に紹介した代理報復の実験室実験を行い、内集団の仲間から代理報復を見られることの効果を検証した。[★20]

この実験では、一回戦、二回戦で自分と同じ赤チームの二人（内集団成員）が対戦で負けて、青チームのメンバーからそれぞれ二五〇円、三〇〇円の罰金を与えられた。次に、三回戦として参加者は、青チームのメンバーとの対戦で勝利し、青チームのメンバーにいくらの罰金を〝仕返し〟したのかを検討した。

この実験で二つの条件が実験的に操作された。一つ目が、被害が明示されているかどうかという、前段の実験と同じものであり、「内集団被害条件」と「被害不明条件」の条件が設定された。そして、もう一つが、「内集団観衆あり条件」と「内集団観衆なし条件」である。「内集団観衆あり条件」では、自分が選んだ罰金額が、同じ赤チームの仲間に伝わることが明示されていた。その反対に、「内集団観衆なし条件」では、参加者が選んだ罰金額は、同じ赤チームの仲間には伝わらないと明示されていた。つまり、参加者が罰金をいくら与えたのか、もっというと集団間代理報復をしたのかどうかが見られている場合と見られていない条件だといえる。

さて、これによって罰金額がどう変わったのだろうか。ここでは、内集団に危害が加えられた「内集団被害条件」、つまり代理報復が生じる条件だけを抜き出して、内集団観衆のあり／なしによってどのような違いがあったのかを見ていこう（図8－8）。

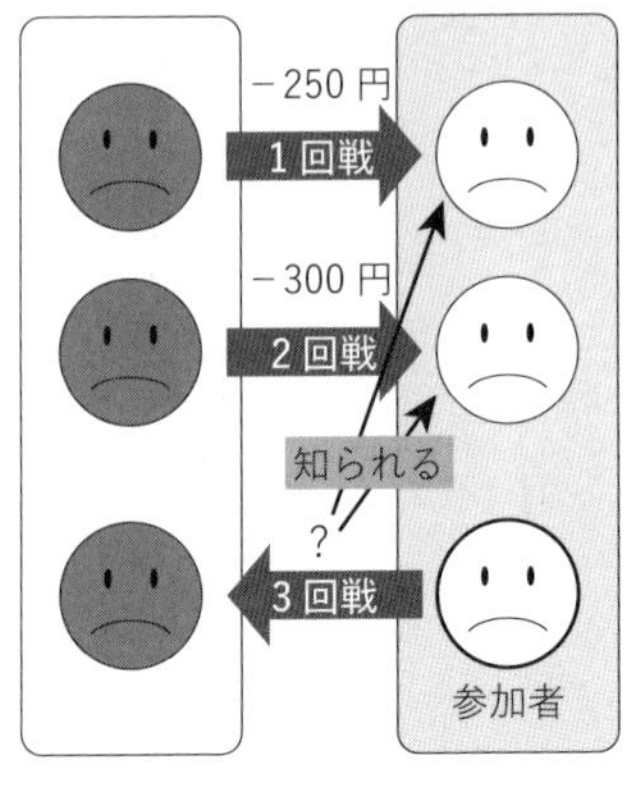

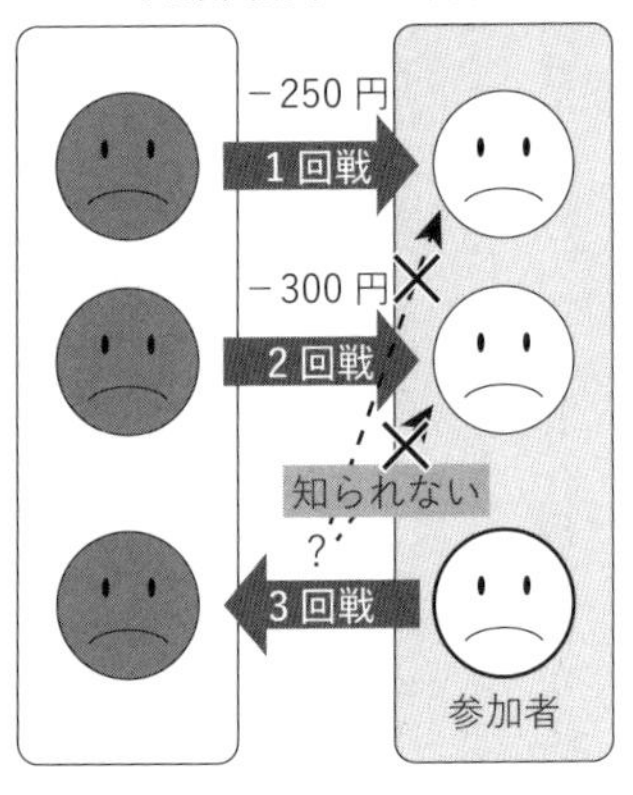

罰金 283.47 円　＞　168.75 円

図 8-8　集団間代理報復における内集団観衆効果

（注）　内集団被害条件のみを抜き出し。心理的影響過程に関しては，図 4-3, p. 127 を参照。
（出典）　縄田・山口（2011b）。

実験の結果、内集団観衆がいないときよりも、内集団観衆がいたときの方が、強い報復動機づけを抱き、また相手に大きな罰金を与えていた。つまり、内集団観衆から見られていたときに、より強い代理報復を行ったといえるのである。

心理的影響過程に関しては、第4章図4－3上段（一二七ページ）にすでに記載したのでそちらをご覧いただきたい。結果として、賞賛獲得の期待の媒介的影響が確認された。すなわち、内集団観衆から見られると、同じ赤チームの仲間から賞賛されると期待した結果、報復しようという気持ちが強まり、実際に大きな罰金額を青チームメンバーに与えた、という影響過程が確認された。

②仲間から協力を期待される

さらに、パート2として、内集団の仲間から協力を期待される場面で実験を行った。★21

この実験では、内集団被害条件のみが存在し、

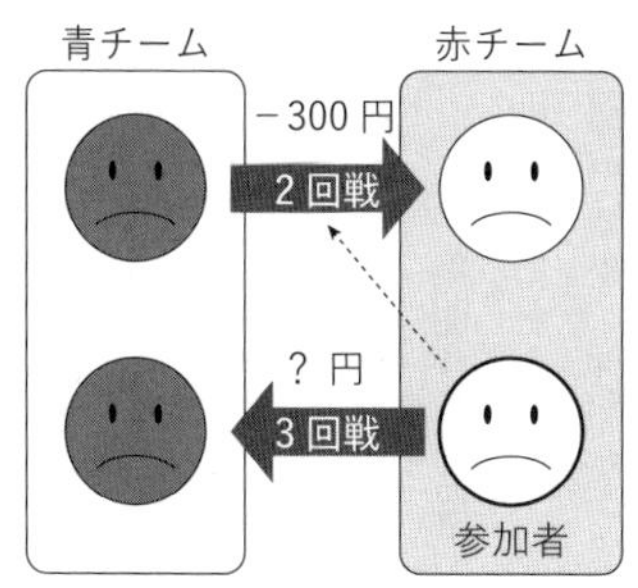
青チーム
赤チーム
−300円
2回戦
？円
3回戦
参加者

「Q. 私は，このゲームにおいても，同じチームのメンバーに対して，お互いに協力してほしいと思っている。」
「(1) 協力してほしいとは全く思わない」～「(7) 協力してほしいと強く思う」

協力期待あり条件
“内集団成員が「7」「6」と答えた”という情報をフィードバック

協力期待なし条件
“内集団成員が「1」「2」と答えた”という情報をフィードバック

罰金 270.68 円　＞　162.83 円

図 8-9　内集団からの協力期待が集団間代理報復に及ぼす効果

（出典）　Nawata & Yamaguchi（2013）。

被害不明条件での実験は実施されていない。また、自分の選んだ罰金額は、仲間に伝えられることも告げられていた。つまり、「内集団観察あり」であった。この実験では、内集団成員から協力を期待されたかどうかによって、代理報復の強さがどう変わるかという点が検討された。

対戦もぐら叩きゲームに入る前に、参加者は次の質問をパソコンの画面上で尋ねられた（図8-9）。

「Q：私は、このゲームにおいても、同じチームのメンバーに対して、お互いに協力してほしいと思っている。」

これに対して「1：協力してほしいとは全く思わない」～「7：協力してほしいと強く思う」から参加者に回答してもらった。そして、その後、同じ赤チームのメンバー二人がどう回答したかの情報が提示されるのだが、そのとき提示された内容が条件ごとに異なっていた。

協力期待あり条件では、同じチームメンバーが「7」「6」と回答したと示される。つまり、内集団仲間が協力から強く期待されている条件である。それに対して、協力期待なし条件では、「1」「2」と回答したと示される。つまり、仲間から協力は期待されていない条件である。とはいえ、協力が期待されたからといってこの実験場面で何か直接的に協力ができるわけではない。

その上で、これまでの実験と同様に、自分が外集団成員に対する罰金を選べる場面となる。このとき、この内集団からの協力期待のフィードバックが、代理報復としての罰金額にどのように影響するのかが調べられた。

実験の結果、仲間から協力を期待されたときには、より大きな罰金を与えたことが示された。また、このときより強い報復動機づけをもつこともわかった。

では、このとき実験参加者には状況はどのように認識されていたのか。参加者に「自分が罰金を与えること＝集団内協力」だという認知の強さは、協力期待あり条件の方が、期待なし条件よりも強かった。つまり、内集団成員から協力を期待されると、「罰金＝協力だ」という認識が強くなったのだといえる。

さらに、心理過程の検討として、事後質問項目を用いて心理的影響過程を検討するパス解析を行った。これは第4章図4－3下段（一二七ページ）にすでに掲載したものであるため、そちらをご覧いただきたい。心理的影響過程として、賞賛獲得の期待と拒否回避の期待の二つのどちらがよりよく媒介するかを調べたところ、賞賛獲得の期待での媒介効果が見られた。つまり、仲間から協力を期待されると、仲間からの賞賛獲得を求めて、より強い代理報復がなされることが明らかになった。

以上の①、②の実験で共通して確認されたことは、どちらの実験研究でも生存戦略型－集団モード、とくに賞賛獲得志向が集団間代理報復を強めるということである。仲間から見られているときや、仲間から協力を期待されているときには、「自分こそが代理報復をやった」と見せつけて英雄になろうとして、人は集団間代理報復を行うことがあるといえる。

＊

拒否回避と集団間代理報復の関係性に関して

一方で、筆者らの実験（②の実験）[★22]では、拒否回避への期待と集団間代理報復との関連は示されなかった。しかし、あくまでもこの実験場面では関連が見られなかったというだけであろう。いまだ十分に解明されていないだけで、こちらもおそらく関連してくると考えられる。第5章で書いたように、拒否回避を求めた村八分回避型の集団暴力がありうるためである。これは集団間代理報復に関しても同じだろう。

報復行為は正当化がなされやすく、一種の正義の行いだと見なされることを考えると、代理報復を行うように周囲からの圧力がかけられることもあるだろう。仲間がやられたのだ、俺たちみなで報復すべきだ。そうやって国全体に復讐が当然という空気が蔓延したなかで、自分だけ「報復反対」と言うのは難しく、集団間代理報復に嫌々ながら参加することもきっとあるだろう。

こういった点も今後、検討していくことが必要となると考えられる。

被害〝感〟の重要性

本章では、外集団からの被害をきっかけとして集団間報復が生じることで、集団間紛争はより激化していくことを示してきた。このとき、じつは重要なのは、客観的事実としての被害出来事そのものではなく、主観的心理としての被害者意識であるともいえるかもしれない。同じ内集団に生じた出来事であっても、それに対して被害者意識を強くもつ人もいれば、ほとんど感じない人もいるだろう。とくにマクロな集団間関係としての国家間関係や民族間関係は、長い歴史的な経緯をもつ。長い歴史の中では、集団間代理報復が積み重ねられるなかで相互に加害 - 被害関係をもっている。あるときは加害者であり、あるときは被害者ともなる。その一部を取り出せば自分たちこそが被害者だと感じられるだろう。被害を受けたのが自分が生まれる前である場合には、自分個人にとっては被害そのものが曖昧であるかもしれない。

たとえば、イスラム教徒のテロリズムによって、欧米社会の市民が殺害されることがある。このとき、イスラム教徒は加害者であり、欧米社会は被害者である。一方で、テロリズムを行ったテロリストは、むしろみずからの属するイスラム社会こそが欧米社会の被害者だとみずからの攻撃の正当性を主張するだろう。こうしたなかで、さらに報復的なテロリズムさえ発生する。たとえば、二〇一九年三月に、ニュージーランドのクライストチャーチで、白人男性がイスラム礼拝堂にて銃乱射事件を引き起こし、五一名が死亡する大惨事が発生した。犯人は白人至上主義者であり、イスラムを含めた移民が自国を侵略しているという被害者意識を述べていたという。

こうしたときの被害者意識とは個人に関するものというよりも、集団レベルの被害者意識である。これは集合的被害感[★23]（collective victimhood）と呼ばれるものだ。集合的被害感をもつとき、人は自分個人が直接の被害者ではなくとも、自分以外の内集団成員が被害を被ったと感じられれば、それに対して報復が生じることがあるのである。そして、集合的被害感は集団間紛争を持続させる効果がある。

自分たちが被害者であるという意識は、外集団に対する攻撃を動機づける最重要要因である。多くの研究で、集団間紛争における集合的被害感が国家間、民族間の攻撃性を高めることが指摘されてきた。たとえば、集団レベルの被害感は、イスラエル－パレスチナ紛争場面での集団間の攻撃的態度・感情を高め、また北アイルランド紛争場面での赦しと和解を阻害する。[★24] 筆者らの研究でも、日中関係を題材に日本人に調査を行った。[★25] 中国からの被害感を強く感じる人ほど、中国への軍事的攻撃政策を支持する心理傾向が強いことが示された。

集合的被害感をもつことは、内集団の凝集性を高め、内集団からの外集団への暴力を正当化する機能をもつ。真珠湾攻撃の後で、「リメンバー・パールハーバー」のスローガンのもと、アメリカは愛国心を高め、日本へと開戦し、そして広島と長崎に原爆を落とした。自分たちがすでに被害を受けたからこそ、みずからが行う側となったときの攻撃は正当化されやすいのである。

被害者は暴力の見え方自体が異なる

被害者集団と加害者集団の間で、集合的暴力に対する捉え方が根本的に違うものだ。ビラリらは五つの次元から加害者と被害者の視点の違いを指摘した。[★26]

(1) 被害者とは誰か？

そもそも被害者も加害者もお互いに被害的地位を主張しがちだ。自分たちこそは被害者だと主張する。先に述べたとおり、自分たちこそ被害者だという意識は、報復行為を正当化する。

(2) 暴力の責任は誰にあるのか？

加害者集団は暴力の原因は自分たちではなく、自分たちの外にあるものに帰属しがちである（外的帰属）。たとえば、被害者集団や第三者、集団間関係がおかれた社会的状況などが原因だと考え、そこに関わる関係者すべてに等しく責任を分散してしまう傾向がある。一方で、被害者集団は、外集団そのものに責任がある（内的帰属）と考える傾向が強い。

(3) 加害者が危害行為を行ったのはなぜか？

加害者集団は、自分たちが危害行為に及んだのは非意図的であり、わざとではないと主張する。一方で、被害者集団は、意図的な理由で、わざと危害を加えたのだと主張する。

(4) どれほど厳しい危害だったか？

加害者集団は危害の大きさをさほどたいしたものではないと見積もるのに対して、被害者集団は被害のひどさを強調する。

(5) いつ出来事が起こったか？

加害者集団は、危害は時間的に離れた過去のことで、現在ではすでに関係ないと思う。一方で、被害者集団は過去の危害を現在の否定的結果と結びつけて考える。

このように被害者は危害を大きく見積もる一方で、加害者は危害を小さく見積もっている。こうした加害者－被害者間の認識のギャップは、被害者側にとっては、現在の外集団への怒りをさらに増幅することにもつながるだろう。その結果、〝倍返し〟で集団間代理報復を行ってしまうことさえあるかもしれない。反対に加害者側からすると、被害者は被害をおおげさに主張しすぎると知覚され、自分たちが過度に責められるように感じてしまう。その結果、いわゆる「逆ギレ」をしてしまいがちだ。両者ともに反対方向にバイアスがかかっていることを、よく認識すべきだだろう。日本と韓国の歴史認識問題においても同様にあてはまると考えられる。

集団間代理報復に伴う報復の連鎖において、両集団がともに加害者でもあり、被害者でもある。しかし、内集団による加害は軽視され、逆に外集団による被害は重視されるという上記の認識ギャップがあるために、双方ともに集合的被害感ばかりが強くなってしまうのであろう。

＊

こうした認識のギャップを埋めるためには、視点取得が有効になる。視点取得による集団間紛争低減効果は第9章も参照していただきたい。相手の視点から自分たちの主張がどのように見えるか、異なる視点から見直してみることは有効だろう。もしも加害者集団から過去の虐殺行為を小さな出来事だなどと主張されたら、被害者にはどう感じられるだろうか。小さな虐殺行為はあったかもしれないが、死者数は言われるほどは多くないからたいしたことがない、正当防衛でやむをえないことだった、というように。

逆に、自分たちだけが一方的な被害者なのかも顧みることは必要だろう。自分たちの集団が行った報復行為により、相手集団にも重大な被害を与えてはいないのか。テロとの戦争の中で、「倍返し」

が行われ、無辜の民が多数死亡しているのではないか。

一度、冷静に相手側の視点から見たら、もしも自分たちが同じ立場だとしたら、とあらためて思いを馳せてみることが必要である。

□まとめ

・集団間関係においては、当初の危害の被害者でも加害者本人でもない非当事者間で集団間報復が生起することがある。これは集団間代理報復と呼ばれ、報復の連鎖を引き起こすことで、集団間紛争の拡大や激化と関連している。

・初対面からなる一時集団でも、集団間代理報復は生起しうる。

・集団間代理報復のメカニズムは二つである。それぞれコミット型－集団モードと生存戦略型－集団モードに対応するものである。

・一つ目が、コミット型－集団モードにあたる社会的カテゴリー化による集団間代理報復である。内集団同一視と外集団実体性知覚によって、「我々 対 奴ら」の枠組みで認識されることで、非当事者間で報復が生じる。

・二つ目が、生存戦略型－集団モード、とくに賞賛獲得による集団間代理報復である。仲間から賞賛される英雄になろうと、人は集団のために復讐してみせることがある。

・実際の被害のみならず、主観的被害としての集合的被害感もまた集団間紛争を激化させる火種となる点で重要である。

第Ⅲ部

暴力と紛争の解消を目指して

第9章

どうやって関わり合えばよいのか？

暴力と紛争の解消を目指して

さて、ここまでさまざまに集団が紛争と暴力を強めることを示してきた。残念ながら集団が関わると、紛争や暴力が生まれることが多いようだ。では、こうした紛争や暴力を解消するためには、どうしたらよいのだろうか。紛争や暴力を解消するためにも、また集団の特性を踏まえた方略をとることが必要となる。

本書では原因を悪玉となる個人に還元する考え方は採用しない。テロリスト、戦争犯罪者、いじめ加害者、パワハラ上司、こうした人たちが暴力に及んだのは、たんに「暴力的な性格をもつ悪人」だからだというだけではない。もちろん攻撃性が高く、粗暴犯罪を行いやすい個人特性は存在するため、そうした個人の性格要因の存在をまったく無視してよいわけではない。しかしながら、社会・集団の状況要因が変わるだけで、こうした「悪人」たちも暴力に至らないことがあるという視点は重要である。社会・集団の状況要因をどのように変えていけば、社会の紛争や暴力は低減できるのだろうか。社会的な状況要因を積極的に変化させることで、社会の紛争や暴力を低減し、平和な社会が構築でき

1. 集団間アプローチ
→ヨソ者を否定せず，攻撃しない

1a. 集団間接触
1b. 視点取得と共感
1c. 共通目標と共通上位集団アイデンティティ

2. 集団内アプローチ
→集団の内部で暴力を抑止する

2a. 反暴力的規範・風土の変革
2b. 多様性（ダイバーシティ）と包摂性（インクルージョン）

図 9-1　集団暴力を解消・低減する２つのアプローチ

るのだというのが社会心理学の視点からの考え方である。最終章かつ第Ⅲ部として、集団暴力と集団間紛争をいかに解消・低減していくかという点を議論していく。

集団暴力を解消・低減する二つのアプローチ

本章では、集団暴力を解消・低減するために二つのアプローチから議論を進める（図９－１）。

一つ目は集団間アプローチであり、集団間紛争の大前提となる、ヨソ者を否定せず、攻撃しないという「外集団嫌い」をいかに解消していくかというアプローチである。これまで見てきたように集団暴力の多くは、集団間関係という枠組みの中で発生するものである。したがって、集団間紛争の解消を行うことが、暴力と紛争の低減策として有効となる。とくに1a：集団間接触、1b：視点取得と共感、1c：共通目標と共通上位集団アイデンティティの三つを本書では取り上げる。

二つ目は集団内アプローチであり、集団の内部で暴力を抑止していくアプローチである。とくに本書では規範や風土を中心としたアプローチを議論する。2a：集団内の規範が反暴力的なものへと変遷していくなかで、実際に集団の中にいる人の暴力への認識の仕方が変わり、暴力が低減していくことについて、また、2b：暴力と差別を低減する要因として近年指摘されることが多い多様性（ダイバーシティ）と包摂性（インクルージョン）に関して議論を行う。

1：集団間アプローチ

まず集団間アプローチとして、外集団成員に対する攻撃性や否定的態度を低減するという観点から、1a：集団間接触、1b：視点取得と共感、1c：共通目標と共通上位集団アイデンティティに関して議論を進めていく。

1a：集団間接触

それでは、順番に見ていこう。まず、集団間アプローチの一つ目は集団間接触である。二つの集団間で偏見や紛争が発生しているときに、その両集団のメンバーが物理的に繰り返し会って交流することによって、偏見や紛争が解消できるというものである。たとえば、ある人がイスラム教徒に対して、もともとあまりよい印象をもたず、不信感をもっていたとしよう。その人が転勤先でイスラム教徒の外国人スタッフと同じ職場で働くことになり、毎日一緒に顔を合わせ、会話することになった。そうしたなかで、だんだんとその外国人の同僚に、さらにはイスラム教徒全般に対する印象が好ましいものへと変わっていくといったものである。集団間接触はとてもシンプルな手法ながら、その効果は頑健に確認されてきた。

ただし、どんな形でもよいからたんに外集団成員と接触しさえすれば、すべて丸く収まるというわけではない。効果的に集団間関係を改善するためには、以下の四つの条件があることがオルポートらにより指摘されてきた[★1]。これらの条件はその後の実証研究によっておおむね支持されてきた[★2]。

(1) 地位の対等性：両集団の間に地位の高低の差がないこと

ここでいう地位とは、集団の優劣関係のことを指す。集団間に地位差がある場合には、優勢な集団が劣勢な集団を支配する関係となりやすい。こうしたときには、接触によって友好な関係を築くことが難しくなってしまう。また、高地位側（マジョリティ）側と低地位（マイノリティ）側で接触に対する心理的反応が異なることもある。この点は、二重アイデンティティのところでも詳述する。

(2) 共通目標：等しい利益をもたらす共通の目標に向けて課題を行うこと

(3) 協力関係：相互依存性があり、協力的な相互依存関係が求められること

(2)共通目標と(3)協力関係に関しては、「1c：共通目標と共通上位集団アイデンティティ」とも密接に関わっている。共通目標に向けた協力をすることは、集団間紛争の解消のためにきわめて重要な効果をもつため、これは後ほどあらためて議論したい。

(4) ポジティブな接触の公的支援：肯定的な集団間接触と相互作用が公的に推奨されていること

「権威、法律、慣習による支援」ともいわれる。接触することで紛争が解消されるためには、肯定的な相互作用を推奨するような状況的な規範が必要である。そのためには、集団や社会のリーダーの働きかけや、法律・慣習のレベルでも、ポジティブな集団間交流はよいものであるというメッセージを込めることが必要となる。逆にいうと、社会の中で集団間接触が行われたとしても、周囲の誰もが

交流自体を偽善的だと白眼視している状況下では、せっかくの接触も紛争解消には結びつかない。たとえば、アメリカのトランプ前大統領が白人以外の人たちへの排外的な態度を煽っているときには、イスラム教徒の人たちやアジア系と白人が交流する場面で、白人が心ない差別発言を投げかける事例が噴出した。紛争を解消していくためには、集団間の交流自体が望ましいものであることを規範としてつくり出し、社会全体の中で肯定的な集団間接触を支援していくことが必要となる。これは後述する集団内アプローチにおける規範構築とも関連している。

＊

さらに、以上の四条件に加えて、個人的友情をもつ形での集団間接触の重要性もしばしば指摘される。[★3]親密に交流するなかで、外集団に抱く誤ったステレオタイプを是正し、自分と相手との類似性に気づき、好感をもつようになる。また、漠然と抱いていた不安は低減され、相手への共感をもつことができるようになるだろう。そうした結果、偏見や紛争が低減される。

接触がもたらす効果の強さは、状況次第で異なってくることも指摘されている。メタ分析という複数の研究で見られた効果を統合的に検討する統計分析手法の結果によると、レクリエーションや職務場面では集団間接触による偏見低減効果は大きい。[★4]これは先に述べたように、共通目標や協力関係があるためであろう。一方で、旅行では効果が低い。たんに旅行先で外国人スタッフから商品を購入したり、サービスを受けたりする際に触れ合うのはさほど効果的ではない。

つまり、接触で重要なのは「質」である。実際に、接触の量と接触の質を比較したときに、接触の質の方が偏見低減をもたらす効果は大きいことも繰り返し指摘されている。[★5]これはまさに先に述べた友情の重要性とも関わる点である。接触の量さえ多ければよい、というものではない。短期的には、外国人や異人種といった外集団との交流自体はそもそも不安やストレスを引き起こしやすい。[★6] しかし、その閾値を超えて長期的に繰り返し集団間の接触が行われるなかで、集団間の偏見は低減していく。[★7]

保守的イデオロギーをもつ人や、曖昧さを嫌い白黒をはっきりさせたがる心理傾向である認知的完結欲求の高い人は、もともと偏見を強くもちがちである。一方でそうした偏見を強くもちがちな心理傾向をもつ人ほど、接触によるステレオタイプや偏見の改善効果は大きいことも指摘されている。[★8]偏見が強い人は接触自体を避けることも考えられるが、接触さえして適切な交流を行うことができれば、頑迷な偏見も少しずつ解けていくことが期待できるのである。

直接会う必要さえない？

興味深いことに、近年の研究では必ずしも直接接触しなくても接触に類する行為を行えば、接触と同様の効果が見られる可能性が指摘されている。接触の効果は、直接会うことだけにとどまらない。外集団成員と直接的に接触がなくとも、内集団成員が外集団成員と親密な関係にあることを知ることが、偏見や紛争を低減させる効果があることを指摘されており、これは拡張接触効果と呼ばれる。[★9]

たとえば、中国人に偏見をもち、中国人の友人が一人もいない人がいたとする。その人が、自分の日本人の友人が中国人留学生の親友をもち、いつも一緒に遊んでいることを知った。それによって、この人は中国人への偏見が低減されることがある。つまり、「友達の友達が外集団成員である」と知るだけで、偏見低減の効果が期待できる。

また、想像接触と呼ばれるような、外集団成員との肯定的な交流場面を想像するだけでも、偏見が

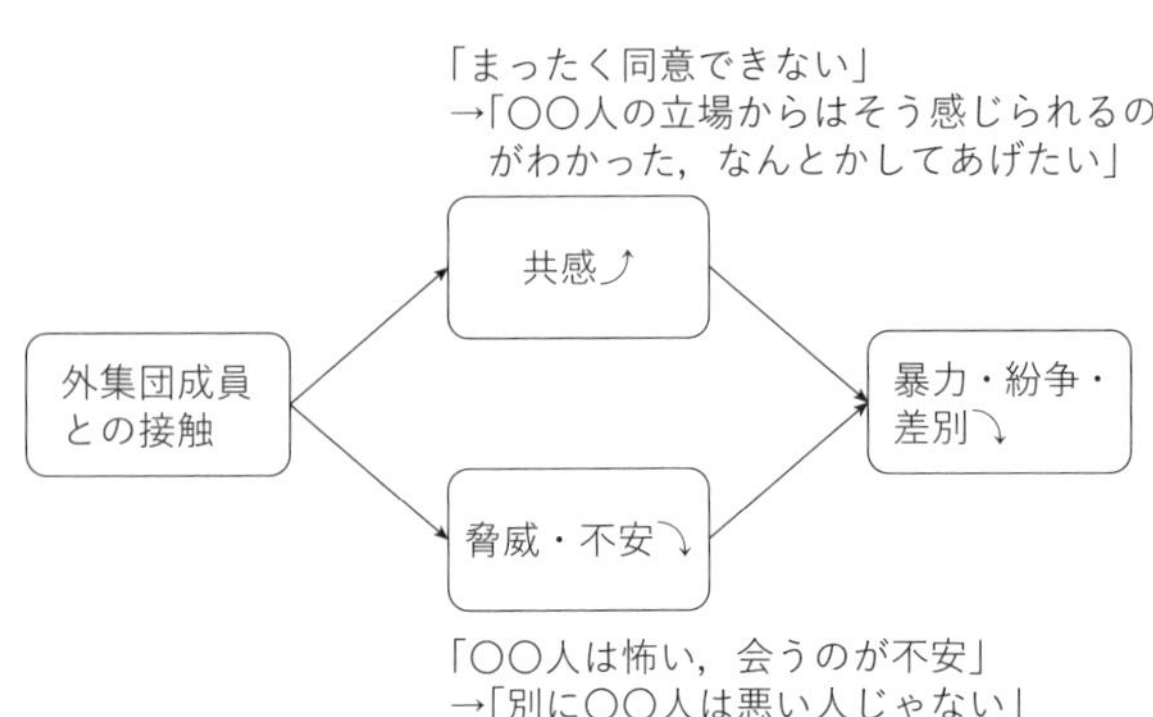
「まったく同意できない」
→「○○人の立場からはそう感じられるのがわかった，なんとかしてあげたい」
共感
外集団成員との接触
暴力・紛争・差別
脅威・不安
「○○人は怖い，会うのが不安」
→「別に○○人は悪い人じゃない」

図 9-2　集団間接触が効果的となる心理・社会過程

解消できることも近年では主張されている。[★10] ただし、この効果は再現性が乏しい可能性も指摘されているため、明瞭な検証も待たれる。

さらには二次転移と呼ばれる現象も報告されている。[★11] これは、A集団と接触することで、A集団に対する偏見が低減するだけでなく、B集団に対しても同様に偏見が低減するという効果である。つまり偏見低減の効果が、特定外集団だけではなく内集団以外の外集団一般へと拡大するのである。

集団間接触はなぜ効果的なのか

集団間接触が効果をもたらすプロセスには大きく二つが指摘されている（図9－2）。一つが「脅威と不安の低減」であり、もう一つが「視点取得と共感」である。[★12]

脅威と不安は集団感紛争を強める原理であることは、第7章でもすでに述べてきたとおりである。外集団は怖い。怖いから近寄らない。しかし、これではいつまでも偏見や紛争状態は解消できない。接触してみると、「意外に○○人も怖くないな」と思えるようになる。

もう一つが、視点取得と共感である。集団間接触を行う前にはある種抽象的な「○○人」という存在が、実際に接触するなかで「○○人の××さん」のように、自分と同じ生身の人間であることを理解し、相手の立場からものを考えられるようになる。ひいては共感的な関心をもてるようになり、紛争や偏見が低減できるのである。視点取得と共感の効果に関しては、次項でより詳細に説明していきたい。

他にも外集団の知識が得られることの効果も指摘されている。それまで知らなかった「○○人」の特徴や考え方に関して知識が得られ、それまでは偏った否定的なステレオタイプが肯定的ないし中立的なものへと変容していく。ただし接触の効果は、認知的側面（ステレオタイプ）よりも情動的側面（集団間感情）に対する効果が大きい。そのため、接触がもたらす外集団知識の効果は先の二つに比べると、少し弱い効果である。

外集団との接触が偏見や紛争を低減するのは、たんに外集団のことがよくわかったからということのみならず、「彼らは怖くない」「彼らの立場から見れば気持ちがわかる」といった二つの感情的変化が生じてこそ、一気に改善していく。

集団間接触の強みは、なんといってもシンプルなことだ。ただ会って話す。もちろん先述の制約や注意点はあるものの、基本的にはポジティブな効果がある。これを生かさない手はないだろう。ただし、接触の効果自体は $r = -.20$ であり、[★13] これは統計的な効果量でいうと「小から中程度」と特別に強い効果ではない。一方で、先に紹介したオルポートの四つの促進条件を満たせば、接触がもつ効果は $r = -.30$ まで高まるとされる。シンプルなことが利点であるとともに、最大の効果を目指すためには、的確な形で集団間接触を行うことも必要だといえる。

1b：視点取得と共感

二つ目の集団間紛争の解消方略として、視点取得（perspective taking）を紹介したい。人は自分中心の視点から物事を理解し、解釈することを普段は行っているが、意識的に他者から見た視点に転換し、物事を理解・解釈することが視点取得である。いわゆる、「相手の立場に立って考えてみましょう」というものである。小さい頃から親や先生から口酸っぱく言われてきた叱られ方の一つでもあるだろう。じつは集団間紛争場面において、視点取得は紛争を解消するための最重要要因の一つである。当たり前であるが、他人の痛みは自分の痛みではない。視点取得とは、自分自身がそうではないことを踏まえたうえで、自分を相手の立場に置き換えて他者を理解しようとするアプローチである。

視点取得は一般的に共感的配慮を高めることで援助行動や利他的行動を増加させることが示されてきた。[★14]こうした効果は、集団間紛争や偏見場面でも同様に効果的である。人間は立場の違う人を容易に外集団のヨソ者だと見なしてしまうことを本書では繰り返し示してきた。しかし、外集団のヨソ者として切り離していた他者の視点をとることで、偏見は低減し、外集団との紛争状態は解消が可能となる。

バトソンらの実験では、エイズ患者への偏見を対象に視点取得がもつ効果を検証した。[★15]この実験では、エイズを抱えながら生活する患者に関するシナリオを読んでもらった。このとき、客観的な見方で読んでもらった客観条件と比べて、この女性がどのように感じているかをできるだけ豊かに想像してもらった視点取得条件では、エイズ患者一般への態度が肯定的に変化していた。さらに、エイズ患者（実験一）のみならず、ホームレス（実験二）や有罪が確定した殺人犯（実験三）といったとくに偏見が強くもたれる他者に対しても、視点取得によって共感的配慮が高まり、否定的態度は改善されていた。

同様に、視点取得により黒人[16]、アジア系アメリカ人[17]、高齢者[18]、さらには最小条件集団における外集団[19]など、さまざまな外集団に対する自己報告上の肯定的態度が高まることが示されている。また、視点取得は意識的な評価のみならず、IATで測定される潜在的な偏見も改善しうる[20]。

行動面でも、黒人への視点取得を促された白人参加者は、黒人実験者との関わり方がより円滑なものになり、接近志向の非言語行動が増えた[21]。また、薬物依存の人に対して視点取得を促された人は、学生資金をいくつかの機関に配分する機会を与えられたときに、薬物依存の人を支援する機関に対してより多くの資金を配分していた[22]。同様に、障害者の役割演技をしてもらった人は、障害者の視点を採用できるようになり、余剰の学生資金の使い道として障害をもつ学生の設備増資に利用することを支持していた[23]。このように、視点取得によって外集団に対して肯定的・支援的な行動が増加する。

視点取得はなぜ効果的か？

視点取得の効果には、①感情的メカニズムと②認知的メカニズムの大きく二つのプロセスがある[24]。①感情的メカニズムにはさらに①a：並行的共感と①b：反応的共感という二つの分類がある。①a：並行的共感とは、他者と同じ感情を自分も同じように感じることである。苦境にある外集団が痛みを感じていることを知ったときに、自分自身も同じような痛みを感じるというものである。そして、とくに偏見低減において重要なのは、①b：反応的共感である。これはいわゆる「同情」に近く、他者の苦境に関して反応して感じ入る共感である。こちらでは、同じ感情を感じてはいない。痛みに苦しむ他者と一緒に痛みを感じるのではなく、痛みを感じることに関心をもち、配慮しようとする。先にも紹介したが、エイズ患者、ホームレス、殺人犯といったもともと共感をもちにくい相手であっても、彼らの視点からの気持ちを想像させることで、共感的な配慮が高まっていた。[★25] この共感的配慮は肯定的な態度改善や支援行動を高める最重要要因である。

また、視点取得の②認知的メカニズムにもさらに二つの下位側面がある。②a：帰属思考のシフトと②b：自己－外集団結合である。

②a：帰属思考のシフトとは、外集団成員が行った行動の原因を推測するときに、能力や性格などの内的属性として推測されていた（内的帰属）ところから、状況や環境といった外的属性だと推測される（外的帰属）ようにシフトすることである。外集団への差別では、内的属性への帰属が関わることが多い。黒人や女性が不遇であるのは、黒人や女性が「怠けがち」な性格をしているからだ、とか、知能が低いからだといったように、黒人や女性そのものの特徴として内的帰属が行われれば、黒人や女性が不遇である社会的状況は正当化されてしまう。したがって、視点取得によって内的帰属から外的な状況への帰属へとシフトさせることで差別が低減されるのである。

認知的メカニズムの二点目は、②b：自己－外集団結合である。視点取得には、自分と他者との心理的表象上のオーバーラップを高める効果があることが指摘されている。これは集団間関係でも同様であり、とくにもともと心理的距離のある外集団と自己とのリンクが形成されることで、心理的距離が近くなり、配慮が高まるとされる。

相手の立場に立って考えることは、他者への配慮を高めるごく基本的な方略である。しかし、心理的な線引きがなされ、自分たちとは別物の外集団成員として認識された時点で、人はその人を共感の輪から追い出してしまいがちである。これは一種の非人間化である。外集団をもう一度共感の輪に組み入れるためにこそ、意識的に視点取得を行っていくことが必要となるのである。

知能の時代的上昇に伴う偏見の低減

さて、知能は世代を経て、時代とともにどんどん高くなっていることはご存じだろうか。これは知能の心理学者のフリンが提唱したことで「フリン効果」と呼ばれるものである。[★26] たとえば、現代人の知能指数（ＩＱ）は、一〇〇年前よりも標準偏差二つ分にあたる三〇ポイントも伸びているという。これは現在の基準では、ごく標準的なＩＱ一〇〇の人がタイムスリップして一〇〇年前にいけば、上位二パーセントの知能の高さとなるということである。逆に、一〇〇年前当時のごく標準的な知能の人がタイムスリップで現在に来れば、知的障害と見なされるボーダーライン上となることを示している。これほど時代間で知能の違いは大きい。

フリン効果の原因は、科学教育が充実するなかで、目の前の事実に対して抽象的な視点から考え、事物を操作すること、さらに物事を分類して世界を見ることといった科学的思考法が身についたことだといわれている。そのため、近年ようやく教育が行き届くようになった発展途上国ほどＩＱの上昇幅は大きく、逆に先進国では、とくに近年ほど上昇幅が小さくなることも指摘されている。

こうした抽象的な思考は、視点取得において非常に重要となる。視点取得というのは高次で抽象的な認知機能を必要とする。視点というのは常に自分から見たものであることが自己中心的なバイアスを生むのだが、そこから逃れて他者の視点へと移し替えることが必要であるからだ。視点取得には、抽象的な推論を行うといったじつは知的な心理プロセスが必要となるのである。

ＩＱが高いほど偏見が低いことも一貫して示されることであるが、[★27] その原因の一つはこうした抽象思考ができることで視点取得ができることだといえるだろう。ピンカーは、フリン効果の議論も踏まえながら、科学教育に伴う認知能力の高まりが共感と権利の輪を広げる形で、偏見や暴力が時代的に低減してきたことを主張している。

知能が世代とともに高くなっていることを考えると、今後も世代を経て知能が高まることで、ますます視点取得ができるようになる。その結果として世代が後になるほど偏見は引き続き低減していくことも考えられるだろう。実際に若者ほど偏見が低い。この背後には、もちろん社会風土の時代的変化がもちろん最重要要因ながらも、相手の立場に立って考えられるほどの知能を手に入れた人が増加したことも原因だといえるかもしれない。

逆に一昔前の人は、視点取得ができなかったために、偏見が強かったのかもしれない。ピンカーも書籍[★28]で取り上げている、フリンのエピソードを紹介しよう。今よりも差別の強い時代として、フリンが大学生のときの、自分の父親との会話である。フリンは黒人に対して人種差別的な発言を述べる一八八五年生まれの父に、次のように問うた。

「もし明日の朝、目が覚めて黒人として生まれていたらどう思う?」

これは視点取得を促す問いかけである。もし自分自身が黒人であれば、あなたが普段述べるような侮蔑的な言い方をされたことを許せるか、ショックを受けないかと尋ねたのである。

この問いに対して、フリンの父は「ばかなことを言うな、朝起きて黒人になった人がどこにいるんだ」と答えた。

重要なのは、フリンの父は具体的な事柄からしか捉えられなかったということである。彼は抽象的な見方をとり、差別される側の立場からどう見えるのかには思いが至らなかった。さまざまな立場で視点取得を行わなくては、道徳的・利他的な思考ができないのである。

しかし、この世代の人々には認知的な限界があったのかもしれないとフリンは述べる。視点取得というのは、じつはとても高度な認知能力を必要とする。フリンは現代人の知能の向上に最も寄与したのは科学教育であり、目の前の事実を抽象的な視点から考え、操作することができるようになったこと、さらに物事を分類して世界を見る科学的思考法が身についたことではないかと指摘している。フリンの父の世代においては、それがまだ難しかったのかもしれない。

私たちにはフリンの父が偏見まみれに見えるだろう。それとまったく同様に、二〇二〇年代を生きる我々自身もまた後世の人々からすると、知能が低く、認知的柔軟性に欠けており、抽象的に他者の視点に立って考えることが苦手であり、そして偏見まみれな人々に見える可能性が高いかもしれないということは頭に入れておいてよいだろう。

1c：共通目標と共通上位集団アイデンティティ

三つ目の紛争解消方略として、共通目標と共通上位集団アイデンティティの重要性を指摘したい。接触の重要条件として、共通目標と協力関係の重要性に関しては、すでに記述した。集団間紛争の解消においては、外集団と内集団が共通目標をもつこと、さらにその結果として、内集団と外集団を包括する共通の上位集団としてのアイデンティティをもつことが効果的であることが指摘されてきた。すなわち、集団モードを偏狭な「内集団」にだけ留めるのではなく、そこからさらに広げて、外集団も含めた共通上位集団への集団モードへの移行を行っていくことが有効となる。非常に重要で効果的なアプローチであるので、少し細かく紹介したい。

シェリフのサマーキャンプ実験

まず、社会心理学者のシェリフが行ったサマーキャンプ実験を紹介しよう。シェリフらは、一九五〇年代に白人の小学生の男の子たちを集め、サマーキャンプを行った。[★29]目的は、集団間紛争がどのように生起し、どのようにすれば解消できるのかを調べるためであった。とくにここでは最もよく言及される、オクラホマ州の州立公園で行われた第三実験を紹介する。昔泥棒が隠れていた洞窟があったことに由来するキャンプ場の名前から、通称「泥棒洞窟実験」とも呼ばれる。

第一ステージ：集団の形成

第一ステージでは、少年たちによる集団を形成してもらった。一一歳程度の白人少年二二人をあらかじめ二つの集団に分けて、キャンプに参加してもらった。実験者らはキャンプを指示・指導する大人のインストラクターとして関わった。

まず少年たちには自分たちの集団に自分たち自身で名前をつけてもらった。それぞれ「イーグルス」と「ラトラーズ」と彼らは名づけた。それぞれ「ワシ」や「ガラガラヘビ」といった一一歳の少年たちらしい、勇敢で強くて格好いい動物が名称として選ばれたようだ。

集団での活動として、宝探しや小屋づくり、ハイキングといった共同作業や共同課題を行ってもらった。ここでは、協調的な集団内の対人関係を形成することを目的としているために、メンバー同士で対戦させるような競争的な課題は極力排除されていた。活動を通じて、友達づき合いを上手にこなし、集団生活になじめない少年に配慮することが得意な、民主的で人間関係調整型のリーダーが現れた。この段階では、もう一つの集団が存在することをお互いに知らなかった。

第二ステージ：集団間競争

第二ステージでは、集団がもう一つ存在することが明かされ、相手集団と利害を巡った競争を行うことで集団間紛争を生起させた。相手集団と繰り返し綱引きやソフトボールを行った。買ったチームは勝利のトロフィーをもらえ、メンバーも少年たちが喜びそうなペンナイフなどが与えられた。一方で敗者となったチームは何ももらえなかった。つまり、利益を巡った集団対抗戦を繰り返し行った。

こうした利益を巡った競争は、少年集団の間に深刻な敵意と攻撃性を生み出した。試合の中では相手集団への罵倒がなされ、負けた集団は勝った集団の旗を燃やしていた。試合が終わったときにも、少年たちはお互いの健闘を称え合い、仲睦まじく遊び始めるということにはまったくならない。留守中に相手チームの部屋を襲撃して荒らすことさえも起きてしまった。リーダーも第一ステージでは民主的な子どもがリーダーに就いていたが、相手を負かすことに貢献できる攻撃性の高い少年がリーダーとなった。集団の性質もガラリと変わってしまった。このように、利害を巡った競争を行うと、少年集団はお互いに憎しみ、攻撃し合うようになったのである。

第三ステージ：集団間紛争の解消

さて、第三ステージが紛争の解消である。シェリフらは、集団間接触理論に基づいて、まずは彼らを交流させようとした。集団間競争を伴わない集団間接触として一緒に食事をとらせたり、花火を見せたり、映画を鑑賞させたりと交流を行わせた。しかし、悪口をお互いに言い合うばかりで仲良くなる兆しはなかった。先に述べたとおり、集団間接触が紛争を解消するには適切な条件を満たす必要がある。すでに敵対関係があからさまになった少年たちの集団では集団間関係の改善効果はもたなかった。

次にシェリフらが行ったのが、共通目標に向けた協働である。これは紛争の解消に非常に効果的であった。シェリフらは、二つの集団が一緒に協力し合わなければ解決することのできない課題をセッティングした。たとえば食料運搬車の故障場面では、次のような状況を少年たちに告げた。

「食料を運んでいるトラックがぬかるみにはまって動けなくなった。両集団がともに協力して、トラックを引き上げないと食料を運ぶことができない」

こうした場面で、少年たちは両集団ともに協力し合ってトラックを丘の上まで引き上げた。これ以外にも、壊れた水道設備の修理やキャンプの設営といった集団間協働作業を数日にかけて繰り返し行った。こうした中で、両集団の敵意は低減し、友好的な関係が築かれていった。キャンプ最終日にはお互いに寸劇や歌を披露し合い、また、最後のお手玉投げゲームでは勝者に出された賞金が、敗者への飲み物を買うために使われたという。まさに一時は敵対的だった集団間の〝雪解け〟が進み、少年たちは和気あいあいとした雰囲気でキャンプを後にしたのだった。

このサマーキャンプ研究が示す重要な知見は次の二点である。一点目は、集団間関係における利害を巡った対立は心理面での敵意や攻撃行動を生み出すということである。最初に二集団が行ったのは綱引きやソフトボールといった、通常はレクリエーションとしても楽しめるようなゲーム場面である。ここに勝者だけが景品を得ることができるという利害対立構造を導入し、繰り返し集団間競争を行うなかで、試合が終われば「ノーサイド」とはならず、むしろゲーム外の場面での罵り合いや攻撃が行われるようになった。つまり、利害が敵意を生み出したのである。これは、現実的利害対立理論(realistic conflict theory)と呼ばれている。

二点目は、集団間紛争の解消において、共通目標に向けた集団間協働が非常に重要な役割を担っていたという点である。集団間接触がうまくいく条件の二つ目、三つ目はまさに共通目標と協力関係であった。両集団が共通した上位目標を目指して、お互いに協力に向けて手を取り合うことは、まさにそれまでの敵対関係を超えた集団間紛争の解消とさらには協力関係の構築へと寄与するのだといえる。さらにそこで生じる社会的カテゴリー化の心理プロセスについては、次に詳細に見ていく。

なお、日本でも熊谷[★30]がサマーキャンプ実験の理論的な再現実験を行っている。二〇歳前後の日本人男女を集めて、東京都多摩市にある氷川キャンプ場での八人一組の「赤組」「白組」二集団での集団間競争課題を行ってもらったというものである。アメリカの小学生を対象としたオリジナルのサマーキャンプ実験のような明確な敵意や攻撃性までは見られないものの、報酬を伴う集団間競争を繰り返すなかで、報酬がなくなった後の競争場面でも勝利が高く動機づけられるようになり、相手集団よりも自集団のイメージを高くもつようになることが確認された。そして、競争で悪化した相手集団のイメージが集団間協力を通じて改善することが確認されている。

なお、シェリフが行ったサマーキャンプ実験に関しては、近年、実験者がキャンプに参加した子どもたちの両集団間の対立を過剰に煽ったことが批判的に指摘されている[★31]。シェリフは相手集団のキャンプを襲撃する様子を写真に残している。しかし、こうした写真を実験者側が撮影しているということを子どもたちは、わかったうえで襲撃していることを考えると、写真撮影は自分たちの行動が是認されているシグナルとして理解したのかもしれない[★32]。すなわち、集団間攻撃が是認されるような規範がそこにあったからこそ、集団間紛争が激化していった可能性が高いことは考慮しておくことが必要だろう。別の言い方をすると、スタンフォード監獄実験と同様に、たんに集団同士が競争状態にあるだけで、即座に憎しみに陥るわけでもない。集団暴力や集団間紛争はそこまで単純な現象ではない。

共通上位集団アイデンティティへの再カテゴリー化

シェリフのサマーキャンプ実験が示すように両集団が共通の目標に向けて協働していくことは、集団間紛争を解消するうえで非常に有効な取り組みとなる。両者が目標に向かって協働するなかで、外集団成員を競争相手だと見なすのではなく、一つの大きな集団における仲間だと認識されるようになる。これによって、集団間関係は敵対的関係から抜け出し、相互に協力していこうと心理的な変化が生じる。

こうした共通目標に向けた協力の背後に存在する中核的な心理過程は、再カテゴリー化（recategorization）と共通上位集団アイデンティティである。「内集団 対 外集団」という敵対的・競争的な関係性として認識しているところから、新たなカテゴリーへと「再カテゴリー化」を行い、内集団と外集団を包括的に含んだより上位となる「一つの集団」としての共通の内集団意識が醸成された結

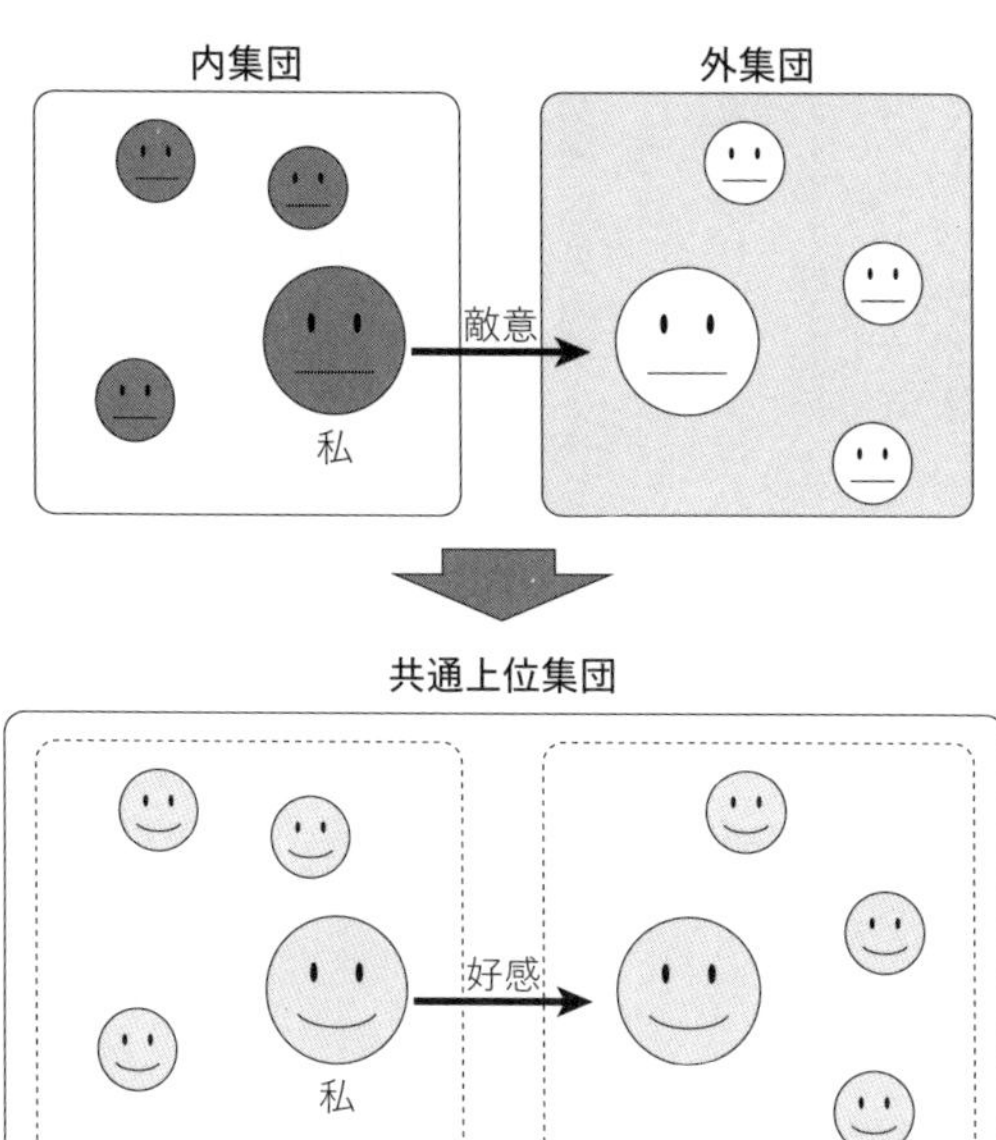

図 9-3　共通上位集団への再カテゴリー化方略

果、集団間紛争が低減されるという認知プロセスである。

本書で繰り返し書いてきたとおり、人は外集団成員に敵対意識をもち、非協力的・攻撃的に振る舞いやすい一方で、内集団成員に対しては好感をもち、協力的に振る舞いやすい。しかし、ここでの内集団／外集団の境界線は、ある意味で恣意的なものであり、認識する側がどのように心理的な線引きを行うかで変わってくる。

逆にいうと、それまでは外集団成員として認識していた相手も、あらためてカテゴリー化をしなおすことで、偏見は低減され、集団間紛争は解消できるといえる。このとき、内集団の線引きの仕方を、自分も相手も同時に含む共通の上位集団としてカテゴリー化をしなおす認知的手法が再カテゴリー化の方略である（図9

―3)。

たとえば、組織内の営業部と研究開発部で対立が起きていることがあるだろう。セクショナリズムやサイロ化と呼ばれる現象である。対立状況下では、どちらも自集団中心的な認識をしがちである。営業部は「研究開発部がまともな製品をつくらないから営業がうまくいかない」と思い、研究開発部は「自分たちはよい製品をつくっているのに、営業部が売り込みをきちんとやらないから売り上げが上がらない」とお互いに自分を棚に上げ、相手集団のせいにしてしまう。しかし、ここで共通の目標を目指す同じ〝我が社〟として自分たちを認識することで、お互いにいがみ合うことをやめ、相互に協力し合うことができるだろう。実際に、共通目標をもつことは組織場面のパフォーマンスを高める最重要要因の一つである。

こうした共通上位集団への再カテゴリー化の重要性を指摘し、プロセスとしてモデル化したものが共通内集団アイデンティティモデル(common ingroup identity model)である。[★33] 図9―4に示すように、先行要因となる原因としての協力・競争関係や集団の違いに関する表象、環境・文脈要因などの結果、再カテゴリー化が行われ、内集団と外集団を包括する「一つの集団」としての集団表象(図中央の一番上もしくは上から二番目)をつくり出すことが、認知的・感情的・行動的にポジティブな変化を生み出すというモデルである。

共通上位集団の一員としての意識をもつことの効果は、いくつもの研究で検証がなされてきた。サミュエル・ガートナーらの実験では、実験室場面において三人集団を二つつくったときに、相手集団との関係性のあり方について、共通の上位集団のアイデンティティを強調する条件の方が、集団の成員性を無視する条件よりも、集団間バイアスが低減したことを報告している。[★34]

先行要因	媒介としての集団表象	結果
集団間相互依存性 ● 協力 ・相互作用，共通問題，共通運命 ● 競争 ・ゼロサム，非ゼロサム	**1つの集団** （“我々”） 共通上位集団アイデンティティ	認知的影響 ● 記憶における連合 ● カテゴリー／個人ベースの記憶 ● 集団の類似性知覚 ● 自分との類似性知覚
集団の違い ● 類似性 ・地位，資源，価値観 ● 知覚的実体性 ・近接性，物理的類似性 ● 言語的表象 ・包摂的／排外的言説の使用（我々／奴ら）	**再カテゴリー化** **1つの集団の中の2つの下位集団** （“我々＋奴ら＝我々”） 二重アイデンティティ	感情的影響 ● 評価 ● 表情反応 ● 共感的関心 ● 肯定的感情
環境・文脈 ● 平等主義的規範 ● 社会的影響 ・内集団／外集団の表象	**2つの集団** （“我々／奴ら”）	行動的影響 ● 協力／競争 ● 援助行動 ● 個人化した行動（自己開示など） ● 個人と集団の生産性
接触前経験 ● 感情的プライミング ● 認知的プライミング	**ばらばらの個人** （“私／あなた”）	

図 9-4　共通内集団アイデンティティモデル

（出典）　Gaertner & Dovidio（2000）。

こうした共通上位集団によるバイアス低減効果は、より現実的な場面でも同様である。多民族の高校での民族間関係でも[35]、企業の合併場面でも同様である[36]。集団間接触は「一つの集団」意識、すなわち共通上位集団アイデンティティを高めた結果、集団間不安が低減していた。また、医療場面でも共通上位集団アイデンティティの効果は指摘されている。医師と患者に健康に関する共通目標をもち、一つのチームとしての共通アイデンティティを形成した介入実験では、黒人患者における非黒人医師への信頼が高まった[37]。

共通上位集団アイデンティティがもたらす心理的効果として、集団間脅威を低減すること[38]、さらには現実的脅威と象徴的脅威を媒介して、外集団への否定的態度を改善しうることが指摘されている。さらには、自己開示や援助行動も促進しうる[39]。

共通上位集団意識が外集団への援助行動を促進することを示した興味深い実験を一つ紹介しよう。ルヴァインらは、サッカーチームのマンチェスター・ユナイテッドのファンを対象に次のような実験を行った[40]。実験参加者は、最初にある場所で一つ目の実験を行った後で、続きの実験を行うべく、別の場所へと移動してもらう。この移動中にジョギングしている人物が土手から転げ落ちるのを目撃する。この人に援助の手を差し伸べるかどうかを調べた。

実験一では、転んだ人物が自分のファンチームである「マンチェスター・ユナイテッド」のTシャツを着ているときには、普通のTシャツを着ている場合や、ライバルチームである「リバプール」のTシャツを着ている場合と比べて、助けの手を差し伸べる人が多かった。つまり、自分と同じチームのファンは積極的に助けようとしたが、リバプールのTシャツを来た、いわば敵チームのファンはあまり助けようとしなかった。これは、リバプールのファンは外集団成員だと見なされたためだと解釈される。

続いての実験二では、同じくマンチェスター・ユナイテッドのファンが転倒した人物に手助けをするかが検討されたのだが、今回は一つ目の実験について「サッカーファンのよいところを調べる研究である」という偽の目的が参加者に対して教示された。このときには、「マンチェスター・ユナイテッド」のTシャツを着た人物と同程度に、「リバプール」のTシャツを来た人物に対しても同程度に高い援助が確認された。つまり、「サッカーファン」という共通上位集団アイデンティティが顕現化されることで、もともとは〝敵〟であったリバプールファンへの援助行動が増加したのだといえる。枠組みの提示の仕方次第で、外集団は内集団にもなりうるのである。

シェリフらの研究に関しても、共通目標に向けて集団間協力を行うことによって、イーグルスとラトラーズの両者を包括するような共通の上位集団アイデンティティが構築された効果があると考えられるだろう。

自分たちはともに被害者であり、加害者でもある

では、より破壊的な紛争場面ではどうだろうか。破壊的紛争場面では、すでに両集団メンバーがともに加害－被害関係に陥ってしまっていることも多い。第8章で、集合的被害感は紛争を悪化させる最重要要因であることを説明した。自分たちが被害者であるという認識は、怒りと敵意を高め、紛争状態の解消とは程遠い状態である。

しかし、こうした集合的被害感も共通上位集団の視点から再びカテゴリー化しなおすならば、じつは紛争解消のための手がかりとできる。包括的被害感（inclusive victimhood）と呼ばれるものである。

包括的被害感を強調する語りは、自分たち（だけ）が被害者だという意識を低下させ、集団間敵意が下がることが示されている。★41

また、外集団と共通上位集団アイデンティティをもつときに、「地域」としての共通上位集団アイデンティティをもつことは、たしかに赦しを高め、競争的な被害感を低めていた。しかし、「お互いに加害者」である、もしくは「お互いに被害者」であるという共通上位集団アイデンティティをもつことはさらに赦しを高め、被害感は低くなった。★42

破壊的な紛争状況下では、両集団がともに相互に加害者でもあり、被害者でもあるという状況である。そうした加害‐被害の枠組みは報復の連鎖という形で紛争を激化させる要因にもなる。そうであるからこそ、よりメタな視点から捉え、外集団の視点取得を行うことで、「お互いに加害者」「お互いに被害者」という意識をもつことができ、この意識が集団間紛争の解消に関わることが考えられるのである。破壊的な紛争では、加害者‐被害者という枠組みから逃れられないからこそ、それを包括的な視点とアイデンティティのもち方として考えていくことが必要となる。

共通上位集団の難しさ

さて、ここまで共通上位集団アイデンティティはたしかに外集団の態度を改善するうえで効果的であることを述べた。一方で、共通上位集団アイデンティティの効果に関しては注意すべき点があるので、この点も指摘しておこう。次に述べるように集団間に勢力の不均衡がある場合に、じつは共通上位集団は効果的ではないこともある。

集団間関係では勢力に差があり、不均衡な関係であることも多い。このとき、人数でも多数派（マジョリティ）であることが多く、地位も高く、相対的に力をもつ集団を「優勢集団」と呼ぶ。一方で、人数において少数派（マイノリティ）であることが多く、地位も低く、相対的に力をもたない集団を「劣勢集団」と呼ぶ。たとえば、アメリカ社会における白人は優勢集団であり、黒人やアジア系は劣勢集団である。日本社会では、日本国籍をもつ日本人は優勢集団であり、在日コリアンや来日外国人労働者は劣勢集団である。性別では、人数上は男性・女性それぞれ同等の人数がいる場面でも、男性の方がその社会・組織において地位や勢力が高いことが多く、そこでは男性が優勢集団、女性が劣勢集団となる。

このような集団間関係において勢力差がある場面では、共通上位集団アイデンティティによる紛争解消アプローチには大きく次の二点を注意する必要がある。

① そもそも劣勢集団は共通上位集団を好まない

② 共通上位集団意識の形成が集団間の不平等から目をそむけさせる

①劣勢集団であるマイノリティ側は共通上位集団を好まない

セタらの調査では、共通目標を掲げることで共通上位集団を顕現化したとしても、優勢集団側と比較して、劣勢集団側ではそもそも共通上位集団表象があまり高まらず、集団間協力はあまり促進されなかった。[★43] つまり、劣勢であることが多いマイノリティ側では、共通上位集団アイデンティティの形成自体がうまくいかないことがある。

共通上位集団アイデンティティを形成しようとするアプローチでは、とくに共通の我々集団を意識させようとするために、両集団の共通点へと目を向かせ、二つの集団は融合していくことが目指されている。こうした共通上位集団をつくり出すことの問題点は、まさにこの〝融合〟という部分にある。厳然と存在する集団間の文化や風習の違い、さらにはすでに存在する集団間の不平等から目を反らさせてしまうという、一種の「同化主義」的な視点をもつことにもつながっていく。

このとき、劣勢集団であるマイノリティ側では、一つの共通上位集団として統合していくときに、自分たちの集団が〝吸収・合併〟されて、消失する側だと認識し、反発することが起きやすい。マイノリティ集団の成員は、一つの集団意識をもつ「同化主義的」な考えよりも、それぞれの人種・民族的背景を残したまま尊重し合う「多文化主義」的な考え方を好む。[★44] 企業組織場面でも同様であり、オランダの企業組織において劣勢集団である非西洋人マイノリティ従業員側では、各文化の違いをまったく無視するカラーブラインド（colorblind）な取り組みよりも、各文化の違いを認め、尊重する多文化主義的な取り組みの方が、職務満足度や組織の革新性知覚との関連性が高いことが指摘されている。[★45]

これは、優勢集団であるマジョリティ側とは異なる反応である。優勢集団であるマジョリティ側は、自分たちの集団の価値観が支配的で社会全体における代表だと考えがちだ。[★46] 先に紹介した企業組織場面の研究でも、オランダの企業組織でオランダ人のマジョリティ側では、文化間の違いを無視するカラーブラインドな取り組みをするほど職務満足度や組織の革新性知覚が高くなる一方で、他の文化も尊重する多文化主義的な取り組みはそれらと関連しないことが指摘されている。[★47]「共通上位集団」には、多数派である自分たち優勢集団側の価値観がそのまま反映されると考えているのである。

こうした状況下では、共通上位集団への〝融合〟は、劣勢集団である社会的マイノリティにとって、一種のアイデンティティ脅威の状況として経験されるだろう。つまり、自分たちの集団は地位や勢力をもたずマイノリティであるがために、マジョリティ側に同化・吸収されてしまうという懸念から反発が生じることが考えられる。

②不平等が覆い隠される

もう一つの問題点として、共通上位集団アイデンティティがうまくいった場合にも、集団間の不平等が覆い隠されるという負の効果が見られることが挙げられる。不平等に気づくことは、社会問題を解決するための行動を起こすための最重要要因の一つとされている。[★48] 逆にいうと、不平等に気づかないと、社会問題を問題として認識することさえできなくなってしまう。

サギュイらは、参加者を優勢集団と劣勢集団にランダムに割り当てた実験室研究を行った。[★49] ここで優勢集団と劣勢集団は、実験参加でもらえる授業の加点の大きさの違いで操作された。実験の結果、両集団の共通点に焦点をあてたコミュニケーションを行わせた条件の方が、両集団の違いに焦点をあてたコミュニケーションを行わせた条件よりも、優勢集団メンバーも劣勢集団メンバーともに、相手集団に対する態度は肯定的であった。これは共通内集団アイデンティティモデルの予測どおりであった。

それに加えて重要なのは次の結果である。両集団の共通点に焦点をあてたコミュニケーションを行わせた条件では、違いに焦点をあてた条件よりも、現実に存在する集団間の不平等に目が向きにくくなった。その結果、授業加点を優勢集団が劣勢集団に分け与えることができる場面において、共通点に目を向けたコミュニケーションをとることは、優勢集団の人たちが劣勢集団により多くの授業加点を分け与えることにはつながらなかった。共通点を話し合った劣勢集団側は、授業加点を多く分け与えてもらうことを期待していたにもかかわらず。

集団間の不平等に気づきにくくなるという共通上位集団や接触がもつ皮肉な効果は、劣勢集団であるマイノリティ側自身においても生じるものである。どうやら、集団間接触は、社会的不平等への気づきを低めてしまい、その結果、社会的不平等を改善しようとする社会運動に積極的に参加しようとはしなくなるようだ。イスラエルにおけるアラブ人[50]や、インドにおけるイスラム教徒[51]、アメリカにおける黒人やラテン系アメリカ人[52]においても同様の過程が確認されている。

以上の研究が示唆することは、集団間の共通点に目を向ける形で、共通上位集団アイデンティティを高めることは、たしかに集団間のポジティブな態度を醸成する。しかし、厳然と存在する集団間の不平等から目を逸らさせることにもなりかねず、結果としてマジョリティ側、マイノリティ側ともに、集団間不平等を解消しようとする努力を減らしてしまうという皮肉な効果が生じることにもなりかねない。こうした心理プロセスは、二つの集団は同じなのだから、相手集団との〝違い〟なんかを考慮する必要はないだろうという形で現れる。〝違い〟や不平等から目を逸らすことが行き着く先は、「むしろそれは優遇措置で逆差別だ」と現代的差別主義と同様の形かもしれない。

二重アイデンティティ

以上二点の問題点を考えると、たしかに共通上位集団アイデンティティの形成は重要かつ効果的ではあるが、場面によっては、単純に一つの共通上位集団をつくるのではなく、場面によっては工夫してアプローチしていく必要があるだろう。ここで挙げた二つの問題点はともに、共通上位集団に内包しようとするがあまり、もとの集団間関係を消失させようとすることにあった。実際に存在する差異や不平等を無視して、同化を強いることの問題点である。これは多文化主義や共生社会にも反するものである。

こうした視点から、「二つのもとの集団」を解体して「一つの共通上位集団」へと同化を促すのではなく、二つのもとの集団を残しながらも、一つの共通上位集団へと統合していく二重アイデンティティ（dual identity）方略の重要性が指摘されている。「共通上位集団のアイデンティティ」と「もとの集団のアイデンティティ」も同時にもつことが効果的であるという。二重アイデンティティとはたとえば、「共通の『アメリカ人』であるとともに『黒人』である」といった上位と下位の二つのアイデンティティを同時にもつアイデンティティのあり方である。

とくに重要なのは、マジョリティがマイノリティのために集合的行動を行う際には、二重アイデンティティをもつことが効果的となるという点である。

とくにマジョリティとマイノリティとの間に勢力や地位の差が大きいときには二重アイデンティティ方略が効果的であることが指摘されている。[★53] 先に述べたとおり、集団間で勢力や地位に差がある状況では、共通上位集団への包摂は、一種のアイデンティティ脅威の状況として経験される。つまり、自分たちの集団は資源も地位もない劣勢なマイノリティだと知覚しているがために、マジョリティ側に同化・吸収されてしまうのではないかという懸念が生じる。

だからこそ、劣勢集団であるマイノリティ側の人々は、自分たちの集団自体も現存する二重アイデンティティ方略を好む。より大きな集団へと自分たちの集団が吸収されてしまうという脅威を経験した参加者においては、二重アイデンティティ介入方略は、共通上位集団のみを強調する方略よりも、集団間バイアスを低減するためにより効果的であった。[★54] また、アメリカの大学生への調査では、マジョリティである白人学生においては、一つの共通上位集団の表象をもつことが、所属大学へのコミットメントを強めていた。一方で、有色人種学生（マイノリティ集団）では、一つの共通上位集団ではなく、二重アイデンティティ表象をもつことが所属機関へのコミットメントとの関連が強かった[★55]（図9-5）。

また、不平等への気づきに関しても、「共通上位集団アイデンティティ」と「二重アイデンティティ」の場合で異なっている。共通上位集団アイデンティティのみが活性化した状態では、内集団と外集団は同じ共通の上位集団の中での共通点ばかりに目が向く一方で、内集団と外集団の違いに目が向かなくなってしまう。たとえば、アメリカにおける黒人やラテン系アメリカ人を対象とした実験では、二重アイデンティティを顕現化させると、共通上位集団アイデンティティのみを顕現化させるときと比べて、集団間不平等の信念を高め、さらに不平等解消の社会運動の動機づけを高めるという効果が見られている[★56]。これはマジョリティ側でも同様であり[★57]、アメリカの白人を対象に行った実験では、二重アイデンティティをもつときには、マイノリティのために抗議活動をしようとする意図が高いのに対して、共通上位集団アイデンティティのみを顕現化させたときは、マイノリティのための抗議意図は低くなっている。

マジョリティの人にとっては、一つの共通上位集団アイデンティティをもつことの方が、二重アイデンティティをもつことよりも自分たちの社会的優遇に向き合う必要がなくなり、心理的負債感も低いのだろう。しかし、そうしたマジョリティ目線で一つの共通上位集団意識をつくっていては、マイノリティに対する〝同化主義〟となり、マイノリティの価値観や立場をなおざりにしてしまうのかもしれない。したがって、多文化共生社会を考えるうえで、単純に共通上位集団への〝同化〟を促すだ

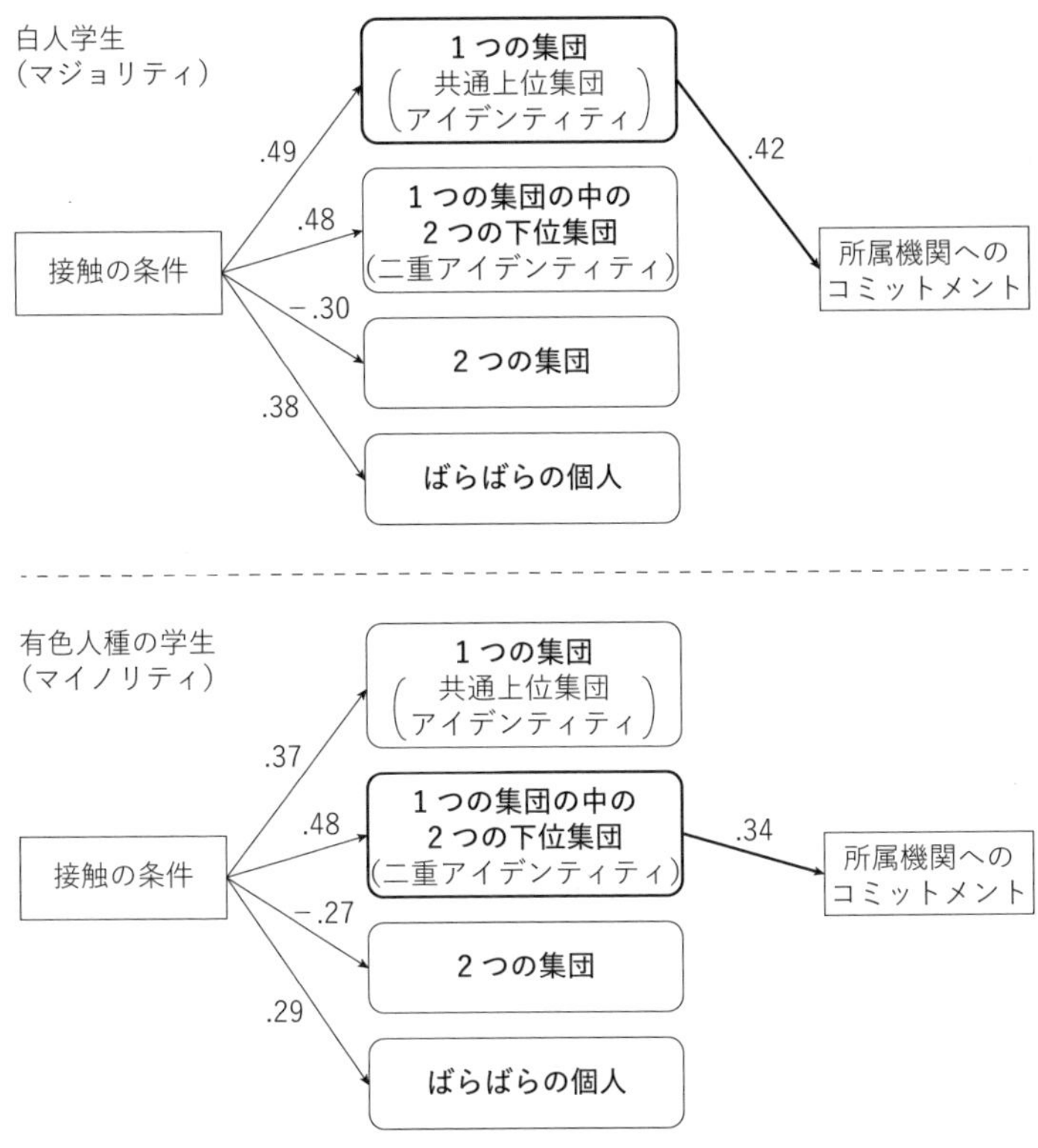

図 9-5　二重アイデンティティの有効性

（注）パスに付された数値は標準化回帰係数で，すべて有意である。
（出典）Gaertner & Dovidio（2000）。

けではなく、その差異性やその集団がもつ独自の価値観を尊重していくことも必要だろう。このとき、後述するような多様性を包摂していくような風土を社会全体に醸成していくことが必要となる。

とはいえ、二重アイデンティティの扱いもまた難しく、共通上位集団アイデンティティよりも、二重アイデンティティこそがすばらしいとも言い切れないのもたしかである。黒人が集団表象のあり方として「一つの集団」「黒人かつ一つの集団（＝二重アイデンティティ）」「黒人」「独自の個人」を表明したときに、その黒人に対する白人の偏見の強さは、一つの集団であることを表明したときに最も低く、二重アイデンティティを表明した場合には、偏見は低くならなかった。[★58] 多様性を尊重するような規範・風土の構築が土壌として必要となってくるだろう。

また、場面ごとの違いも考えていく必要がある。民族的な多様性のような社会レベルの場面では、多元的なアイデンティティを重視していくことは、社会的にも必要なことだろう。一方で、複数企業が合併して一つの企業となった場合や、親の再婚によりもとは二つの家族が同居するステップ・ファミリーの場合には、以前の企業集団、家族集団としてのアイデンティティをもち続けることの弊害が生じることも考えられる。実際に、二重アイデンティティは多民族学校ではバイアスを低減させる効果をもっていた一方で、企業間合併でのバイアスや、ステップ・ファミリーでのコンフリクトの高さと関連していた。[★59] まさに時と場合によることを示しており、常に一つの共通上位集団よりも二重アイデンティティの方が適切とは限らない。原理原則はもちろん踏まえながらも、場面に応じて的確なアイデンティティとカテゴリー化の方略を促していくことが必要となるといえる。

2：集団内アプローチ

ここからは、集団内アプローチとして、集団内の相互作用の中で、集団暴力と紛争を解消していく方略に関して議論していく。

2a：反暴力的規範・風土の変革

集団において規範はきわめて重要な役割を担う。集団メンバーの行動と考えを縛る中核要因である。集団規範は、最初は個人の外にある規範であっても、ときとともにメンバーへと内在化されるなかで、いつの間にか名実ともに当たり前の考えとなる。これがいわゆる「時代の変化」と呼ばれるものである。人は状況次第で大きく行動を変えうる、そしてそうしたなかで内面さえも変化しうるということを社会心理学では繰り返し示してきた。

それは集団暴力や紛争においても同様である。集団の規範（norm）、つまりその集団で普通（normal）だと見なされる基準に人は従うのである。第2章でも、没個性化が暴力を強めるのか弱めるのかの分岐点となるのは、その状況的規範がどのようになっているかであった。状況こそが人間の行動を規定する以上、反暴力的な集団規範をいかに生み出すかという視点がとても重要となる。

反暴力的集団規範／社会規範を社会にいかに醸成するのか？

社会規範というのは時代や状況によって大きく変化するものだ。社会規範の変化を考えるうえで、実際にここ二〇年で大きく変化したものを例に考えるとその変化を実感しやすいだろう。

たとえば、ここ二〇年で飲酒運転に対する社会規範は大きく変化した。その以前にも飲酒運転はもちろん法律違反であったが、当時は軽微なルール違反の一つとして人々は認識していた。変化の大きなきっかけの一つは二〇〇六年の福岡の飲酒運転事故だろう。福岡市の公務員が飲酒運転による追突事故を起こし、追突された車が橋から海に落ち、車に乗っていた夫婦の子どもである三人の幼児が溺死したという非常に痛ましい事件である。犯人がひき逃げと隠蔽工作を行ったことから、社会的な非難も強く、その後、飲酒運転に対する社会の風潮が大きく変化した。法律上も飲酒運転の罰則が厳しくなり、今では飲酒運転により勤務先を解雇される可能性もある。飲酒した本人のみならず、飲酒運転となることを知りながら、自動車に同乗した人やお酒を提供した人への罰則も規定され、まわりの人まで含めての社会的責任も強く問われるようになった。そのような中で、「飲酒運転はしてはならない」という規範が個々人へと内在化され、社会全体に広まった。つまり、ほんの二〇年ほど前の「飲酒運転はちょっとした違反行為」から、今では「人を殺す可能性を考慮しない犯罪行為」へと社会規範が変化し、法律的にも社会的にも大きな制裁を課すべき〝重罪化〟がなされ、また個々人としてもそれは問題ある行為として認識するようになった。

このように、社会規範は時代とともに移ろい、最初は世の中の雰囲気や風当たりの強さとして自分の外の規範として存在するところから、だんだんとそれが人々に内在化されていく。ここでは飲酒運転を例に挙げたが、公共の場での喫煙、ＬＧＢＴへの差別、体罰やハラスメントなども同様である。

したがって、「反飲酒運転規範」と同じく、「反暴力的規範」が世の中にできればこれによって集団暴力は大きく低減することが期待できる。実際に、体罰やハラスメントを鑑みても、反暴力的規範は一貫して強くなっているのが社会の現状だろう。

外集団への偏見と規範

反暴力的規範に関わる知見として、外集団への偏見と差別に関する社会規範の研究を紹介しよう。偏見と規範は非常に強い関連があることが示されている。

クランドールらは、アメリカ人を対象に個人の偏見と社会的な規範との関連を調査した。[★60] この研究では、一〇五の社会集団を取り上げて、調査を行った。この一〇五の集団には、「レイプ犯」や「児童虐待者」「テロリスト」「差別主義者」といったきわめて否定的に評価される人々や、人によって評価の分かれる「不法移民」「怠け者」「ギャンブラー」といった人々、また偏見をもってはならないと社会的に見なされる「盲目の人」「高齢者」「ユダヤ人」といったさまざまな社会的カテゴリーの人々が含まれていた。そして、回答者はこの一〇五集団それぞれに対して、「その集団に対して否定的な気持ちをもつことがどれほどOKか（偏見の社会的受容度）」と、「その集団に対する個人的な態度（偏見の強さ）」を回答した。

この一〇五集団に対する回答者全体の平均値を各集団の「偏見の社会的受容度」と「偏見の強さ」とした。相関分析（N = 105集団）を行ったところ、偏見の社会的受容度と偏見の強さには、相関係数 r = .96とほぼ重なり合うほどの高い相関が見られた。つまり、個人が抱く偏見の強さが平均的に強い集団ほど、実際に社会的にも偏見をもってもよいと思われている集団だと平均的に認識されていることを意味している。この集団には偏見をもっても社会的に問題ないのだという認識が、実際に個人の偏見的態度を生み出す可能性を示唆する結果だといえるだろう。

その場限りの集団規範もまた差別行動と強い関連性をもつ。ブランチャードらが行った実験[★61]では、白人の女子大学生の実験参加者が、仕込みのサクラであるもう一人の実験参加者と一緒に、実験者であるインタビュアーから人種差別に関連する質問をされ、それに回答するという場面である。「人種差別的な行為を行った人は、退学処分にすべきだ」などの意見への賛否の程度を尋ねた。もう一人の実験参加者（サクラ）が自分より先に回答するときに、この人が差別に反対する回答をしているのを聞くと、実験参加者もまた人種差別的な行為を非難した。逆に、もう一人が差別を容認した回答をしているときには、実験参加者もまた人種差別を容認するような回答をした。こうした効果はとくに意見を手元の回答用紙に記入するときよりも、意見を口頭で公開して回答するときに強く見られた。すなわち、他者が人種差別をどう扱うかに対して強い規範的な同調の効果が見られたといえる。

また、スタンガーらの実験[★62]では、白人の参加者にステレオタイプ的な特徴をもつ黒人の割合を推定させた。その一週間後に、同じ大学の学生が推定した割合の平均値が、自身が推定した割合よりも高い（つまり、まわりの学生が、より否定的なステレオタイプをもっている）ことを知らされると、自身のもつ黒人のステレオタイプも否定的なものへと変化した。反対に、同じ大学の学生が自身よりも黒人に肯定的なステレオタイプをもっていると知らされると、自身のもつ黒人のステレオタイプは肯定的なものへと変化した。このように、偏見においても、まわりの人がどう考えているかに強く左右されるのである。

そして、集団規範においても集団モードは重要な役割を担う。集団規範が行動へと結びつく強さは、集団アイデンティティによって変わることが示されている[★63]。集団アイデンティティが強い人ほど、集団規範と行動が一致したものになりやすい。逆にいうと、集団アイデンティティが弱い人にとって、集団規範と行動は乖離しやすいのである。規範は、内集団のものとして知覚されることが必要である[★64]。

第2章でも示したとおり、暴力的規範が存在するときに、集団モードのスイッチがオンになった人は、より暴力的行動をもたらす。一方で、非暴力的規範があるならば、集団モードは逆に暴力的行動を低減させる。まずは暴力的規範を非暴力的な規範へと社会で変革させること、そしてそうした非暴力的な規範を社会全体で受容していくことで、社会全体で行われる暴力は低減することが期待できるのである。

偏見を低減させる規範変容

規範が偏見と強く関連しているからこそ、規範を変化させる取り組みは紛争の解消に寄与する。実際の紛争場面で規範変容を目指して実施されたフィールド介入研究を一つ紹介しよう。ジェノサイド殺戮後のルワンダにおいて、メディアを用いた規範醸成を行った研究である。

ルワンダでは、すでに述べたとおり、一九九四年にジェノサイドが発生した。そのジェノサイドの引き金の一つにラジオの存在が挙げられる。ルワンダでは「千の丘ラジオ」という地元のメディアが民衆の殺戮を煽ったのである。「ツチ族はゴキブリだ、残らず殺せ」と煽動し続けたことが一九九四年に八〇万人ものジェノサイドの火種となったとされる。実際にラジオが受信できた地域では殺戮への参加者が多いことも報告されている。[★65]

メディアは暴力を煽る方向だけではなく、反対に暴力を抑制する規範をつくり出すことができる。パラックらは、かつてはジェノサイドを煽ったのと同じラジオを用いて、社会規範をうまくつくり出すことで紛争の解消を試みるフィールド実験を行った。[★66]

このフィールド実験では、「新しい夜明け」というタイトルで民族間の融和を目指した連続メロドラマの放送が行われた。直接は「ツチ」と「フツ」という言葉は出ないものの、それに類似した紛争とジェノサイドの歴史がある二つのコミュニティにおいて、ロミオとジュリエットのような〝他民族〟との禁断の恋や、権力者に立ち向かいながら平和のために協力していく姿が描かれた。テーマとして偏見や暴力の原因の理解と予防などの教育的なメッセージが込められていた。こうした民族間融和ドラマを聞いた人と、統制条件として健康情報ドラマを聞いた人との比較実験が行われた。

実験の結果、健康情報ドラマを聞いた人と比べて、民族間融和を目指したドラマを聞いた人は、ツチ－フツ間結婚を容認するなど社会規範への認知が寛容になり、ジェノサイド生存者への共感が高まっていた。

ここでポイントとなるのは、規範意識が変化したことである。この研究の結果では、民族間融和ドラマを聞いた人々においても「暴力は突然起こる」「民族間結婚は平和をもたらす」といった個人的信念にじつは変化は見られていない。つまり、自分自身の民族間関係に関する認識は、少なくともラジオを聞いてすぐに変化はしなかった。

一方で変化が見られたのは、「こうすべきだ」という規範意識に関する側面である。「民族間の結婚は家族から許されるべきだ」「反対の声をあげるべきだ」「トラウマについて話をするべきだ」「妊娠した女性にはエイズ検査がなされるべきだ」といった認識に関して変化が見られ、他のルワンダ人への共感性も高まっていた。つまり、ドラマがつくり出したのは、個人の信念の変化ではない。そうではなく、社会正義にも関連する「××すべし」という規範意識が変化したのである。

ドラマなどのメディアが、社会規範の認識を変え、ひいては和解をもたらしうることが示されたといえる。逆にいうと、マスメディアは、一人ひとりの信念を変化させることもできるだろうが、それ以上に重要なのが、人々を従わせるような社会の空気を形づくるという点である。たとえば、日本では二〇一九年から二〇二〇年初頭に徴用工問題に端を発して日韓関係が悪化するなかで、メディアにおいても韓国を非難する論調の報道が散見された。もちろん国家政府レベルでの対立関係と関係悪化はありうる。しかし、これが民衆レベルでの日本人と韓国人の対立となることとは話が別である。実際に、韓国人へやり返せといった集団間代理報復を煽るようなコメンテーターさえ現れた。メディアは社会の空気を形づくる役割を果たす。「国家政府レベルの関係悪化」が「民衆レベルの暴力容認風土」へと波及しないように、マスメディアには自身のもつ影響力の強さを意識し、良識ある放送をすることが必要となる。

2b：多様性（ダイバーシティ）と包摂性（インクルージョン）

前項の反暴力的規範とも関わる点もあるが、次に多様性と包摂性に関するアプローチも議論していこう。近年、ダイバーシティという言葉を耳にすることが増えてきた。日本語では「多様性」と翻訳されることも多いが、カタカナ語としてのダイバーシティもだいぶ定着しつつある。とくに、女性・外国人といった社会的劣勢集団やマイノリティは、これまで社会から無視され、排除されてきた。しかし、当然ながらこうした社会的劣勢集団やマイノリティも社会の構成員であり、いかに社会に包摂していくのかというのは、社会的な最重要課題の一つである。

企業組織場面を考えてみても、かつての日本企業では、「男性、日本人、正社員」だけで構成されるきわめて均質性の高い職場環境であった。しかし、女性の社会進出、グローバル化、働き方の多様化によって、女性、外国人従業員、派遣社員、高齢社員、障害のある従業員など、職場においてますます多様な人々が含まれるようになってきている。こうした視点から、社会や職場における多様性をいかにマネジメントしていくのかが、現代の企業経営において非常に重要となっている。

多様性を扱ううえで問題となるのが、やはり紛争である。社会や組織の中の多様性が増すということは、そこにさまざまな「集団」が存在するようになり、さまざまな「外集団」との関わりが増えることにつながる。つまり、結果として社会や組織の中で「集団間紛争」が発生しやすい状況となる。こうした視点から組織心理学や組織行動論では、多様な集団の間での紛争や対立を引き起こす「断層」(faultline)の問題が研究されている。[67] 今後、社会や組織の多様性がますます高まっていくなかで、コンフリクトが起きることや、地位差に基づく女性や外国人へのハラスメントはさらに社会的な問題として現れてくるだろう。社会として、組織として、いかにして多様性をマネジメントしていくのかということを考えていかないといけない。

多様性研究(ダイバーシティ研究)では、包摂性(インクルージョン)の重要性が近年指摘されている。多様性とはメンバー構成上の点から理解される社会・集団の状態を指す。一方で、包摂性は人々の知覚、態度、対人相互作用による機能として理解される。[68] 包摂性とは、その社会集団に所属したメンバーが集団から自身が歓迎され、受け入れられ、所属していると感じられるような社会・集団環境となっている程度のことである。社会的アイデンティティが〝私〟側が集団へと所属していると感じられる程度を表すのに対して、包摂性は、〝集団〟側が私を所属させていると感じられる程度である。集団が自分に所属感を与えてくれる程度である「所属性」と、集団が自分が自分らしく振る舞うことをよしとする「真正性」の二側面から構成される。[69]

このように多様な人々を集団全体として排除せず、包摂していくことが、集団暴力や紛争の低減、さらには創造的集団の構築において非常に重要になってくる。この考え方は、共通内集団アイデンティティモデルとも共有される視点であろう。大きな共通上位集団にすべての人々を包摂していこうとするアプローチであるといえる。

多様性と包摂性においても、やはり社会規範が重要となる。アメリカで大学生を対象に行ったミュラーらの一連の実験では、他の大学生がインタビューの中で多様性を支持しているという動画を視聴させた。★70すなわち、他者が多様性を支持しているという社会規範を参加者に提示したのである。その結果、統制群と比較して、マジョリティ側では外集団への態度が改善し、多様性への意識が高まった。また、マイノリティ側でも所属感が向上し、自分たちが包摂的に扱われたと報告し、学業成績が高まっていた。

また、この実験で重要な点は、こうした社会規範を提示する手法は差別やバイアスに気づかせる手法よりも効果が大きかった点である。従来の差別解消の手法では、無意識のバイアスの存在の教示や、些細な差別がいかに広まっているかに気づかせるという手法を多く使っていた。もちろんこれも効果は見られたものの、多様性に関する社会規範アプローチの方が効果的であった。「同じ大学生の仲間たちは多様性を支持している」ということを示すアプローチが、人の行動を変え、そして結果として内面化されることで、実質的に紛争や差別は解消していくのだろう。

そもそも組織のチームワーク研究においては、多様性の効果はネガティブなものばかりではなく、メリットとデメリットをあわせもつ諸刃の剣であることが指摘されている。ここまで述べたとおり、たしかにチームの中に多様な人々が増えると、それだけチーム内でサブグループに分かれやすく、そのサブグループ間で紛争は増える。

しかし、多様な人がいるということは、多様な視点と多様な知識がチームの中に増えていくことでもある。こうした多面的な視点と知識は、チームの強みとなる。これは組織内のレベルのみならず、社会全体のレベルでも同様に、多様な人々を含む社会は多種多様な知恵と能力を潜在的に兼ね備えた〝強い〟社会なのである。実際に社会レベルで見たときにも、多様性の高さは複雑な思考などの認知処理と正の関連があることも示されてきた[★71]。

もちろんここで集団間の対立ばかりが起きては、こうした強みも台なしである。だからこそ、上述の包摂性が重要となる。多種多様な人々を広い社会の中に適切に位置づけ、包摂していき、その多様性を活用していくことができる社会や組織こそ真に力のある社会だということができるだろう。

繰り返しとなるが、ここで鍵となるのが包摂性の考え方である。多様性に伴う「違い」を相互に認めて、多様な人々をすべて包摂していくこと。これこそが重要な要因となる。ある側面ではマジョリティの人々もまた、別の側面ではマイノリティや弱者であることもありうるだろう。また事故や病気など何らかの理由で弱者へと変わりうる。すべての個人が尊重される社会・集団・組織はマイノリティや弱者にとってのみならず、誰にとっても住みよいコミュニティとなる。

私たちはつい差別してしまう生き物である。集団モードがさまざまな形で暴力と差別を生み出すことを本書では繰り返して見てきた。それを前提においたうえで、なおかつ狭隘な差別心に陥らないよう、社会自体の変化を受け入れ、誰にとっても排除されない社会を構築することが今後ますます必要となるだろう。

□まとめ

・集団間紛争と集団暴力をいかに解消していくか、本書では集団間アプローチと集団内アプローーチの二つの視点から理解を試みた。

・集団間アプローチでは、

1a：集団間接触：外集団成員と対人的な交流を行うこと

1b：視点取得と共感：外集団の立場に立って物事を理解しようと試みること

1c：共通目標と共通上位集団アイデンティティ：外集団をヨソ者ではなく、同じ目標をもつ、共通の上位集団の一員として見なすこと

という三点の重要性を議論した。

・集団内アプローチでは、

2a：反暴力的規範・風土の変革：規範や風土を暴力を容認するものから反対するものへと変容させること

2b：多様性と包摂性：反暴力的規範を生み出すためには多様な集団メンバーを排除せず、共通上位集団におけるメンバーの一員として承認しながら受け入れていくこと

の重要性を整理した。

今から紛争と暴力がより減少した未来をいかにつくっていくか？

――あとがきに代えて

最後に、長期的な展望と今後求められることを議論したい。筆者は将来的には、紛争や暴力は全般的に低下していくと考えている。なぜならば、これまで文明化を伴う時代変遷により暴力は低下してきており、今後もその潮流は続くだろうと考えているためである。

文明化に伴う暴力低減の時代潮流

ピンカーの大著『暴力の人類史』[★1]は、時代的変遷に伴い、人間社会の暴力性は一貫して低下していることをさまざまな統計データを駆使しながら示している。かつての狩猟採集生活を行っていた時代や現代に残る前産業社会よりも、国家の成立した社会において人口あたりの戦死者数は少ない。また、紀元前五〇〇〇年くらいから数千年単位で見たときには、国家の成立に伴い、戦争とそれによる死者数の減少が確認される。さらに、ここ数百年単位で見たときにも人道主義が広まるなかで、西ヨーロッパにおける殺人、残虐な刑罰は減少してきた。二〇世紀に発生した二度の世界大戦はたしかに死者数こそ多いものの、人口比ではさほど高い死亡率ではない。さらに、第二次世界大戦後の期間で見ても、先進国が戦争をやめるとともに、少数民族、女性、子ども、同性愛者への差別・嫌悪感の減少が確認された。これは暫定的ながらも、冷戦集結後の内戦、ジェノサイド、独裁政権による弾圧などもアップダウンを繰り返しながらも減少傾向が見られる。このように、時間幅を変えて見た際にも、もちろん多少の上下変動はあれども全体的な潮流として暴力や差別は世界全体で低減してきたのだといえる。

こうした時代変遷に伴う暴力低減の背後には、国家と司法制度、交易などの社会制度・社会生活上の変化が存在し、またそれに伴って、共感、自己制御、道徳感覚、理性といった心理面での変化があることをピンカーは指摘している。本書で記してきた点としては、社会の中で外集団への共感はますます重視されるようになり、暴力を肯定する規範から多様性と包摂性を重視する反暴力的規範へと移り変わってきたのだといえる。もちろん現代においても、自民族至上主義や移民排斥などの反動も一部で見られているが、やはり長期的な潮流としての暴力や差別の減少は今後も引き続き進んでいくだろう。それは、そうした暴力を許さないという規範と心理を社会が少しずつつくってきたためである。

規範と価値観の時代に伴う変化

暴力に対する社会の規範や価値観は、実際に大きく変化してきた。極端な例を挙げれば、かつては打首や斬首は民衆のエンターテイメントとしてのショーだった。障害者を笑い者にする見世物小屋も存在していた。しかし、現在では、もうそういったものを見聞きしても暴力や差別にしか見えず、眉をひそめるばかりで楽しいものではないだろう。もしくは、「懐かしのアニメ」などのテレビ番組でも三〇年前のシーンが流れると、時にその内容に含まれる暴力性に少し違和感を覚えることもあるだろう。長寿アニメである『クレヨンしんちゃん』でも『ドラえもん』でも、かつてほどの〝体罰〟は行われなくなった。バラエティ番組でも二〇年前には同性愛者を揶揄する形で笑いをとるキャラクターを芸人が演じていたが、今はもう笑いの対象ではなくなった。それに傷つくＬＧＢＴ当事者が被害者として存在することを知っているからだ。ＬＧＢＴだけではなく、それまで考慮さえされなかった暴力や差別の被害者に思いを馳せることが時代とともに行われるようになり、現代の人々の規範と心理は、そうした暴力や差別を許容できない／楽しめないように、時代とともに変化した。

そうして現代においては、数百年スパンだけではなく、前の世代よりも暴力を許容しない社会・集団の規範が生まれ、それを心理的に内在化させるなかで、実際に社会の中で発生する暴力も減ってきた。犯罪統計を見ても、暴行・傷害事件は大幅に減少した。暴走族もほとんど解体された。リーゼントやパンチパーマの〝ヤンキー〟も見なくなって久しい。体罰を行う教員も減った。もし四〇年前の「厳しい教員」が今も同じように生徒に接したとしたら、「暴力教員」としてマスメディアで報道され、社会的にも大きな非難を浴びるだろう。「いじめ」も暴行・傷害といった法律上の犯罪として扱うことが推奨されることも近年では増えてきた。社会の中で許容される暴力の閾値は下がり、かつては「ちょっとした喧嘩や鉄槌」として扱われていたものが、今では「刑事罰を伴う傷害事案」である。反暴力的規範は、確実に現代社会に根づきつつあるのだろう。

もちろん一部の局所的な集団におけるローカルカルチャーの中には、今でも暴力的な規範や価値観は残っている。たとえば、本書でも紹介したように非行集団の少年たちにおいては今も暴力を賞賛する価値観が存在することが指摘されている。そうした一部の集団において局所的に残存することはありうる。しかし、それはあくまでも一部であり、やはり社会全体の潮流として見れば、暴力は低減してきたといえる。

これにはおそらく社会の個人主義化も関わっていると考えられる。本書が扱ってきたような集団モードは、社会においては暴力性を高めるように機能することの方が多い。しかし、個人主義化は、こうした集団モードの暴力効果自体を減らすように機能したように思われる。そして、こうした社会的潮流の中では、集団モードの悪影響も緩和されるだろう。名誉の文化のように集団の中で暴力が賞賛されるわけでもなく、集団のために命をかけて戦わなくてもよい社会では、集団モードは暴力には結びつかなくなると考えられる。集団モードの効果自体の変化もこうした社会的潮流の中で検討することが必要となってくるだろう。

かつては「人を殴ったり、差別したりしてはいけません」というのは浮足立った〝きれいごと〟だったかもしれない。しかし、それは社会変化の中で実際に社会に根づき、実現されてきた。かつては個々人の外にあったお題目としての反暴力的規範は、そのうちに内在化して人の心に根づいていく。だからこそ、こうしたきちんと理念と正義に向き合った〝きれいごと〟を唱えることはじつはとてもとても大事なものだったのだろう。

こうして、文明化とともにその一つ前の時代にはきれいごとだった「暴力の少ない社会」を、少しずつ実現してきた。現在では、日本や主要先進国で戦争や殺人で死亡する人は、すでに非常に少なくなっている。しかし、ほんの五〇〇年前の戦国時代においては、人は病気や寿命のみならず、殺人や戦争の中で多くの人が命を落としていた。そこから、もちろん完全にすべての暴力をゼロにということはないだろうが、それでも少しずつ少しずつ、社会から暴力や差別を減らしてきたのである。

さて、今後も紛争と暴力の低減の流れは今後も続くだろうという見通しを述べてきた。注意すべき点は、これは「今から勝手に社会の暴力は減っていくだろうから、指をくわえて見ているだけでよい」という意味ではないという点だ。むしろ逆である。紛争と暴力を減らしていく潮流を今後も維持するためには、人類が不断の努力を続けていくことが必ず求められる。今後、科学技術が進展していくことが予測されるからといって、科学研究をしなくてもよいわけではないのと同様である。

本書で最初に「暴力誘発装置としての集団」という言い方で、集団がもつ負の側面を描いてきた。集団はたしかに暴力を高める場面が多く見られる。しかし、より厳密にいえば、本書でも述べてきたとおり、必ずしも暴力を高める方向に進むわけではない。むしろ集団は悪い方にもよい方にも転がりうる、一種の増幅装置であるといえる。暴力を重視する規範をもつ集団では、人が相互作用するなかでより暴力を強めていく。一方で、暴力を拒否し、解消していこうとする規範をもつ集団では、人が関わり合うことが暴力を解消していく効果もあるといえる。だからこそ、集団は社会的な潮流の形成にも大きな役割を担っている。集団という増幅装置の中で、社会がどの方向に転がっていくのかを見定めることが重要となる。

こうした観点からすると、暴力や差別、紛争の解消に向けて個人が強い意識をもつというだけではなく、そうした紛争と暴力を解消した社会を実現するために、社会・集団・組織レベルでどう働きかけていくかを考えていくことが重要となってくる。集団レベルの規範と価値観がもつ影響は大きいからこそ、たとえば社会や集団の進むべき方向をリードする立場である政治家、組織のリーダー、マスメディアがどのように情報を発信していくのかは非常に大きな役割と責任を担う。彼らが示す姿勢や情報は、規範的価値づけを伴う公式的な見解・指針としてその社会や組織に受容されていくためである。逆に、社会的リーダーが不適切なメッセージを公的に発信した場面では、その構成員一人ひとりが適切に批判し、社会レベルでの修正を行っていくことも重要となる。今はＳＮＳなど双方向のパーソナルメディアを利用することで、これまでは発信の手段をもたなかった個々人もみずからの意見を社会に向けて広く発信し、他者に影響を与えることが可能となった。社会や組織としての規範や価値観の醸成に、一人ひとりの行動からいかに寄与しうるのかを考えていくことが必要だといえるだろう。

本書では、社会心理学の学術研究で得られた知見を中心に、〝集団心理〟という観点から暴力と紛争が発生し激化していく、さらには解消していく心理・社会過程を記してきた。紛争や暴力は一朝一夕にすぐに解消できるものではないのは、この世の中にあふれる暴力と紛争を見ていればご存じのとおりである。本書に記したような学術的知見はすぐに効果が出るような知見というわけではないかもしれないが、こうした〝集団心理〟の特徴を理解することは、現実にあふれる集団と関連する暴力や紛争を理解し、解消へと取り組むうえで、必ず重要となると確信している。

本書で示してきた〝集団心理〟の性質を理解していただくことで、わずかでも世界の暴力と紛争の低減に貢献できれば望外の喜びである。

図 7-3　National States' Rights Party のパンフレット（1959 年制作）

図 7-4　Kteily, N., Bruneau, E., Waytz, A., & Cotterill, S. (2015). The ascent of man: Theoretical and empirical evidence for blatant dehumanization. *Journal of Personality and Social Psychology*, *109*(5), 901-931.

図 7-5　Kteily, N. S., & Bruneau, E. (2017). Darker demons of our nature: The need to (re) focus attention on blatant forms of dehumanization. *Current Directions in Psychological Science*, *26*(6), 487-494.

図 8-4　縄田健悟・山口裕幸 (2011a).「個人間の危害行動が集団間紛争へと拡大するとき──一時集団における集団間代理報復の萌芽的生起」『実験社会心理学研究』*51*(1), 52-63.

図 8-8　縄田健悟・山口裕幸 (2011b).「集団間代理報復における内集団観衆効果」『社会心理学研究』*26*(3), 167-177.

図 8-9　Nawata, K., & Yamaguchi, H. (2013). Intergroup retaliation and intra-group praise gain: The effect of expected cooperation from the in-group on intergroup vicarious retribution. *Asian Journal of Social Psychology*, *16*(4), 279-285.

図 9-4，　図 9-5　Gaertner, S. L., & Dovidio, J. F. (2000). *Reducing intergroup bias: The common ingroup identity model*. Psychology Press.

図 3-3　Haslam, S. A., Reicher, S. D., & Van Bavel, J. J. (2019). Rethinking the nature of cruelty: The role of identity leadership in the Stanford prison experiment. *American Psychologist*, *74*(7), 809-822.

表 4-2　Pew Research Center (2003). How global publics view: War in Iraq, democracy, Islam and governance, globalization. Views of a changing world. June 2003. https://www.pewresearch.org/wp-content/uploads/sites/2/2003/06/Views-Of-A-Changing-World-2003.pdf

図 4-3　縄田健悟・山口裕幸 (2011b).「集団間代理報復における内集団観衆効果」『社会心理学研究』*26*(3), 167-177.

Nawata, K., & Yamaguchi, H. (2013). Intergroup retaliation and intra-group praise gain: The effect of expected cooperation from the in-group on intergroup vicarious retribution. *Asian Journal of Social Psychology*, *16*(4), 279-285.

図 4-4，図 4-5　Nawata, K. (2020). A glorious warrior in war: Cross-cultural evidence of honor culture, social rewards for warriors, and intergroup conflict. *Group Processes & Intergroup Relations*, *23*(4), 598-611.

図 5-1　中沢啓治 (1975).『はだしのゲン』第 1 巻，汐文社，pp. 32, 49.

図 5-2　Nawata, K., Huang, L., & Yamaguchi, H. (2016). Anti-Japanese public attitude as conformity to social norm in China: The role of estimated attitude of others and pluralistic ignorance. *Japanese Journal of Applied Psychology*, *42*, 16-24.

図 5-5　Yamagishi, T., & Mifune, N. (2008). Does shared group membership promote altruism? Fear, greed, and reputation. *Rationality and Society*, *20*(1), 5-30.

図 5-6　Weisel O., & Zultan R. (2021). Perceptions of conflict: parochial cooperation outgroup spite revisited. *Organizational Behavior and Human Decision Processes*, *167*, 57-71.

図 6-4　Crandall, C. S., & Eshleman, A. (2003). A justification-suppression model of the expression and experience of prejudice. *Psychological Bulletin*, *129*(3), 414-446.

図 7-1　Huang, L., Nawata, K., Miyajima, T., & Yamaguchi, H. (2015). Values and hostile intent attribution to out-groups within China-Japan relations: The mediating role of perceived threats. *International Journal of Psychological Studies*, *7*(3), 97-107.

図 7-2　Wikimedia Commons. https://commons.wikimedia.org/wiki/File:STOP_THIS_MONSTER_THAT_STOPS_AT_NOTHING._PRODUCE_TO_THE_LIMIT._THIS_IS_YOUR_WAR._-_NARA_-_513557.jpg

図表の出典

記載していない図表は筆者作成。

図 1-3　Swann, W. B., Jr., Gómez, A., Seyle, D. C., Morales, J. F., & Huici, C. (2009). Identity fusion: The interplay of personal and social identities in extreme group behavior. *Journal of Personality and Social Psychology, 96*(5), 995-1011.

図 1-4　Swann, W. B., Jr., Buhrmester, M. D., Gómez, A., Jetten, J., Bastian, B., Vázquez, A., Ariyanto, A., Besta, T., Christ, O., Cui, L., Finchilescu, G., González, R., Goto, N., Hornsey, M., Sharma, S., Susianto, H., & Zhang, A. (2014). What makes a group worth dying for? Identity fusion fosters perception of familial ties, promoting self-sacrifice. *Journal of Personality and Social Psychology, 106*(6), 912-926.

図 1-5　Kosterman, R., & Feshbach, S. (1989). Toward a measure of patriotic and nationalistic attitudes. *Political Psychology, 10*(2), 257-274.

de Figueiredo, R. J., Jr., & Elkins, Z. (2003). Are patriots bigots? An inquiry into the vices of in-group pride. *American Journal of Political Science, 47*(1), 171-188.

縄田健悟・山口裕幸 (2012).「集団間攻撃における集合的被害感の役割 ―― 日中関係による検討」『心理学研究』*83*(5), 489-495.

Huang, L., Nawata, K., Miyajima, T., & Yamaguchi, H. (2015). Perceived intention to harm in-group as mediator of the relation between nationalism and emotion. *Advances in Psychology, 5*, 314-322.

Golec de Zavala, A., Cichocka, A., Eidelson, R., & Jayawickreme, N. (2009). Collective narcissism and its social consequences. *Journal of Personality and Social Psychology, 97*(6), 1074-1096.

図 2-2　提供：朝日新聞社。

図 3-1　Wikimedia Commons. https://commons.wikimedia.org/wiki/File:Milgram_experiment_v2.svg

図 3-2　Milgram, S. (1974). *Obedience to authority: An experimental view*. Harper & Row.（ミルグラム，S.，山形浩生訳，2008『服従の心理』河出書房新社）

15(8), 507-510.

Sommers, S. R., Warp, L. S., & Mahoney, C. C. (2008). Cognitive effects of racial diversity: White individuals' information processing in heterogeneous groups. *Journal of Experimental Social Psychology*, *44*(4), 1129-1136.

今から紛争と暴力がより減少した未来をいかにつくっていくか？──あとがきに代えて

1　Pinker, S. (2011). *The better angels of our nature: Why violence has declined*. Viking.（ピンカー，S.，幾島幸子・塩原通緒訳 (2015).『暴力の人類史』上下，青土社）

59 González, R., & Brown, R. (2006). Dual identities in intergroup contact: Group status and size moderate the generalization of positive attitude change. *Journal of Experimental Social Psychology, 42*(6), 753-767.

60 Crandall, C. S., Eshleman, A., & O'Brien, L. (2002). Social norms and the expression and suppression of prejudice: The struggle for internalization. *Journal of Personality and Social Psychology, 82*(3), 359-378.

61 Blanchard, F. A., Crandall, C. S., Brigham, J. C., & Vaughn, L. A. (1994). Condemning and condoning racism: A social context approach to interracial settings. *Journal of Applied Psychology, 79*(6), 993-997.

62 Stangor, C., Sechrist, G. B., & Jost, J. T. (2001). Changing racial beliefs by providing consensus information. *Personality and Social Psychology Bulletin, 27*(4), 486-496.

63 Terry, D. J., & Hogg, M. A. (1996). Group norms and the attitude-behavior relationship: A role for group identification. *Personality and Social Psychology Bulletin, 22*(8), 776-793.

64 Jetten, J., Spears, R., & Manstead, A. S. R. (1996). Intergroup norms and intergroup discrimination: Distinctive self-categorization and social identity effects. *Journal of Personality and Social Psychology, 71*(6), 1222-1233.

65 Yanagizawa-Drott, D. (2014). Propaganda and conflict: Evidence from the Rwandan genocide. *The Quarterly Journal of Economics, 129*(4), 1947-1994.

66 Paluck, E. L. (2009). Reducing intergroup prejudice and conflict using the media: A field experiment in Rwanda. *Journal of Personality and Social Psychology, 96*(3), 574-587.

67 Lau, D. C., & Murnighan, J. K. (1998). Demographic diversity and faultlines: The compositional dynamics of organizational groups. *Academy of Management Review, 23*(2), 325-340.

68 Greenaway, V. P., & Turetsky, K. M. (2020). Socioecological diversity and inclusion: A framework for advancing diversity science. *Current Opinion in Psychology, 32*, 171-176.

69 Jansen, W. S., Otten, S., van der Zee, K. I., & Jans, L. (2014). Inclusion: Conceptualization and measurement. *European Journal of Social Psychology, 44*(4), 370-385.

70 Murrar, S., Campbell, M. R., & Brauer, M. (2020). Exposure to peers' pro-diversity attitudes increases inclusion and reduces the achievement gap. *Nature Human Behaviour, 4*(9), 889-897.

71 Antonio, A. L., Chang, M. J., Hakuta, K., Kenny, D. A., Levin, S., & Milem, J. F. (2004). Effects of racial diversity on complex thinking in college students. *Psychological Science,*

model of collective action: A quantitative research synthesis of three socio-psychological perspectives. *Psychological Bulletin, 134*(4), 504-535.

49 Saguy, T., Tausch, N., Dovidio, J. F., & Pratto, F. (2009). The irony of harmony: Intergroup contact can produce false expectations for equality. *Psychological Science, 20*(1), 114-121.

50 Saguy, T., Tausch, N., Dovidio, J. F., & Pratto, F. (2009). The irony of harmony: Intergroup contact can produce false expectations for equality. *Psychological Science, 20*(1), 114-121. Study 2.

51 Saguy, T., Tausch, N., Dovidio, J. F., Pratto, F., & Singh, P. (2011). Tension and harmony in intergroup relations. In P. R. Shaver & M. Mikulincer (Eds.), *Herzilya series on personality and social psychology. Human aggression and violence: Causes, manifestations, and consequences* (pp. 333-348). American Psychological Association.

52 Ufkes, E. G., Calcagno, J., Glasford, D. E., & Dovidio, J. F. (2016). Understanding how common ingroup identity undermines collective action among disadvantaged-group members. *Journal of Experimental Social Psychology, 63*, 26-35.

53 González, R., & Brown, R. (2006). Dual identities in intergroup contact: Group status and size moderate the generalization of positive attitude change. *Journal of Experimental Social Psychology, 42*(6), 753-767.

54 González, R., & Brown, R. (2006). Dual identities in intergroup contact: Group status and size moderate the generalization of positive attitude change. *Journal of Experimental Social Psychology, 42*(6), 753-767. Experiment 2.

55 Gaertner, S. L., & Dovidio, J. F. (2000). *Reducing intergroup bias: The common ingroup identity model.* Psychology Press. p. 164.

56 Ufkes, E. G., Calcagno, J., Glasford, D. E., & Dovidio, J. F. (2016). Understanding how common ingroup identity undermines collective action among disadvantaged-group members. *Journal of Experimental Social Psychology, 63*, 26-35.

57 Banfield, J. C., & Dovidio, J. F. (2013). Whites' perceptions of discrimination against Blacks: The influence of common identity. *Journal of Experimental Social Psychology, 49*(5), 833-841.

58 Dovidio, J. F., Gaertner, S. L., & Saguy, T. (2007). Another view of "we": Majority and minority group perspectives on a common ingroup identity. *European Review of Social Psychology, 18*(1), 296-330.

38 Riek, B. M., Mania, E. W., Gaertner, S. L., McDonald, S. A., & Lamoreaux, M. J. (2010). Does a common ingroup identity reduce intergroup threat? *Group Processes & Intergroup Relations, 13*(4), 403-423.

39 Dovidio, J. F., Gaertner, S. L., Validzic, A., Matoka, K., Johnson, B., & Frazier, S. (1997). Extending the benefits of recategorization: Evaluations, self-disclosure, and helping. *Journal of Experimental Social Psychology, 33*(4), 401-420.

40 Levine, M., Prosser, A., Evans, D., & Reicher, S. (2005). Identity and emergency intervention: How social group membership and inclusiveness of group boundaries shape helping behavior. *Personality and Social Psychology Bulletin, 31*(4), 443-453.

41 Adelman, L., Leidner, B., Ünal, H., Nahhas, E., & Shnabel, N. (2016). A whole other story: Inclusive victimhood narratives reduce competitive victimhood and intergroup hostility. *Personality and Social Psychology Bulletin, 42*(10), 1416-1430.

42 Shnabel, N., Halabi, S., & Noor, M. (2013). Overcoming competitive victimhood and facilitating forgiveness through re-categorization into a common victim or perpetrator identity. *Journal of Experimental Social Psychology, 49*(5), 867-877.

43 Seta, C. E., Seta, J. J., & Culver, J. (2000). Recategorization as a method for promoting intergroup cooperation: Group status matters. *Social Cognition, 18*(4), 354-376.

44 van Oudenhoven, J. P., Prins, K. S., & Buunk, B. P. (1998). Attitudes of minority and majority members towards adaptation of immigrants. *European Journal of Social Psychology, 28*(6), 995-1013.

Verkuyten, M. (2006). Multicultural recognition and ethnic minority rights: A social identity perspective. In W. Stroebe & M. Hewstone (Eds.), *European review of social psychology* (Vol. 17, pp. 148-184). Psychology Press.

45 Jansen, W. S., Vos, M. W., Otten, S., Podsiadlowski, A., & van der Zee, K. I. (2016). Colorblind or colorful? How diversity approaches affect cultural majority and minority employees. *Journal of Applied Social Psychology, 46*(2), 81-93.

46 Devos, T., & Banaji, M. R. (2005). American = White? *Journal of Personality and Social Psychology, 88*(3), 447-466.

47 Jansen, W. S., Vos, M. W., Otten, S., Podsiadlowski, A., & van der Zee, K. I. (2016). Colorblind or colorful? How diversity approaches affect cultural majority and minority employees. *Journal of Applied Social Psychology, 46*(2), 81-93.

48 van Zomeren, M., Postmes, T., & Spears, R. (2008). Toward an integrative social identity

Platow, J. M., & Hunter, J. A. (2012). Intergroup relations and conflict: Revisiting Sherif's boys' camp studies. In J. R. Smith & S. A. Haslam (Eds.), *Social psychology: Revisiting the classic studies* (pp. 142-159). Sage Publications.（プラトウ，J. M.・ハンター，J. A.，藤島喜嗣訳，2012「集団間関係と葛藤 ── シェリフのサマーキャンプ実験・再入門」J. R. スミス・S. A. ハスラム編，樋口匡貴・藤島喜嗣監訳『社会心理学・再入門 ── ブレークスルーを生んだ 12 の研究』（pp. 183-204）新曜社）

30　熊谷智博 (2019).「集団間の紛争はどのように悪化するのか ── キャンプ実験を例に」大渕憲一編『紛争と和解を考える ── 集団の心理と行動』（pp. 46-72），誠信書房

31　Perry, G. (2018). *The lost boys: Inside Muzafer Sherif's Robbers Cave experiment*. Scribe Publications.

32　Platow, J. M., & Hunter, J. A. (2012). Intergroup relations and conflict: Revisiting Sherif's boys' camp studies. In J. R. Smith & S. A. Haslam (Eds.), *Social psychology: Revisiting the classic studies* (pp. 142-159). Sage Publications.（プラトウ，J. M.・ハンター，J. A.，藤島喜嗣訳，2012「集団間関係と葛藤 ── シェリフのサマーキャンプ実験・再入門」J. R. スミス・S. A. ハスラム編，樋口匡貴・藤島喜嗣監訳『社会心理学・再入門 ── ブレークスルーを生んだ 12 の研究』（pp. 183-204）新曜社）

33　Gaertner, S. L., & Dovidio, J. F. (2000). *Reducing intergroup bias: The common ingroup identity model*. Psychology Press.

34　Gaertner, S. L., Mann, J., Murrell, A., & Dovidio, J. F. (1989). Reducing intergroup bias: The benefits of recategorization. *Journal of Personality and Social Psychology, 57*(2), 239-249.

35　Gaertner, S. L., Dovidio, J. F., & Bachman, B. A. (1996). Revisiting the contact hypothesis: The induction of a common ingroup identity. *International Journal of Intercultural Relations, 20*(3-4), 271-290. Study 3.

36　Gaertner, S. L., Dovidio, J. F., & Bachman, B. A. (1996). Revisiting the contact hypothesis: The induction of a common ingroup identity. *International Journal of Intercultural Relations, 20*(3-4), 271-290. Study 3.

37　Penner, L. A., Gaertner, S., Dovidio, J. F., Hagiwara, N., Porcerelli, J., Markova, T., & Albrecht, T. L. (2013). A social psychological approach to improving the outcomes of racially discordant medical interactions. *Journal of General Internal Medicine, 28*(9), 1143-1149.

21 Todd, A. R., Bodenhausen, G. V., Richeson, J. A., & Galinsky, A. D. (2011). Perspective taking combats automatic expressions of racial bias. *Journal of Personality and Social Psychology, 100*(6), 1027-1042. Experiment 5.

22 Batson, C. D., Chang, J., Orr, R., & Rowland, J. (2002). Empathy, attitudes, and action: Can feeling for a member of a stigmatized group motivate one to help the group? *Personality and Social Psychology Bulletin, 28*(12), 1656-1666.

23 Clore, G. L., & Jeffery, K. M. (1972). Emotional role playing, attitude change, and attraction toward a disabled person. *Journal of Personality and Social Psychology, 23*(1), 105-111.

24 Todd, A. R., & Galinsky, A. D. (2014). Perspective-taking as a strategy for improving intergroup relations: Evidence, mechanisms, and qualifications. *Social and Personality Psychology Compass, 8*(7), 374-387.

Stephan, W. G., & Finlay, K. (1999). The role of empathy in improving intergroup relations. *Journal of Social Issues, 55*(4), 729-743.

25 Batson, C. D., Polycarpou, M. P., Harmon-Jones, E., Imhoff, H. J., Mitchener, E. C., Bednar, L. L., Klein, T. R., & Highberger, L. (1997). Empathy and attitudes: Can feeling for a member of a stigmatized group improve feelings toward the group? *Journal of Personality and Social Psychology, 72*(1), 105-118.

26 フリン，J. R.，水田賢政訳 (2015).『なぜ人類の IQ は上がり続けているのか？ ── 人種，性別，老化と知能指数』太田出版

フリン，J. R.，無藤隆・白川佳子・森敏昭訳 (2016).『知能と人間の進歩 ── 遺伝子に秘められた人類の可能性』新曜社

フリン，J. R. (2013).「なぜ祖父母世代よりも IQ が高いのか」TED https://www.ted.com/talks/james_flynn_why_our_iq_levels_are_higher_than_our_grandparents?language=ja#t-153771

27 Onraet, E., Van Hiel, A., Dhont, K., Hodson, G., Schittekatte, M., & De Pauw, S. (2015). The association of cognitive ability with right-wing ideological attitudes and prejudice: A meta-analytic review. *European Journal of Personality, 29*(6), 599-621.

28 Pinker, S. (2011). *The better angels of our nature: Why violence has declined*. Viking.（ピンカー，S.，幾島幸子・塩原通緒訳 (2015).『暴力の人類史』上下，青土社）

29 Sherif, M., Harvey, O. J., White, B. J., Hood, W. R., & Sherif, C. W. (1961). *Intergroup conflict and cooperation: The Robbers Cave experiment*. University Book Exchange.

10 Crisp, R. J., & Turner, R. N. (2012). The imagined contact hypothesis. In M. P. Zanna & J. Olson (Eds.), *Advances in experimental social psychology* (Vol. 46, pp. 125-182). Academic Press.

11 Meleady, R., Crisp, R. J., Hodson, G., & Earle, M. (2019). On the generalization of intergroup contact: A taxonomy of transfer effects. *Current Directions in Psychological Science*, *28*(5), 430-435.

12 Pettigrew, T. F., & Tropp, L. R. (2008). How does intergroup contact reduce prejudice? Meta-analytic tests of three mediators. *European Journal of Social Psychology*, *38*(6), 922-934.

13 Pettigrew, T. F., & Tropp, L. R. (2006). A meta-analytic test of intergroup contact theory. *Journal of Personality and Social Psychology*, *90*(5), 751-783.

14 バトソン，C. D.，菊池章夫・二宮克美訳 (2012).『利他性の人間学――実験社会心理学からの回答』新曜社

15 Batson, C. D., Polycarpou, M. P., Harmon-Jones, E., Imhoff, H. J., Mitchener, E. C., Bednar, L. L., Klein, T. R., & Highberger, L. (1997). Empathy and attitudes: Can feeling for a member of a stigmatized group improve feelings toward the group? *Journal of Personality and Social Psychology*, *72*(1), 105-118.

16 Dovidio, J. F., ten Vergert, M., Stewart, T. L., Gaertner, S. L., Johnson, J. D., Esses, V. M., Reik, B. M., & Pearson, A. R. (2004). Perspective and prejudice: Antecedents and mediating mechanisms. *Personality and Social Psychology Bulletin*, *30*(12), 1537-1549.

17 Shih, M., Wang, E., Trahan Bucher, A., & Stotzer, R. (2009). Perspective taking: Reducing prejudice towards general outgroups and specific individuals. *Group Processes & Intergroup Relations*, *12*(5), 565-577.

18 Galinsky, A. D., & Ku, G. (2004). The effects of perspective-taking on prejudice: The moderating role of self-evaluation. *Personality and Social Psychology Bulletin*, *30*(5), 594-604.

19 Galinsky, A. D., & Moskowitz, G. B. (2000). Perspective-taking: Decreasing stereotype expression, stereotype accessibility, and in-group favoritism. *Journal of Personality and Social Psychology*, *78*(4), 708-724.

20 Todd, A. R., Bodenhausen, G. V., Richeson, J. A., & Galinsky, A. D. (2011). Perspective taking combats automatic expressions of racial bias. *Journal of Personality and Social Psychology*, *100*(6), 1027-1042.

第9章

1 Allport, G. W. (1954). *The nature of prejudice*. Addison-Wesley.

2 Amir, Y. (1969). Contact hypothesis in ethnic relations. *Psychological Bulletin, 71*(5), 319-342.

3 Pettigrew T. F. (1997). Generalized intergroup contact effects on prejudice. *Personality and Social Psychology Bulletin, 23*(2), 173-185.

4 Pettigrew, T. F., & Tropp, L. R. (2006). A meta-analytic test of intergroup contact theory. *Journal of Personality and Social Psychology, 90*(5), 751-783.

5 Islam, M. R., & Hewstone, M. (1993). Dimensions of contact as predictors of intergroup anxiety, perceived out-group variability, and out-group attitude: An integrative model. *Personality and Social Psychology Bulletin, 19*(6), 700-710.

6 Stephan W. G., & Stephan C. W. (1985). Intergroup anxiety. *Journal of Social Issues, 41*(3), 157-175.

Vorauer J. D., Hunter A. J., Main K. J., & Roy S. (2000). Meta-stereotype activation: Evidence from indirect measures for specific evaluative concerns experienced by members of dominant groups in intergroup interaction. *Journal of Personality and Social Psychology, 78*(4), 690-707.

7 MacInnis, C. C., & Page-Gould, E. (2015). How can intergroup interaction be bad if intergroup contact is good? Exploring and reconciling an apparent paradox in the science of intergroup relations. *Perspectives on Psychological Science, 10*(3), 307-327.

8 Hodson, G. (2011). Do ideologically intolerant people benefit from intergroup contact? *Current Directions in Psychological Science, 20*(3), 154-159.

Knappert, L., Van Dijk, H., Yuan, S., Engel, Y., van Prooijen, J. W., & Krouwel, A. (2021). Personal contact with refugees is key to welcoming them: An analysis of politicians' and citizens' attitudes towards refugee integration. *Political Psychology, 42*(3), 423-442.

Kteily, N. S., Hodson, G., Dhont, K., & Ho, A. K. (2019). Predisposed to prejudice but responsive to intergroup contact? Testing the unique benefits of intergroup contact across different types of individual differences. *Group Processes & Intergroup Relations, 22*(1), 3-25.

9 Wright, S. C., Aron, A., McLaughlin-Volpe, T., & Ropp, S. A. (1997). The extended contact effect: Knowledge of cross-group friendships and prejudice. *Journal of Personality and Social Psychology, 73*(1), 73-90.

and perceived groupness. *Journal of Experimental Social Psychology*, *44*(4), 958-970.

16 Gaertner, L., & Iuzzini, J. (2005). Rejection and entitativity: A synergistic model of mass violence. In K. D. Williams, J. P. Forgas, & W. von Hippel (Eds.), *The social outcast: Ostracism, social exclusion, rejection, and bullying* (pp. 307-320). Psychology Press.

17 Sjöström, A., & Gollwitzer, M. (2015). Displaced revenge: Can revenge taste "sweet" if it aims at a different target? *Journal of Experimental Social Psychology*, *56*, 191-202. Study 2.

18 Stenstrom, D. M., Lickel, B., Denson, T. F., & Miller, N. (2008). The roles of ingroup identification and outgroup entitativity in intergroup retribution. *Personality and Social Psychology Bulletin*, *34*(11), 1570-1582.

19 Vasquez, E. A., Wenborne, L., Peers, M., Alleyne, E., & Ellis, K. (2015). Any of them will do: In-group identification, out-group entitativity, and gang membership as predictors of group-based retribution. *Aggressive behavior*, *41*(3), 242-252.

20 縄田健悟・山口裕幸 (2011b).「集団間代理報復における内集団観衆効果」『社会心理学研究』*26*(3), 167-177.

21 Nawata, K., & Yamaguchi, H. (2013). Intergroup retaliation and intra-group praise gain: The effect of expected cooperation from the in-group on intergroup vicarious retribution. *Asian Journal of Social Psychology*, *16*(4), 279-285.

22 Nawata, K., & Yamaguchi, H. (2013). Intergroup retaliation and intra-group praise gain: The effect of expected cooperation from the in-group on intergroup vicarious retribution. *Asian Journal of Social Psychology*, *16*(4), 279-285.

23 Bar-Tal, D., Chernyak-Hai, L., Schori, N., & Gundar, A. (2009). A sense of self-perceived collective victimhood in intractable conflicts. *International Review of the Red Cross*, *91*, 229-277.

24 Schori-Eyal, N., Klar, Y., Roccas, S., & McNeill, A. (2017). The shadows of the past: Effects of historical group trauma on reactions to current intergroup conflicts. *Personality and Social Psychology Bulletin*, *43*(4), 538-554.

25 縄田健悟・山口裕幸 (2012).「集団間攻撃における集合的被害感の役割――日中関係による検討」『心理学研究』*83*(5), 489-495.

26 Bilali, R., & Vollhardt, J. R. (2019). Victim and perpetrator groups' divergent perspectives on collective violence: Implications for intergroup relations. *Political Psychology*, *40*(S1), 75-108.

Srpska. *Group Processes & Intergroup Relations, 13*(6), 725-739.

Yzerbyt, V., Dumont, M., Wigboldus, D., & Gordijn, E. (2003). I feel for us: The impact of categorization and identification on emotions and action tendencies. *British Journal of Social Psychology, 42*(4), 533-549.

6 熊谷智博・大渕憲一 (2009).「非当事者攻撃に対する集団同一化と被害の不公正さの効果」『社会心理学研究』*24*(3), 200-207.

7 熊谷智博 (2013).「集団間不公正に対する報復としての非当事者攻撃の検討」『社会心理学研究』*29*(2), 86-93.

8 Campbell, D. T. (1958). Common fate, similarity, and other indices of the status of aggregates of person as social entities. *Behavioural Science, 3*(1), 14-25.

9 Hamilton, D. L. (2007). Understanding the complexities of group perception: Broadening the domain. *European Journal of Social Psychology, 37*(6), 1077-1101.

Yzerbyt, V. Y., Judd, C. M., & Corneille, O. (Eds.). (2004). *The psychology of group perception: Perceived variability, entitativity, and essentialism.* Psychology Press.

10 Ip, G. W.-M., Chiu, C.-Y., & Wan, C. (2006). Birds of a feather and birds flocking together: Physical versus behavioral cues may lead to trait- versus goal- based group perception. *Journal of Personality and Social Psychology, 90*(3), 361-381.

11 Crawford, M. T., Sherman, S. J., & Hamilton, D. L. (2002). Perceived entitativity, stereotype formation, and the interchangeability of group members. *Journal of Personality and Social Psychology, 83*(5), 1076-1094.

12 Paolini, S., & McIntyre, K. (2019). Bad is stronger than good for stigmatized, but not admired outgroups: Meta-analytical tests of intergroup valence asymmetry in individual-to-group generalization experiments. *Personality and Social Psychology Review, 23*(1), 3-47.

13 Castano, E., Sacchi, S., & Gries, P. H. (2003). The perception of the other in international relations: Evidence for the polarizing effect of entitativity. *Political Psychology, 24*(3), 449-468.

14 Lickel, B., Schmader, T., & Hamilton, D. L. (2003). A case of collective responsibility: Who else was to blame for the Columbine High School shootings? *Personality and Social Psychology Bulletin, 29*(2), 194-204.

15 Gaertner, L., Iuzzini, J., & O'Mara, E. M. (2008). When rejection by one fosters aggression against many: Multiple-victim aggression as a consequence of social rejection

51 Kteily, N., Hodson, G., & Bruneau, E. (2016). They see us as less than human: Metadehumanization predicts intergroup conflict via reciprocal dehumanization. *Journal of Personality and Social Psychology, 110*(3), 343-370.

第8章

1 Lickel, B., Miller, N., Stenstrom, D. M., Denson, T. F., & Schmader, T. (2006). Vicarious retribution: The role of collective blame in intergroup aggression. *Personality and Social Psychology Review, 10*(4), 372-390.

縄田健悟・山口裕幸 (2011a).「個人間の危害行動が集団間紛争へと拡大するとき――一時集団における集団間代理報復の萌芽的生起」『実験社会心理学研究』*51*(1), 52-63.

縄田健悟・山口裕幸 (2011b).「集団間代理報復における内集団観衆効果」『社会心理学研究』*26*(3), 167-177.

Nawata, K., & Yamaguchi, H. (2013). Intergroup retaliation and intra-group praise gain: The effect of expected cooperation from the in-group on intergroup vicarious retribution. *Asian Journal of Social Psychology, 16*(4), 279-285.

2 朝日新聞デジタル (2019).「『黒人殺そうと』に波紋　シンドラーのリスト主演俳優」2月6日 https://digital.asahi.com/articles/ASM261FC7M25UHBI02Z.html

3 Lickel, B., Miller, N., Stenstrom, D. M., Denson, T. F., & Schmader, T. (2006). Vicarious retribution: The role of collective blame in intergroup aggression. *Personality and Social Psychology Review, 10*(4), 372-390.

4 Dumont, M., Yzerbyt, V., Wigboldus, D., & Gordijn, E. (2003). Social categorization and fear reactions to the September 11th terrorist attacks. *Personality and Social Psychology Bulletin, 29*(12), 1509-1520.

Gordijn, E. H., Wigboldus, D., & Yzerbyt, V. (2001). Emotional consequences of categorizing victims of negative outgroup behavior as ingroup or outgroup. *Group Processes and Intergroup Relations, 4*(4), 317-326.

5 Mackie, D. M., Devos, T., & Smith, E. R. (2000). Intergroup emotions: Explaining offensive action tendencies in an intergroup context. *Journal of Personality and Social Psychology, 79*(4), 602-616.

Spanovic, M., Lickel, B., Denson, T. F., & Petrovic, N. (2010). Fear and anger as predictors of motivation for intergroup aggression: Evidence from Serbia and Republika secondary emotions to ingroups and outgroups. *Personality and Social Psychology Review, 4*(2), 186-197.

44 Leyens, J. Ph., Paladino, P. M., Rodríguez-Torres, R., Vaes, J., Demoulin, S., Rodríguez-Pérez A., & Gaunt, R. (2000). The emotional side of prejudice: The attribution of secondary emotions to ingroups and outgroups. *Personality and Social Psychology Review, 4*(2), 186-197.

45 Demoulin, S., Leyens, J. Ph., Rodríguez-Torres, R., Rodríguez-Pérez A., Paladino, M. P., & Fiske, S. T. (2005). Motivation to support a desired conclusion versus motivation to avoid an undesirable conclusion: The case of infra-humanization. *International Journal of Psychology, 40*(6), 416-428.

Viki, G. T., & Calitri, R. (2008). Infrahuman outgroup or suprahuman ingroup: The role of nationalism and patriotism in the infrahumanization of outgroups. *European Journal of Social Psychology, 38*(6), 1054-1061.

46 Paladino, M. P., Leyens, J. Ph., Rodriguez, R., Rodriguez, A., Gaunt, R., & Demoulin, S. (2002). Differential associations of uniquely and non uniquely human emotions with the ingroup and the outgroups. *Group Processes and Intergroup Relations, 5*(2), 105-117.

47 Pereira, C., Vala, J., & Leyens, J. Ph. (2009). From infra-humanization to discrimination: The mediation of symbolic threat needs egalitarian norms. *Journal of Experimental Social Psychology, 45*(2), 336-344.

48 Vaes, J., Paladino, M. P., Castelli, L., Leyens, J. Ph., & Giovanazzi, A. (2003). On the behavioral consequences of infra-humanization: The implicit role of uniquely human emotions in intergroup relations. *Journal of Personality and Social Psychology, 85*(6), 1016-1034.

49 Tam, T., Hewstone, M., Cairns, E., Tausch, N., Maio, G., & Kenworthy, J. (2007). The impact of intergroup emotions on forgiveness in Northern Ireland. *Group Processes & Intergroup Relations, 10*(1), 119-136.

50 Kteily, N., Bruneau, E., Waytz, A., & Cotterill, S. (2015). The ascent of man: Theoretical and empirical evidence for blatant dehumanization. *Journal of Personality and Social Psychology, 109*(5), 901-931.

Kteily, N. S., & Bruneau, E. (2017). Darker demons of our nature: The need to (re)focus attention on blatant forms of dehumanization. *Current Directions in Psychological Science, 26*(6), 487-494.

proclivity to torture prisoners of war. *Journal of Experimental Social Psychology*, *49*(3), 325-328.

34 Goff, P. A., Eberhardt, J. L., Williams, M. J., & Jackson, M. C. (2008). Not yet human: implicit knowledge, historical dehumanization, and contemporary consequences. *Journal of Personality and Social Psychology*, *94*(2), 292-306. Study 5.

35 Haslam, N., & Loughnan, S. (2016). How dehumanization promotes harm. In A. G. Miller (Ed.), *The social psychology of good and evil* (2nd ed., pp. 140-158). The Guilford Press.

36 Kelman, H. G. (1973). Violence without moral restraint: Reflections on the dehumanization of victims and victimizers. *Journal of Social Issues*, *29*(4), 25-61.

Bandura, A. (1999). Moral disengagement in the perpetration of inhumanities. *Personality and Social Psychology Review*, *3*(3), 193-209.

37 Opotow, S. (1990). Moral exclusion and injustice: An introduction. *Journal of Social Issues*, *46*(1), 1-20.

38 Martens, A., Kosloff, S., Greenberg, J., Landau, M. J., & Schmader, T. (2007). Killing begets killing: Evidence from a bug-killing paradigm that initial killing fuels subsequent killing. *Personality and Social Psychology Bulletin*, *33*(9), 1251-1264.

39 Martens, A., Kosloff, S., & Jackson, L. E. (2010). Evidence that initial obedient killing fuels subsequent volitional killing beyond effects of practice. *Social Psychological and Personality Science*, *1*(3), 268-273.

40 Martens, A., & Kosloff, S. (2012). Evidence that killing escalates within-subjects in a bug-killing paradigm. *Aggressive behavior*, *38*(2), 170-174.

41 Carnagey, N. L., Anderson, C. A., & Bushman, B. J. (2007). The effect of video game violence on physiological desensitization to real-life violence. *Journal of Experimental Social Psychology*, *43*(3), 489-496.

42 Burger, J. M. (2014). Situational features in Milgram's experiment that kept his participants shocking. *Journal of Social Issues*, *70*(3), 489-500.

43 Leyens, J. Ph., Demoulin, S., Vaes, J., Gaunt, R., & Paladino, M. P. (2007). Infra-humanization: The wall of group differences. *Journal of Social Issues and Policy Review*, *1*, 139-172.

Leyens, J. Ph., Paladino, P. M., Rodríguez-Torres, R., Vaes, J., Demoulin, S., Rodríguez-Pérez A., & Gaunt, R. (2000). The emotional side of prejudice: The attribution of

を用いた最小条件集団実験」『日本社会心理学会第 57 回大会発表論文集』

23 Jing, Y., Gries, P. H., Li, Y., Stivers, A. W., Mifune, N., Kuhlman, D. M., & Bai, L. (2017). War or peace? How the subjective perception of great power interdependence shapes preemptive defensive aggression. *Frontiers in Psychology, 8*, Article 864.

24 Correll, J., Park, B., Judd, C. M., & Wittenbrink, B. (2002). The police officer's dilemma: Using ethnicity to disambiguate potentially threatening individuals. *Journal of Personality and Social Psychology, 83*(6), 1314-1329.

Correll, J., Hudson, S. M., Guillermo, S., & Ma, D. S. (2014). The police officer's dilemma: A decade of research on racial bias in the decision to shoot. *Social and Personality Psychology Compass, 8*(5), 201-213.

25 Brown, J. M., & Langan, P. A. (2001). *Policing and homicide, 1976-98: Justifiable homicide by police, police officers murdered by felons.* US Department of Justice, Office of Justice Programs, Bureau of Justice Statistics.

26 Kelman, H. G. (1973). Violence without moral restraint: Reflections on the dehumanization of victims and victimizers. *Journal of Social Issues, 29*(4), 25-61.

Staub, E. (1989). *The roots of evil: The origins of genocide and other group violence.* Cambridge University Press.

27 Yanagizawa-Drott, D. (2014). Propaganda and conflict: Evidence from the Rwandan genocide. *The Quarterly Journal of Economics, 129*(4), 1947-1994.

28 松田行正 (2018).『HATE! ── 真実の敵は憎悪である。』左右社

29 Bandura, A., Underwood, B., & Fromson, M. E. (1975). Disinhibition of aggression through diffusion of responsibility and dehumanization of victims. *Journal of Research in Personality, 9*(4), 253-269.

30 田村達・大渕憲一 (2006).「非人間的ラベリングが攻撃行動に及ぼす効果 ── 格闘 TV ゲームを用いた実験的検討」『社会心理学研究』*22*(2), 165-171.

31 Struch, N., & Schwartz, S. H. (1989). Intergroup aggression: Its predictors and distinctness from in-group bias. *Journal of Personality and Social Psychology, 56*(3), 364-373.

32 Leidner, B., Castano, E., & Ginges, J. (2013). Dehumanization, retributive and restorative justice, and aggressive versus diplomatic intergroup conflict resolution strategies. *Personality and Social Psychology Bulletin, 39*(2), 181-192.

33 Viki, G. T., Osgood, D., & Phillips, S. (2013). Dehumanization and self-reported

attitudes: A meta-analytic review. *Personality and Social Psychology Review*, *10*(4), 336-353.

13　Huang, L., Nawata, K., Miyajima, T., & Yamaguchi, H. (2015). Values and hostile intent attribution to out-groups within China-Japan relations: The mediating role of perceived threats. *International Journal of Psychological Studies*, *7*(3), 97-107.

14　Kosterman, R., & Feshbach, S. (1989). Toward a measure of patriotic and nationalistic attitudes. *Political Psychology*, *10*(2), 257-274.

15　Jost, J. T., Stern, C., Rule, N. O., & Sterling, J. (2017). The politics of fear: Is there an ideological asymmetry in existential motivation? *Social Cognition*, *35*(4), 324-353.

Jost, J. T., Glaser, J., Kruglanski, A. W., & Sulloway, F. J. (2003). Political conservatism as motivated social cognition. *Psychological Bulletin*, *129*(3), 339-375.

16　Crawford, J. T. (2017). Are conservatives more sensitive to threat than liberals? It depends on how we define threat and conservatism. *Social Cognition*, *35*(4), 354-373.

Jost, J. T., Stern, C., Rule, N. O., & Sterling, J. (2017). The politics of fear: Is there an ideological asymmetry in existential motivation? *Social Cognition*, *35*(4), 324-353.

17　Nail, P. R., McGregor, I., Drinkwater, A. E., Steele, G. M., & Thompson, A. W. (2009). Threat causes liberals to think like conservatives. *Journal of Experimental Social Psychology*, *45*(4), 901-907.

18　Napier, J. L., Huang, J., Vonasch, A. J., & Bargh, J. A. (2018). Superheroes for change: Physical safety promotes socially (but not economically) progressive attitudes among conservatives. *European Journal of Social Psychology*, *48*(2), 187-195.

19　Simunovic, D., Mifune, N., & Yamagishi, T. (2013). Preemptive strike: An experimental study of fear-based aggression. *Journal of Experimental Social Psychology*, *49*(6), 1120-1123. Study 1.

20　Simunovic, D., Mifune, N., & Yamagishi, T. (2013). Preemptive strike: An experimental study of fear-based aggression. *Journal of Experimental Social Psychology*, *49*(6), 1120-1123. Study 2.

Mifune, N., Simunovic, D., & Yamagishi, T. (2017). Intergroup biases in fear-induced aggression. *Frontiers in Psychology*, *8*, Article 49.

21　Mifune, N., Hizen, Y., Kamijo, Y., & Okano, Y. (2016). Preemptive striking in individual and group conflict. *PLoS ONE*, *11*(5), Article e0154859.

22　三船恒裕 (2016).「攻撃力の非対称性に基づく外集団攻撃 ── 先制攻撃ゲーム

3 Schaller, M., Park, J. H., & Mueller, A. (2003). Fear of the dark: Interactive effects of beliefs about danger and ambient darkness on ethnic stereotypes. *Personality and Social Psychology Bulletin, 29*(5), 637-649.

4 Hart, A. J., Whalen, P. J., Shin, L. M., McInerney, S. C., Fischer, H., & Rauch, S. L. (2000). Differential response in the human amygdala to racial outgroup vs ingroup face stimuli. *Neuroreport, 11*(11), 2351-2354.

5 Phelps, E. A., O'Connor, K. J., Cunningham, W. A., Funayama, E. S., Gatenby, J. C., Gore, J. C., & Banaji, M. R. (2000). Performance on indirect measures of race evaluation predicts amygdala activation. *Journal of Cognitive Nneuroscience, 12*(5), 729-738.

6 Ronquillo, J., Denson, T. F., Lickel, B., Lu, Z.-L., Nandy, A., & Maddox, K. B. (2007). The effects of skin tone on race-related amygdala activity: An fMRI investigation. *Social Cognitive and Affective Neuroscience, 2*(1), 39-44.

7 Van Bavel, J. J., Packer, D. J., & Cunningham, W. A. (2008). The neural substrates of in-group bias: A functional magnetic resonance imaging investigation. *Psychological Science, 19*(11), 1131-1139.

8 Stephan, W. G., & Renfro, C. L. (2002). The role of threats in intergroup relations. In D. Mackie & E. R. Smith (Eds.), *From prejudice to intergroup emotions* (pp. 191-208). Psychology Press.

Stephan, W. G., Ybarra, O., & Rios, K. (2015). Intergroup threat theory. In T. D. Nelson (Ed.), *Handbook of prejudice, stereotyping, and discrimination* (2nd ed., pp. 255-278). Lawrence Erlbaum Associates.

9 Stephan, W. G., Ybarra, O., & Bachman, G. (1999). Prejudice toward immigrants. *Journal of Applied Social Psychology, 29*(11), 2221-2237.

10 Aberson, C. L., & Gaffney, A. M. (2009). An integrated threat model of explicit and implicit attitudes. *European Journal of Social Psychology, 39*(5), 808-830.

Stephan, W. G., Boniecki, K. A., Ybarra, O., Bettencourt, A., Ervin, K. S., Jackson, L. A., McNatt, P. S., & Renfro, C. L. (2002). The role of threats in the racial attitudes of Blacks and Whites. *Personality and Social Psychology Bulletin, 28*(9), 1242-1254.

11 Stephan, C. W., Stephan, W. G., Demitrakis, K. M., Yamada, A. M., & Clason, D. L. (2000). Women's attitudes toward men: An integrated threat theory approach. *Psychology of Women Quarterly, 24*(1), 63-73.

12 Riek, B. M., Mania, E. W., & Gaertner, S. L. (2006). Intergroup threat and outgroup

6 McConahay, J. B. (1986). Modern racism, ambivalence, and the Modern Racism Scale. In J. F. Dovidio & S. L. Gaertner (Eds.), *Prejudice, discrimination, and racism* (pp. 91-125). Academic Press.

Henry, P. J., & Sears, D. O. (2002). The symbolic racism 2000 scale. *Political Psychology, 23*(2), 253-283.

7 高史明 (2015).『レイシズムを解剖する――在日コリアンへの偏見とインターネット』勁草書房

8 高史明・雨宮有里 (2013).「在日コリアンに対する古典的／現代的レイシズムについての基礎的検討」『社会心理学研究』*28*(2), 67-76.

9 安田浩一 (2015).『ヘイトスピーチ――「愛国者」たちの憎悪と暴力』文藝春秋

10 Crandall, C. S., & Eshleman, A. (2003). A justification-suppression model of the expression and experience of prejudice. *Psychological Bulletin, 129*(3), 414-446.

11 Lerner, M. J. (1980). *Belief in a just world: A fundamental delusion*. Plenum Press.

12 Jost, J. T. (2020). *A theory of system justification*. Harvard University Press.

13 大渕憲一 (2015).『紛争と葛藤の心理学――人はなぜ争い，どう和解するのか』サイエンス社

14 Pettigrew, T. F. (1979). The ultimate attribution error: Extending Allport's cognitive analysis of prejudice. *Personality and Social Psychology Bulletin, 5*(4), 461-476.

15 Hunter, J. A., Stringer, M., & Watson, R. P. (1991). Intergroup violence and intergroup attributions. *British Journal of Social Psychology, 30*(3), 261-266.

16 Maoz, I., Ward, A., Katz, M., & Ross, L. (2002). Reactive devaluation of an "Israeli" vs. "Palestinian" peace proposal. *Journal of Conflict Resolution, 46*(4), 515-546.

17 縄田健悟・宮島健・藤村まこと・大賀哲 (2021).「政治的イデオロギーと敵－味方を分ける集団間分断思考――集団間紛争の視点から」日本選挙学会 2021 年度研究会報告論文

18 Douglas, K. M., Uscinski, J. E., Sutton, R. M., Cichocka, A., Nefes, T., Ang, C. S., & Deravi, F. (2019). Understanding conspiracy theories. *Political Psychology, 40*(S1), 3-35.

第 7 章

1 モレリ，A.，永田千奈訳 (2015).『戦争プロパガンダ 10 の法則』草思社

2 Olsson, A., Ebert, J. P., Banaji, M. R., & Phelps, E. A. (2005). The role of social groups in the persistence of learned fear. *Science, 309*(5735), 785-787.

Hashimoto, H., & Yamagishi, T. (2015). Preference-expectation reversal in the ratings of independent and interdependent individuals: A USA–Japan comparison. *Asian Journal of Social Psychology, 18*(2), 115-123.

24 Leary, M. R., Kowalski, R. M., Smith, L., & Phillips, S. (2003). Teasing, rejection, and violence: Case studies of the school shootings. *Aggressive Behavior, 29*(3), 202-214.

25 Sommer, F., Leuschner, V., & Scheithauer, H. (2014). Bullying, romantic rejection, and conflicts with teachers: The crucial role of social dynamics in the development of school shootings–A systematic review. *International Journal of Developmental Science, 8*(1-2), 3-24.

26 木村隆夫 (2014).「秋葉原無差別殺傷事件，加害者 K の育ちと犯罪過程の考察」『日本福祉大学子ども発達学論集』6, 65-85.

27 Baumeister, R. F., DeWall, C. N., Ciarocco, N. J., & Twenge, J. M. (2005). Social exclusion impairs self-regulation. *Journal of Personality and Social Psychology, 88*(4), 589-604.

28 大渕憲一 (2004).「社会的排斥と不適応 —— 社会心理学的アプローチ」『東北大学文学研究科研究年報』*54*, 129-144.

29 DeWall, C. N., Twenge, J. M., Gitter, S. A., & Baumeister, R. F. (2009). It's the thought that counts: The role of hostile cognition in shaping aggressive responses to social exclusion. *Journal of Personality and Social Psychology, 96*(1), 45-59.

第6章

1 Tajfel, H., & Wilkes, A. L. (1963). Classification and quantitative judgement. *British Journal of Psychology, 54*(2), 101-114.

2 Kurzban, R., Tooby, J., & Cosmides, L. (2001). Can race be erased? Coalitional computation and social categorization. *Proceedings of the National Academy of Sciences of the United States of America, 98*(26), 15387-15392.

3 Fiske, S. T., & Taylor, S. E. (1991). *Social cognition* (2nd ed.). Mcgraw-Hill Book Company.

4 NHK (1988).『青い目 茶色い目 —— 教室は目の色で分けられた』(映像資料：原題 “A Class Divided”)

5 Snyder, M., & Cantor, N. (1979). Testing hypotheses about other people: The use of historical knowledge. *Journal of Experimental Social Psychology, 15*(4), 330-342.

12　Yamagishi, T., Makimura, Y., Foddy, M., Matsuda, M., Kiyonari, T., & Platow, M. J. (2005). Comparisons of Australians and Japanese on group-based cooperation. *Asian Journal of Social Psychology*, *8*(2), 173-190.

13　三船恒裕・山岸俊男 (2015).「内集団ひいきと評価不安傾向との関連 ── 評判維持仮説に基づく相関研究」『社会心理学研究』*31*(2), 128-134.

14　Mifune, N., Hashimoto, H., & Yamagishi, T. (2010). Altruism toward in-group members as a reputation mechanism. *Evolution and Human Behavior*, *31*(2), 109-117.

15　Brewer, M. B. (1979). In-group bias in the minimal intergroup situations: A cognitive-motivational analysis. *Psychological Bulletin*, *86*(2), 307-324.

Brewer, M. B. (1999). The psychology of prejudice: Ingroup love or outgroup hate? *Journal of Social Issues*, *55*(3), 429-444.

Hewstone, M., Rubin, M., & Willis, H. (2002). Intergroup bias. *Annual Review of Psychology*, *53*, 575-604.

Mummendey, A., Simon, B., Dietze, C., Grünert, M., Haeger, G., Kessler, S., Lettgen, S., & Schäferhoff, S. (1992). Categorization is not enough: Intergroup discrimination in negative outcome allocation. *Journal of Experimental Social Psychology*, *28*(2), 125-144.

16　Halevy, N., Bornstein, G., & Sagiv, L. (2008). "In-group love" and "out-group hate" as motives for individual participation in intergroup conflict: A new game paradigm. *Psychological Science*, *19*(4), 405-411.

17　家庭裁判所調査官研修所監修 (2001).『重大少年事件の実証的研究』司法協会

18　青木理 (2012).『絞首刑』講談社，pp. 55, 97-99, 158.

19　ハッツフェルド，J.，ルワンダの学校を支援する会訳 (2014).『隣人が殺人者に変わる時 ── ルワンダ・ジェノサイド生存者たちの証言』かもがわ出版

20　ハッツフェルド，J.，ルワンダの学校を支援する会訳 (2014).『隣人が殺人者に変わる時 ── ルワンダ・ジェノサイド生存者たちの証言』かもがわ出版，p. 100.

21　国末憲人 (2019).『テロリストの誕生 ── イスラム過激派テロの虚像と実像』草思社，p. 61.

22　Hashimoto, H., & Yamagishi, T. (2015). Preference-expectation reversal in the ratings of independent and interdependent individuals: A USA–Japan comparison. *Asian Journal of Social Psychology*, *18*(2), 115-123.

23　橋本博文 (2011).「相互協調性の自己維持メカニズム」『実験社会心理学研究』*50*(2), 182-193.

第5章

1 Fehr, E., & Fischbacher, U. (2004). Third-party punishment and social norms. *Evolution and Human Behavior, 25*(2), 63-87.

2 Mathew, S., & Boyd, R. (2011). Punishment sustains large-scale cooperation in prestate warfare. *Proceedings of the National Academy of Sciences of the United States of America, 108*(28), 11375-11380.

3 Nawata, K., Huang, L., & Yamaguchi, H. (2016). Anti-Japanese public attitude as conformity to social norm in China: The role of estimated attitude of others and pluralistic ignorance. *Japanese Journal of Applied Psychology, 42*, 16-24.

4 宮島健・縄田健悟・黄麗華・山口裕幸 (2013).「日中間関係における多元的無知と態度表明意図――賞賛獲得欲求・拒否回避欲求との関連性の検討」日本社会心理学会第 54 回大会（沖縄国際大学）, 2013 年 11 月

5 古川一郎 (2013).「嫌いだけど買う人達の研究」『マーケティングジャーナル』*33*(1), 99-115.

6 金春姫 (2011).「多地域でみる敵意の消費者行動への影響――韓国とフランスにおける実証研究に基づいて」『消費者行動研究』*17*(2), 169-182.

7 Katz, D., & Allport, F. H. (1931). *Student attitudes*. Craftsman Press.

Miller, D. T., & Prentice, D. A. (1994). Collective errors and errors about the collective. *Personality and Social Psychology Bulletin, 20*(5), 541-550.

8 O'Gorman, H. J. (1975). Pluralistic ignorance and White estimates of White support for racial segregation. *Public Opinion Quarterly, 39*(3), 313-330.

O'Gorman, H. J. (1979). White and Black perceptions of racial values. *Public Opinion Quarterly, 43*, 48-59.

O'Gorman H. J., & Garry S. L. (1976). Pluralistic ignorance: A replication and extension. *Public Opinion Quarterly, 40*(4), 449-458.

9 Vandello, J. A., Cohen, D., & Ransom, S. (2008). U.S. Southern and Northern differences in perceptions of norms about aggression: Mechanisms for the perpetuation of a culture of honor. *Journal of Cross-Cultural Psychology, 39*(2), 162-177.

10 Yamagishi, T., & Mifune, N. (2008). Does shared group membership promote altruism? Fear, greed, and reputation. *Rationality and Society, 20*(1), 5-30.

11 神信人・山岸俊男 (1997).「社会的ジレンマにおける集団協力ヒューリスティクスの効果」『社会心理学研究』*12*(3), 190-198.

34　Nisbett, R. E., & Cohen, D. (1996). *Culture of honor: The psychology of violence in the South*. Westview Press.（ニスベット，R. E.・コーエン，D.，石井敬子・結城雅樹編訳，2009『名誉と暴力――アメリカ南部の文化と心理』北大路書房）

35　Cohen, D., Nisbett, R. E., Bowdle, B. F., & Schwarz, N. (1996). Insult, aggression, and the southern culture of honor: An "experimental ethnography". *Journal of Personality and Social Psychology*, *70*(5), 945-960.

36　Brown, R. P., Osterman, L. L., & Barnes, C. D. (2009). School violence and the culture of honor. *Psychological Science*, *20*(11), 1400-1405.

37　Nisbett, R. E., & Cohen, D. (1996). *Culture of honor: The psychology of violence in the South*. Westview Press.（ニスベット，R. E.・コーエン，D.，石井敬子・結城雅樹編訳，2009『名誉と暴力――アメリカ南部の文化と心理』北大路書房）

38　Figueredo, A. J., Tal, I. R., McNeil, P., & Guillén, A. (2004). Farmers, herders, and fishers: The ecology of revenge. *Evolution and Human Behavior*, *25*(5), 336-353.

39　Grosjean, P. (2014). A history of violence: The culture of honor and homicide in the US South. *Journal of the European Economic Association*, *12*(5), 1285-1316.

40　Barnes, C. D., Brown, R. P., & Osterman, L. L. (2012). Don't tread on me: Masculine honor ideology in the U.S. and militant responses to terrorism. *Personality and Social Psychology Bulletin*, *38*(8), 1018-1029.

41　Barnes, C. D., Brown, R. P., Lenes, J., Bosson, J., & Carvallo, M. (2014). My country, my self: Honor, identity, and defensive responses to national threats. *Self and Identity*, *13*(6), 638-662.

42　Nawata, K. (2020). A glorious warrior in war: Cross-cultural evidence of honor culture, social rewards for warriors, and intergroup conflict. *Group Processes & Intergroup Relations*, *23*(4), 598-611.

43　Dafoe, A., & Caughey, D. (2016). Honor and war: Southern US presidents and the effects of concern for reputation. *World Politics*, *68*(2), 341-381.

44　Cohen, D., & Leung, A. K. Y. (2012). Virtue and virility: Governing with honor and the association or dissociation between martial honor and moral character of U.S. presidents, legislators, and justices. *Social Psychological and Personality Science*, *3*(2), 162-171.

45　Pinker, S. (2011). *The better angels of our nature: Why violence has declined*. Viking.（ピンカー，S.，幾島幸子・塩原通緒訳，2015『暴力の人類史』上下，青土社）

Science, 239(4843), 985-992.

23 Glowacki, L., & Wrangham, R. (2015). Warfare and reproductive success in a tribal population. *Proceedings of the National Academy of Sciences of the United States of America, 112*(2), 348-353.

24 Rusch, H., Leunissen, J. M., & van Vugt, M. (2015). Historical and experimental evidence of sexual selection for war heroism. *Evolution and Human Behavior, 36*(5), 367-373.

25 Liddle, J. R., Shackelford, T. K., & Weekes-Shackelford, V. A. (2012). Evolutionary perspectives on violence, homicide, and war. In T. K. Shackelford & V. A. Weekes-Shackelford (Eds.), *The Oxford handbook of evolutionary perspectives on violence, homicide, and war* (pp. 3-22). Oxford University Press.

26 Campbell, A. (1993). *Men, women and aggression*. Basic Books.

27 Ghiglieri, M. P. (1999). *The dark side of man: Tracing the origins of male violence*. Perseus Publishing.

Palmer, C. T., & Tilley, C. F. (1995). Sexual access to females as a motivation for joining gangs: An evolutionary approach. *Journal of Sex Research, 32*(3), 213-217.

28 Vaillancourt, T., Hymel, S., & McDougall, P. (2003). Bullying is power: Implications for school-based intervention strategies. *Journal of Applied School Psychology, 19*(2), 157-176.

29 Connolly, J., Pepler, D., Craig, W., & Taradash, A. (2000). Dating experiences of bullies in early adolescence. *Child Maltreatment, 5*(4), 299-310.

30 國吉真弥 (2015).「自己呈示行動としての非行（2）── 集団場面における粗暴行為の意味：非行少年は『誰に』『どのような』自分を見せようとしているのか」『犯罪心理学研究』*53*(1), 21-36.

國吉真弥 (2017).「自己呈示に関連する諸要因が集団場面における粗暴行為に及ぼす影響 ── 自己呈示行動としての非行（3）」『犯罪心理学研究』*55*(1), 1-14.

31 中川知宏・仲本尚史・山入端津由・大渕憲一 (2007).「集団同一化と集団志向性が集団非行に及ぼす影響 ── 一般群と非行群との比較」『応用心理学研究』*32*(2), 61-72.

32 廣末登 (2016).『ヤクザになる理由』新潮社

33 Nisbett, R. E., & Cohen, D. (1996). *Culture of honor: The psychology of violence in the South*. Westview Press.（ニスベット，R. E.・コーエン，D.，石井敬子・結城雅樹編訳，2009『名誉と暴力 ── アメリカ南部の文化と心理』北大路書房）

Kamikaze case. *Political Psychology, 32*(2), 297-322.

13　Krus, D. J., & Ishigaki, Y. (1992). Contributions to psychohistory: XIX. Kamikaze pilots: the Japanese versus the American perspective. *Psychological Reports, 70*(2), 599-602.

14　Chagnon, N. A. (1988). Life histories, blood revenge, and warfare in a tribal population. *Science, 239*(4843), 985-992.

15　佐川徹 (2009).「臆病者になる経験―― ダサネッチの戦争と自己決定」『アジア・アフリカ地域研究』*9*(1), 30-64.

16　縄田健悟・山口裕幸 (2011a).「個人間の危害行動が集団間紛争へと拡大するとき ―― 一時集団における集団間代理報復の萌芽的生起」『実験社会心理学研究』*51*(1), 52-63.

縄田健悟・山口裕幸 (2011b).「集団間代理報復における内集団観衆効果」『社会心理学研究』*26*(3), 167-177.

Nawata, K., & Yamaguchi, H. (2013). Intergroup retaliation and intra-group praise gain: The effect of expected cooperation from the in-group on intergroup vicarious retribution. *Asian Journal of Social Psychology, 16*(4), 279-285.

17　縄田健悟・山口裕幸 (2011b).「集団間代理報復における内集団観衆効果」『社会心理学研究』*26*(3), 167-177.

Nawata, K., & Yamaguchi, H. (2013). Intergroup retaliation and intra-group praise gain: The effect of expected cooperation from the in-group on intergroup vicarious retribution. *Asian Journal of Social Psychology, 16*(4), 279-285.

18　Nawata, K., & Yamaguchi, H. (2013). Intergroup retaliation and intra-group praise gain: The effect of expected cooperation from the in-group on intergroup vicarious retribution. *Asian Journal of Social Psychology, 16*(4), 279-285.

19　Nawata, K. (2020). A glorious warrior in war: Cross-cultural evidence of honor culture, social rewards for warriors, and intergroup conflict. *Group Processes & Intergroup Relations, 23*(4), 598-611.

20　Nawata, K. (2020). A glorious warrior in war: Cross-cultural evidence of honor culture, social rewards for warriors, and intergroup conflict. *Group Processes & Intergroup Relations, 23*(4), 598-611.

21　Glowacki, L., & Wrangham, R. W. (2013). The role of rewards in motivating participation in simple warfare. *Human Nature, 24*(4), 444-460.

22　Chagnon, N. A. (1988). Life histories, blood revenge, and warfare in a tribal population.

第4章

1　大渕憲一 (2011).『人を傷つける心――攻撃性の社会心理学〔新版〕』サイエンス社

2　Carver, C. S., & White, T. L. (1994). Behavioral inhibition, behavioral activation, and affective responses to impending reward and punishment: The BIS/BAS Scales. *Journal of Personality and Social Psychology*, *67*(2), 319-333.

3　Higgins, E. T. (1998). Promotion and prevention: Regulatory focus as a motivational principle. *Advances in Experimental Social Psychology*, *30*, 1-46.

4　菅原健介 (1986).「賞賛されたい欲求と拒否されたくない欲求」『心理学研究』*57*(3), 134-140.

小島弥生・太田恵子・菅原健介 (2003).「賞賛獲得欲求・拒否回避欲求尺度作成の試み」『性格心理学研究』*11*(2), 86-98.

5　Kawamura, Y., & Kusumi, T. (2018). Relationships between two types of reputational concern and altruistic behavior in daily life. *Personality and Individual Differences*, *121*, 19-24.

6　吉田俊一 (2004).『ホームレス暴行死事件――少年たちはなぜ殺してしまったのか』新風舎

7　吉田俊一 (2004).『ホームレス暴行死事件――少年たちはなぜ殺してしまったのか』新風舎, p. 157.

8　吉田俊一 (2004).『ホームレス暴行死事件――少年たちはなぜ殺してしまったのか』新風舎, pp. 47, 157.

9　Franco, Z. E., Blau, K., & Zimbardo, P. G. (2011). Heroism: A conceptual analysis and differentiation between heroic action and altruism. *Review of general psychology*, *15*(2), 99-113.

10　Goethals, G. R., & Allison, S. T. (2012). Making heroes: The construction of courage, competence, and virtue. In J. M. Olson & M. P. Zanna (Eds.), *Advances in experimental social psychology* (Vol. 46, pp. 183-235). Academic Press.

11　Pew Research Center (2003). How global publics view: War in Iraq, democracy, Islam and governance, globalization. Views of a changing world. June 2003. https://www.pewresearch.org/wp-content/uploads/sites/2/2003/06/Views-Of-A-Changing-World-2003.pdf

12　Orbell, J., & Morikawa, T. (2011). An evolutionary account of suicide attacks: The of service': The Yale archive as a window into the engaged followership of participants in Milgram's 'obedience' experiments. *British Journal of Social Psychology, 54*(1), 55-83.

16 Zimbardo, P. (2007). *The Lucifer effect: Understanding how good people turn evil*. Random House.（ジンバルドー，P.，鬼澤忍・中山宥訳，2015『ルシファー・エフェクト――ふつうの人が悪魔に変わるとき』海と月社）

17 Reicher, S., & Haslam, S. A. (2006). Rethinking the psychology of tyranny: The BBC prison study. *British Journal of Social Psychology, 45*(1), 1-40.

18 Zimbardo, P. (2007). *The Lucifer effect: Understanding how good people turn evil*. Random House.（ジンバルドー，P.，鬼澤忍・中山宥訳，2015『ルシファー・エフェクト――ふつうの人が悪魔に変わるとき』海と月社），p. 97.

19 Haslam, S. A., Reicher, S. D., & Van Bavel, J. J. (2019). Rethinking the nature of cruelty: The role of identity leadership in the Stanford prison experiment. *American Psychologist, 74*(7), 809-822.

20 Reicher, S., & Haslam, S. A. (2006). Rethinking the psychology of tyranny: The BBC prison study. *British Journal of Social Psychology, 45*(1), 1-40.

21 NHK スペシャル (2008).「微笑と虐待――アブグレイブ刑務所事件」11 月 17 日

22 吉岡攻 (2012).『虐待と微笑――裏切られた兵士たちの戦争』講談社，p. 225.

23 吉岡攻 (2012).『虐待と微笑――裏切られた兵士たちの戦争』講談社，pp. 225-226.

24 Beauvois, J.-L., Courbet, D., & Oberlé, D. (2012). The prescriptive power of the television host. A transposition of Milgram's obedience paradigm to the context of TV game show. *European Review of Applied Psychology, 62*(3), 111-119.

25 内藤朝雄 (2001).『いじめの社会理論――その生態学的秩序の生成と解体』柏書房

内藤朝雄 (2009).『いじめの構造――なぜ人が怪物になるのか』講談社

26 Nick, C., & Eltchaninoff, M. (2010). *L'expérience extrême*. DonQuichotte.（ニック，C.・エルチャニノフ，M.，高野優監訳 (2011).『死のテレビ実験――人はそこまで服従するのか』河出書房新社）

Beauvois, J.-L., Courbet, D., & Oberlé, D. (2012). The prescriptive power of the television host. A transposition of Milgram's obedience paradigm to the context of TV game show. *European Review of Applied Psychology, 62*(3), 111-119.

Psychologist, 64(1), 1-11.

5 Packer, D. J. (2008). Identifying systematic disobedience in Milgram's obedience experiments: A meta-analytic review. *Perspectives on Psychological Science, 3*(4), 301-304.

6 Doliński, D., Grzyb, T., Folwarczny, M., Grzybała, P., Krzyszycha, K., Martynowska, K., & Trojanowski, J. (2017). Would you deliver an electric shock in 2015? Obedience in the experimental paradigm developed by Stanley Milgram in the 50 years following the original studies. *Social Psychological and Personality Science, 8*(8), 927-933.

7 釘原直樹・寺口司・阿形亜子・内田遼介・井村修 (2017).「日本人を対象とした服従実験── Milgram（1974）や Burger（2009）の実験との比較」日本社会心理学会第 57 回大会，広島（広島大学），2017 年 10 月

8 Milgram, S. (1974). *Obedience to authority: An experimental view*. Harper & Row.（ミルグラム，S.，山形浩生訳，2008『服従の心理』河出書房新社）

9 Burger, J. M. (2009). Replicating Milgram: Would people still obey today? *American Psychologist, 64*(1), 1-11.

10 Asch, S. E. (1955). Opinions and social pressure. *Scientific American, 193*(5), 33-35.

Bond, R. (2005). Group size and conformity. *Group Processes & Intergroup Relations, 8*(4), 331-354.

11 Nick, C., & Eltchaninoff, M. (2010). *L'expérience extrême*. DonQuichotte.（ニック，C.・エルチャニノフ，M.，高野優監訳 (2011).『死のテレビ実験── 人はそこまで服従するのか』河出書房新社）

Beauvois, J.-L., Courbet, D., & Oberlé, D. (2012). The prescriptive power of the television host. A transposition of Milgram's obedience paradigm to the context of TV game show. *European Review of Applied Psychology, 62*(3), 111-119.

12 Haslam, S. A., & Reicher, S. D. (2017). 50 years of "obedience to authority": From blind conformity to engaged followership. *Annual Review of Law and Social Science, 13*, 59-78.

13 Reicher, S. D., Haslam, S. A., & Smith, J. R. (2012). Working toward the experimenter: Reconceptualizing obedience within the Milgram paradigm as identification-based followership. *Perspectives on Psychological Science, 7*(4), 315-324.

14 Haslam, S. A., Reicher, S. D., & Birney, M. E. (2014). Nothing by mere authority: Evidence that in an experimental analogue of the Milgram paradigm participants are motivated not by orders but by appeals to science. *Journal of Social Issues, 70*(3), 473-488.

15 Haslam, S. A., Reicher, S. D., Millard, K., & McDonald, R. (2015). 'Happy to have been

terms of a social identity model. *European Journal of Social Psychology, 14*(1), 1-21.

Reicher, S. (2001). The psychology of crowd dynamics. In M. A. Hogg & S. Tindale (Eds.), *Blackwell handbook of social psychology: Group processes* (pp. 182-208). Blackwell Publishing.

Reicher, S., & Potter, J. (1985). Psychological theory as intergroup perspective: A comparative analysis of "scientific" and "lay" accounts of crowd events. *Human Relations, 38*(2), 167-189.

21 Spaaij, R., & Anderson, A. (2010). Soccer fan violence: A holistic approach: a reply to Braun and Vliegenthart. *International Sociology, 25*(4), 561-579.

22 Kugihara, N. (2001). Effects of aggressive behaviour and group size on collective escape in an emergency: A test between a social identity model and deindividuation theory. *British Journal of Social Psychology, 40*(4), 575-598.

23 van Zomeren, M., Postmes, T., & Spears, R. (2008). Toward an integrative social identity model of collective action: A quantitative research synthesis of three socio-psychological perspectives. *Psychological Bulletin, 134*(4), 504-535.

24 藤野裕子 (2020).『民衆暴力——一揆・暴動・虐殺の日本近代』中央公論新社

25 藤野裕子 (2020).『民衆暴力——一揆・暴動・虐殺の日本近代』中央公論新社

26 Siegel, J., Dubrovsky, V., Kiesler, S., & McGuire, T. W. (1986). Group processes in computer-mediated communication. *Organizational Behavior and Human Decision Processes, 37*(2), 157-187.

27 Rösner, L., & Krämer, N. C. (2016). Verbal venting in the social web: Effects of anonymity and group norms on aggressive language use in online comments. *Social Media+ Society, 2*(3), 2056305116664220.

第3章

1 山本七平 (1981).『「空気」の研究』文藝春秋

2 Milgram, S. (1974). *Obedience to authority: An experimental view*. Harper & Row.（ミルグラム，S.，山形浩生訳，2008『服従の心理』河出書房新社）

3 Blass, T. (2004). *The man who shocked the world: The life and legacy of Stanley Milgram*. Basic Books.（ブラス，T.，野島久雄・藍澤美紀訳，2008『服従実験とは何だったのか——スタンレー・ミルグラムの生涯と遺産』誠信書房）

4 Burger, J. M. (2009). Replicating Milgram: Would people still obey today? *American*

6 Duval, S., & Wicklund, R. A. (1972). *A theory of objective self awareness*. Academic Press.

7 Diener, E. (1979). Deindividuation, self-awareness, and disinhibition. *Journal of Personality and Social Psychology, 37*(7), 1160-1171.

8 Watson, R. I. (1973). Investigation into deindividuation using a cross-cultural survey technique. *Journal of Personality and Social Psychology, 25*(3), 342-345.

9 Silke, A. (2003). Deindividuation, anonymity, and violence: Findings from Northern Ireland. *The Journal of Social Psychology, 143*(4), 493-499.

10 Diener, E., Fraser, S. C., Beaman, A. L., & Kelem, R. T. (1976). Effects of deindividuation variables on stealing among Halloween trick-or-treaters. *Journal of Personality and Social Psychology, 33*(2), 178-183.

11 Mann, L. (1981). The baiting crowd in episodes of threatened suicide. *Journal of Personality and Social Psychology, 41*(4), 703-709.

12 Johnson, R. D., & Downing, L. L. (1979). Deindividuation and valence of cues: Effects on prosocial and antisocial behavior. *Journal of Personality and Social Psychology, 37*(9), 1532-1538.

13 Borden, R. J., & Taylor, S. P. (1973). The social instigation and control of physical aggression. *Journal of Applied Social Psychology, 3*(4), 354-361.

14 Froming, W. J., Walker, G. R., & Lopyan, K. J. (1982). Public and private self-awareness: When personal attitudes conflict with societal expectations. *Journal of Experimental Social Psychology, 18*(5), 476-487.

15 Luckenbill, D. F. (1977). Criminal homicide as a situated transaction. *Social Problems, 25*(2), 176-186.

16 Postmes, T., & Spears, R. (1998). Deindividuation and antinormative behavior: A meta-analysis. *Psychological Bulletin, 123*(3), 238-259.

17 Reicher, S. D., Spears, R., & Postmes, T. (1995). A social identity model of de-individuation phenomena. *European Review of Social Psychology, 6*(1), 161-198.

18 Postmes, T., & Spears, R. (1998). Deindividuation and antinormative behavior: A meta-analysis. *Psychological Bulletin, 123*(3), 238-259.

19 Johnson, R. D., & Downing, L. L. (1979). Deindividuation and valence of cues: Effects on prosocial and antisocial behavior. *Journal of Personality and Social Psychology, 37*(9), 1532-1538.

20 Reicher, S. D. (1984). The St. Pauls' riot: An explanation of the limits of crowd action in

Journal of Psychology, 107(3), 556-576.

53 Huang, L., Nawata, K., Miyajima, T., & Yamaguchi, H. (2015). Perceived intention to harm in-group as mediator of the relation between nationalism and emotion. *Advances in Psychology, 5*, 314-322.

54 Golec de Zavala, A., Federico, C. M., Sedikides, C., Guerra, R., Lantos, D., Mrozinski, B., Cypryańska-Nezlek, M., & Baran, T. (2019). Low self-esteem predicts out-group derogation via collective narcissism, but this relationship is obscured by in-group satisfaction. *Journal of Personality and Social Psychology, 119*(3), 741-764. http://research.gold.ac.uk/26499/

第2章

1 Zimbardo, P. G. (1969). The human choice: Individuation, reason and order, versus deindividuation, impulse and chaos. In W. J. Arnold & D. Levine (Eds.), *Nebraska symposium on motivation* (Vol. 17, pp. 237-307). University of Nebraska Press.

中村陽吉 (1988).「現象記述概念としての『Deindividuation』を繞って」『研究年報 / 学習院大学文学部』*34*, 455-478.

Vilanova, F., Beria, F. M., Costa, Â. B., & Koller, S. H. (2017). Deindividuation: From Le Bon to the social identity model of deindividuation effects. *Cogent Psychology, 4*(1), Article 1308104.

2 Le Bon, G. (1985). *Psychologie des Foules*. Félix Alcan.（ル・ボン，G.，桜井成夫訳，1993『群衆心理』講談社）

3 Festinger, L., Pepitone, A., & Newcomb, T. (1952). Some consequences of deindividuation in a group. *Journal of Abnormal and Social Psychology, 47*(2), 382-389.

Singer, J. E., Brush, C. A., & Lublin, S. C. (1965). Some aspects of deindividuation: Identification and conformity. *Journal of Experimental Social Psychology, 1*(4), 356-378.

Ziller, R. C. (1964). Individuation and socialization. *Human Relations, 17*(4), 341-360.

4 Zimbardo, P. G. (1969). The human choice: Individuation, reason and order, versus deindividuation, impulse and chaos. In W. J. Arnold & D. Levine (Eds.), *Nebraska symposium on motivation* (Vol. 17, pp. 237-307). University of Nebraska Press.

5 Zimbardo, P. G. (1969). The human choice: Individuation, reason and order, versus deindividuation, impulse and chaos. In W. J. Arnold & D. Levine (Eds.), *Nebraska symposium on motivation* (Vol. 17, pp. 237-307). University of Nebraska Press.

vices of in-group pride. *American Journal of Political Science, 47*(1), 171-188.

43 縄田健悟・山口裕幸 (2012).「集団間攻撃における集合的被害感の役割── 日中関係による検討」『心理学研究』*83*(5), 489-495.

44 Huang, L., Nawata, K., Miyajima, T., & Yamaguchi, H. (2015). Perceived intention to harm in-group as mediator of the relation between nationalism and emotion. *Advances in Psychology, 5*, 314-322.

45 Tajfel, H., & Turner, J. C. (1979). An integrative theory of intergroup conflict. In W. Austin & S. Worchel (Eds.), *Social psychology of intergroup relations* (pp. 33-47). Nelson.

Hogg, M. A., & Abrams, D. (1988). *Social identifications: A social psychology of intergroup relations and group processes.* Routledge.（ホッグ，M. A.・アブラムス，D.，吉森護・野村泰代訳，1995『社会的アイデンティティ理論── 新しい社会心理学体系化のための一般理論』北大路書房）

46 Mummendey, A., Klink, A., & Brown, R. (2001). Nationalism and patriotism: National identification and out-group rejection. *British Journal of Social Psychology, 40*(2), 159-172.

47 Golec de Zavala, A., Cichocka, A., Eidelson, R., & Jayawickreme, N. (2009). Collective narcissism and its social consequences. *Journal of Personality and Social Psychology, 97*(6), 1074-1096. Study 1.

48 Golec de Zavala, A., Cichocka, A., Eidelson, R., & Jayawickreme, N. (2009). Collective narcissism and its social consequences. *Journal of Personality and Social Psychology, 97*(6), 1074-1096. Study 3.

Golec de Zavala, A., & Cichocka, A. (2012). Collective narcissism and anti-Semitism in Poland. *Group Processes & Intergroup Relations, 15*(2), 213-229.

49 Golec de Zavala, A., Cichocka, A., & Iskra-Golec, I. (2013). Collective narcissism moderates the effect of in-group image threat on intergroup hostility. *Journal of Personality and Social Psychology, 104*(6), 1019-1039.

50 Golec de Zavala, A., & Cichocka, A. (2012). Collective narcissism and anti-Semitism in Poland. *Group Processes & Intergroup Relations, 15*(2), 213-229.

51 Golec de Zavala, A., & Federico, C. M. (2018). Collective narcissism and the growth of conspiracy thinking over the course of the 2016 United States presidential election: A longitudinal analysis. *European Journal of Social Psychology, 48*(7), 1011-1018.

52 Cichocka, A., Marchlewska, M., Golec de Zavala, A., & Olechowski, M. (2016). 'They will not control us': Ingroup positivity and belief in intergroup conspiracies. *British*

lead to identity fusion via personal reflection. *PLoS ONE*, *10*(12), Article e0145611.

33 Misch, A., Fergusson, G., & Dunham, Y. (2018). Temporal dynamics of partisan identity fusion and prosociality during the 2016 U.S. Presidential Election. *Self and Identity*, *17*(5), 531-548.

34 Páez, D., Rimé, B., Basabe, N., Wlodarczyk, A., & Zumeta, L. (2015). Psychosocial effects of perceived emotional synchrony in collective gatherings. *Journal of Personality and Social Psychology*, *108*(5), 711-729.

35 Whitehouse, H., McQuinn, B., Buhrmester, M., & Swann, W. B., Jr. (2014). Brothers in arms: Libyan revolutionaries bond like family. *Proceedings of the National Academy of Sciences of the United States of America*, *111*(50), 17783-17785.

36 Swann, W. B., Jr., Gómez, A., Seyle, D. C., Morales, J. F., & Huici, C. (2009). Identity fusion: The interplay of personal and social identities in extreme group behavior. *Journal of Personality and Social Psychology*, *96*(5), 995-1011.

Swann, W. B., Jr., Buhrmester, M. D., Gómez, A., Jetten, J., Bastian, B., Vázquez, A., Ariyanto, A., Besta, T., Christ, O., Cui, L., Finchilescu, G., González, R., Goto, N., Hornsey, M., Sharma, S., Susianto, H., & Zhang, A. (2014). What makes a group worth dying for? Identity fusion fosters perception of familial ties, promoting self-sacrifice. *Journal of Personality and Social Psychology*, *106*(6), 912-926.

37 Gómez, Á., López-Rodríguez, L., Sheikh, H., Ginges, J., Wilson, L., Waziri, H., Vázquez, A., Davis, R., & Atran, S. (2017). The devoted actor's will to fight and the spiritual dimension of human conflict. *Nature Human Behaviour*, *1*(9), 673-679.

38 Atran, S., & Sheikh, H. (2015). Dangerous terrorists as devoted actors. In V. Zeigler-Hill, L. L. M. Welling, & T. K. Shackelford (Eds.), *Evolutionary perspectives on social psychology* (pp. 401-416). Springer.

39 Segal, K., Jong, J., & Halberstadt, J. (2018). The fusing powers of natural disasters: An experimental study. *Self and Identity*, *17*(5), 574-586.

40 Buhrmester, M. D., Fraser, W. T., Lanman, J. A., Whitehouse, H., & Swann, W. B., Jr. (2015). When terror hits home: Identity fused Americans who saw Boston bombing victims as "family" provided aid. *Self and Identity*, *14*(3), 253-270.

41 Kosterman, R., & Feshbach, S. (1989). Toward a measure of patriotic and nationalistic attitudes. *Political Psychology*, *10*(2), 257-274.

42 de Figueiredo, R. J., Jr., & Elkins, Z. (2003). Are patriots bigots? An inquiry into the

23 Swann, W. B., Jr., Gómez, A., Seyle, D. C., Morales, J. F., & Huici, C. (2009). Identity fusion: The interplay of personal and social identities in extreme group behavior. *Journal of Personality and Social Psychology, 96*(5), 995-1011.

24 Gómez, Á., Brooks, M. L., Buhrmester, M. D., Vázquez, A., Jetten, J., & Swann, W. B., Jr. (2011). On the nature of identity fusion: Insights into the construct and a new measure. *Journal of Personality and Social Psychology, 100*(5), 918-933.

25 Swann, W. B., Jr., Gómez, A., Seyle, D. C., Morales, J. F., & Huici, C. (2009). Identity fusion: The interplay of personal and social identities in extreme group behavior. *Journal of Personality and Social Psychology, 96*(5), 995-1011.

26 Swann, W. B., Jr., Gómez, Á., Dovidio, J. F., Hart, S., & Jetten, J. (2010). Dying and killing for one's group: Identity fusion moderates responses to intergroup versions of the trolley problem. *Psychological Science, 21*(8), 1176-1183.

27 Swann, W. B., Jr., Buhrmester, M. D., Gómez, A., Jetten, J., Bastian, B., Vázquez, A., Ariyanto, A., Besta, T., Christ, O., Cui, L., Finchilescu, G., González, R., Goto, N., Hornsey, M., Sharma, S., Susianto, H., & Zhang, A. (2014). What makes a group worth dying for? Identity fusion fosters perception of familial ties, promoting self-sacrifice. *Journal of Personality and Social Psychology, 106*(6), 912-926.

28 Swann, W. B., Jr., Buhrmester, M. D., Gómez, A., Jetten, J., Bastian, B., Vázquez, A., Ariyanto, A., Besta, T., Christ, O., Cui, L., Finchilescu, G., González, R., Goto, N., Hornsey, M., Sharma, S., Susianto, H., & Zhang, A. (2014). What makes a group worth dying for? Identity fusion fosters perception of familial ties, promoting self-sacrifice. *Journal of Personality and Social Psychology, 106*(6), 912-926.

29 Swann, W. B., Jr., Gómez, Á., Dovidio, J. F., Hart, S., & Jetten, J. (2010). Dying and killing for one's group: Identity fusion moderates responses to intergroup versions of the trolley problem. *Psychological Science, 21*(8), 1176-1183.

30 Swann, W. B., Jr., Gómez, A., Seyle, D. C., Morales, J. F., & Huici, C. (2009). Identity fusion: The interplay of personal and social identities in extreme group behavior. *Journal of Personality and Social Psychology, 96*(5), 995-1011.

31 Swann, W. B., Jr., Gómez, Á., Huici, C., Morales, J. F., & Hixon, J. G. (2010). Identity fusion and self-sacrifice: Arousal as a catalyst of pro-group fighting, dying, and helping behavior. *Journal of Personality and Social Psychology, 99*(5), 824-841.

32 Jong, J., Whitehouse, H., Kavanagh, C., & Lane, J. (2015). Shared negative experiences

44(4), 1210-1213.

13 Dumont, M., Yzerbyt, V., Wigboldus, D., & Gordijn, E. H. (2003). Social categorization and fear reactions to the September 11th terrorist attacks. *Personality and Social Psychology Bulletin*, *29*(12), 1509-1520.

14 Anderson, C. A., & Bushman, B. J. (2002). Human aggression. *Annual Review of Psychology*, *53*(1), 27-51.

15 Cheung-Blunden, V., & Blunden, B. (2008). The emotional construal of war: Anger, fear, and other negative emotions. *Peace and Conflict: Journal of Peace Psychology*, *14*(2), 123-150.

Lambert, A. J., Scherer, L. D., Schott, J. P., Olson, K. R., Andrews, R. K., O'Brien, T. C., & Zisser, A. R. (2010). Rally effects, threat, and attitude change: An integrative approach to understanding the role of emotion. *Journal of Personality and Social Psychology*, *98*(6), 886-903.

16 縄田健悟・山口裕幸 (2012).「集団間攻撃における集合的被害感の役割——日中関係による検討」『心理学研究』*83*(5), 489-495.

17 Spanovic, M., Lickel, B., Denson, T. F., & Petrovic, N. (2010). Fear and anger as predictors of motivation for intergroup aggression: Evidence from Serbia and Republika Srpska. *Group Processes & Intergroup Relations*, *13*(6), 725-739.

18 Cottrell, C. A., Richards, D. A., & Nichols, A. L. (2010). Predicting policy attitudes from general prejudice versus specific intergroup emotions. *Journal of Experimental Social Psychology*, *46*(2), 247-254.

19 Matsumoto, D., Hwang, H. C., & Frank, M. G. (2017). Emotion and aggressive intergroup cognitions: The ANCODI hypothesis. *Aggressive Behavior*, *43*(1), 93-107.

20 Matsumoto, D., Frank, M. G., & Hwang, H. C. (2015). The role of intergroup emotions in political violence. *Current Directions in Psychological Science*, *24*(5), 369-373.

21 Swann, W. B., Jr., Gómez, A., Seyle, D. C., Morales, J. F., & Huici, C. (2009). Identity fusion: The interplay of personal and social identities in extreme group behavior. *Journal of Personality and Social Psychology*, *96*(5), 995-1011.

22 Gómez, Á., Chinchilla, J., Vázquez, A., López-Rodríguez, L., Paredes, B., & Martínez, M. (2020). Recent advances, misconceptions, untested assumptions, and future research agenda for identity fusion theory. *Social and Personality Psychology Compass*, *14*(6), Article e12531.

5 Duckitt, J., Callaghan, J., & Wagner, C. (2005). Group identification and outgroup attitudes in four South African ethnic groups: A multidimensional approach. *Personality and Social Psychology Bulletin, 31*(5), 633-646.

6 Cairns, E., Kenworthy, J. B., Campbell, A., & Hewstone, M. (2006). The role of in-group identification, religious group membership, and intergroup conflict in moderating in-group and out-group affect. *British Journal of Social Psychology, 45*(4), 701-716.

Gibson, J. L. (2006). Do strong group identities fuel intolerance? A evidence from the South African case. *Political Psychology, 27*(5), 665-705.

Levin, S., & Sidanius, J. (1999). Social dominance and social identity in the United States and Israel: Ingroup favoritism or outgroup derogation? *Political Psychology, 20*(1), 99-126.

Mummendey, A., Klink, A., & Brown, R. (2001). Nationalism and patriotism: National identification and out-group rejection. *British Journal of Social Psychology, 40*(2), 159-172.

Struch, N., & Schwartz, S. H. (1989). Intergroup aggression: Its predictors and distinctness from in-group bias. *Journal of Personality and Social Psychology, 56*(3), 364-373.

7 Brown, R. P., Wohl, M. J. A., & Exline, J. J. (2008). Taking up offenses: Secondhand forgiveness and group identification. *Personality and Social Psychology Bulletin, 34*(10), 1406-1419.

8 Korostelina, K. V. (2007). *Social identity and conflict: Structures, dynamics, and implications*. Palgrave Macmillan.

9 Mackie, D. M., Devos, T., & Smith, E. R. (2000). Intergroup emotions: Explaining offensive action tendencies in an intergroup context. *Journal of Personality and Social Psychology, 79*(4), 602-616.

Mackie, D. M., & Smith, E. R. (2017). Group-based emotion in group processes and intergroup relations. *Group Processes & Intergroup Relations, 20*(5), 658-668.

10 縄田健悟 (2015).「“我々”としての感情とは何か？――集団間紛争における感情の役割を中心に」『エモーション・スタディーズ』*1*(1), 9-16.

11 Batson, C. D., Chao, M. C., & Givens, J. M. (2009). Pursuing moral outrage: Anger at torture. *Journal of Experimental Social Psychology, 45*(1), 155-160.

12 Ray, D. G., Mackie, D. M., Rydell, R. J., & Smith, E. R. (2008). Changing categorization of self can change emotions about outgroups. *Journal of Experimental Social Psychology,*

11　Hogg, M. A., van Knippenberg, D., & Rast III, D. E. (2012). The social identity theory of leadership: Theoretical origins, research findings, and conceptual developments. *European Review of Social Psychology, 23*(1), 258-304.

12　Huddy, L. (2001). From social to political identity: A critical examination of social identity theory. *Political Psychology, 22*(1), 127-156.

13　Haidt, J. (2012). *The righteous mind: Why good people are divided by politics and religion.* Pantheon Books.（ハイト，J.，高橋洋訳，2014『社会はなぜ左と右にわかれるのか――対立を超えるための道徳心理学』紀伊國屋書店）

14　Zimbardo, P. (2007). *The Lucifer effect: Understanding how good people turn evil.* Random House.（ジンバルドー，P.，鬼澤忍・中山宥訳，2015『ルシファー・エフェクト――ふつうの人が悪魔に変わるとき』海と月社）

15　北折充隆・吉田俊和 (2000).「記述的規範が歩行者の信号無視行動におよぼす影響」『社会心理学研究』*16*(2), 73-82.

16　Nisbett, R. E., & Borgida, E. (1975). Attribution and the psychology of prediction. *Journal of Personality and Social Psychology, 32*(5), 932-943.

17　Davison, W. P. (1983). The third-person effect in communication. *Public Opinion Quarterly, 47*(1), 1-15.

18　山村武彦 (2015).『新・人は皆「自分だけは死なない」と思っている――自分と家族を守るための心の防災袋』宝島社

第１章

1　Hogg, M. A., & Abrams, D. (1988). *Social identifications: A social psychology of intergroup relations and group processes.* Routledge.（ホッグ，M. A.・アブラムス，D.，吉森護・野村泰代訳，1995『社会的アイデンティティ理論――新しい社会心理学体系化のための一般理論』北大路書房）

2　Moore, D. W. (2003). *War makes Americans confident, sad: Personal lives less affected than during the first Gulf War and 9/11.* Gallup News Service. http://www.gallup.com/poll/8077/war-makes-americans-confident-sad.aspx

3　Skitka, L. J. (2005). Patriotism or nationalism? Understanding post-September 11, 2001, flag-display behavior. *Journal of Applied Social Psychology, 35*(10), 1995-2011.

4　Brewer, M. B. (1979). In-group bias in the minimal intergroup situations: A cognitive-motivational analysis. *Psychological Bulletin, 86*(2), 307-324.

注・文献

序章

1　Dunbar, R. I. M. (1993). Coevolution of neocortical size, group size and language in humans. *Behavioral and Brain Sciences, 16*(4), 681-694.

2　Cushman, F., Gray, K., Gaffey, A., & Mendes, W. B. (2012). Simulating murder: The aversion to harmful action. *Emotion, 12*(1), 2-7.

3　Greene, J. (2013). *Moral tribes: Emotion, reason, and the gap between us and them*. The Penguin Press.（グリーン，J.，竹田円訳，2015『モラル・トライブズ――共存の道徳哲学へ』上下，岩波書店）

4　グロスマン，D.，安原和見訳 (2004).『戦争における「人殺し」の心理学』筑摩書房

5　Finkel, D. (2013). *Thank you for your service*. Sarah Crichton Books.（フィンケル，D.，古屋美登里訳，2015『帰還兵はなぜ自殺するのか』亜紀書房）

6　Haidt, J. (2012). *The righteous mind: Why good people are divided by politics and religion*. Pantheon Books.（ハイト，J.，高橋洋訳，2014『社会はなぜ左と右にわかれるのか――対立を超えるための道徳心理学』紀伊國屋書店）

7　Le Bon, G. (1985). *Psychologie des Foules*. Félix Alcan.（ル・ボン，G.，桜井成夫訳，1993『群衆心理』講談社）

8　Cialdini, R. B. (2009). *Influence: Science and practice* (5th ed.). Pearson education.（チャルディーニ，R. B.，社会行動研究会訳，2014『影響力の武器――なぜ，人は動かされるのか〔第 3 版〕』誠信書房）

9　Stott, C., & Drury, J. (2017). Contemporary understanding of riots: Classical crowd psychology, ideology and the social identity approach. *Public Understanding of Science, 26*(1), 2-14.

10　van Zomeren, M., Postmes, T., & Spears, R. (2008). Toward an integrative social identity model of collective action: A quantitative research synthesis of three socio-psychological perspectives. *Psychological Bulletin, 134*(4), 504-535.

な行

は行

ま行

や行

ら行

わ行

人名索引

は行

ま行

や行

ら行

た行

な行

さ行

事項索引

著　者

縄田 健悟（なわた けんご）

2011年，九州大学大学院人間環境学府博士後期課程修了。博士（心理学）。現在，福岡大学人文学部准教授。

主要著作に，A glorious warrior in war: Cross-cultural evidence of honor culture, social rewards for warriors, and intergroup conflict（*Group Processes & Intergroup Relations, 23*(4), 598-611, 2020年），Intergroup retaliation and intra-group praise gain: The effect of expected cooperation from the in-group on intergroup vicarious retribution（*Asian Journal of Social Psychology, 16*(4), 279-285, 2013年，共著），「集団間紛争の発生と激化に関する社会心理学的研究の概観と展望」（『実験社会心理学研究』*53*(1), 52-74, 2013年），「個人間の危害行動が集団間紛争へと拡大するとき――一時集団における集団間代理報復の萌芽的生起」（『実験社会心理学研究』*51*(1), 52-63, 2011年，共著）など。

暴力と紛争の“集団心理”
いがみ合う世界への社会心理学からのアプローチ

2022年2月28日　第1刷発行

著　者　縄田 健悟
発行者　櫻井 堂雄
発行所　株式会社ちとせプレス
〒157-0062
東京都世田谷区南烏山5-20-9-203
電話　03-4285-0214
http://chitosepress.com
装　幀　髙林 昭太
印刷・製本　大日本法令印刷株式会社

ISBN 978-4-908736-24-7　C1011